Dem Täter
auf der Spur

Dem Täter
auf der Spur

John D. Wright

Bath • New York • Singapore • Hong Kong • Cologne • Delhi • Melbourne

Parragon Books Ltd
Queen Street House
4 Queen Street
Bath BA1 1HE, UK

Übersetzung: Wiebke Krabbe, Damlos
Redaktion und Satz: trans texas publishing, Köln

ISBN 978-1-4075-2404-7
Printed in Indonesia

Inhalt

Einleitung

„Wir alle betrachten den Tod als das Ende. Für die Gerichtsmedizin ist er aber erst der Anfang."

Nancy Haley,
Leiterin des Labors für forensische Toxikologie,
US-Gesundheitsministerium, Rhode Island

VERBRECHEN UND RECHTSPRECHUNG WAREN IM FRÜHEN 19. JAHRHUNDERT, ALS DIE TECHNIK NOCH KAUM ENTWICKELT WAR, VERMEINTLICH EINFACHER. Verbrecher waren damals meist leichter zu überführen. Sie lebten mit ihren Opfern und möglichen Augenzeugen in kleinen Gemeinden. Verbrechen vom Typ „Zuschlagen und abhauen" hingegen verlangen eine modernere Infrastruktur. Wurden früher Verdächtige vor Gericht gestellt, so beeinflusste die öffentliche Meinung oft das Urteil. Geständnisse kamen häufig unter Druck – manchmal auch Folter – zustande. Zu einer Zeit, als akribische Ermittlungstechniken und wissenschaftliche Auswertung von Spuren noch unbekannt waren, hatte Rechtsprechung wenig mit Gerechtigkeit zu tun.

Heute nutzen Verbrecher die moderne Technologie wie E-Mail, Mobiltelefon und sogar Fernsehauftritte. Ian Huntley, der im britischen Soham zwei zehnjährige Mädchen ermordete, sprach wenig später in einer BBC-Nachrichtensendung über den Schock der Gemeinde. Allerdings haben sich auch die Ermittlungsmethoden der forensischen Wissenschaft bemerkenswert entwickelt. Mit Infrarot-Spektrometern kann man Faserspuren identifizieren, die Verdächtige hinterlassen haben. CT-Scanner spüren Waffen in Gepäckstücken auf. Und mithilfe von DNA-Analysen konnte man Fälle lösen, die Jahrzehnte zurücklagen. DNA-Tests gibt es seit den 1980er-Jahren, doch erst seit Kurzem gibt es Methoden, für die wenige Zellen ausreichen – zehnmal weniger als für konventionelle DNA-Tests.

JEDER KONTAKT HINTERLÄSST EINE SPUR

Ein geschultes Auge entdeckt an einem Tatort zahllose Hinweise. Dazu gehören physische Spuren wie Fingerabdrücke, Blut, Fasern, Chemikalien, Farbe oder Erde. Sherlock Holmes, der von Sir Arthur Conan Doyle erfundene Romandetektiv, betonte schon 1887 die Bedeutung winzigster Spuren. Er suchte Fingerabdrücke, analysierte Blut und untersuchte Dokumente. Die These, dass jeder Kontakt eine Spur hinterlässt, wurde 1920 von dem

Links: Eine Spezialistin sammelt im Rahmen einer Ermittlung Faserspuren zur mikroskopischen Untersuchung. Fasern von Teppichen und Kleidung zählen zu den häufigsten Spuren, die ausgewertet werden.

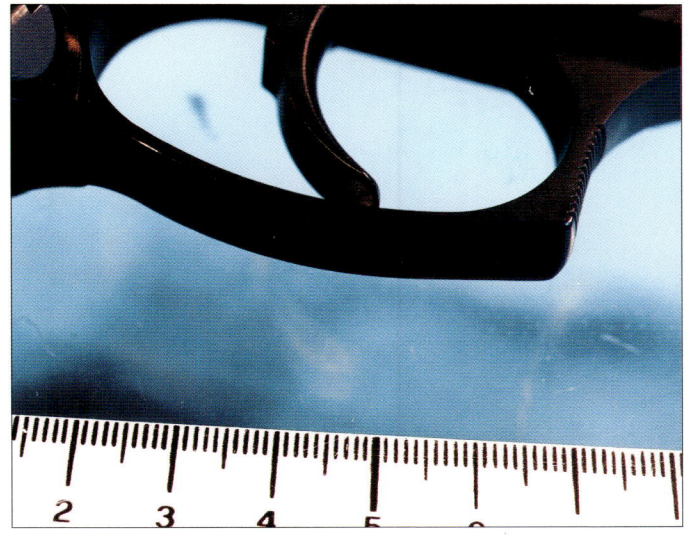

Oben: Ein Mitarbeiter der Spurensicherung untersucht an einem Tatort eine Flasche auf Fingerabdrücke. Sein Schutzanzug verhindert, dass er selbst Spuren hinterlässt.

französischen Polizisten und Forensiker Dr. Edmond Locard aufgestellt, der zehn Jahre zuvor das erste kriminaltechnische Labor in der Stadt Lyon eingerichtet hatte. Seine Erkenntnis „Kein Kontakt ohne Materialübertragung", die heute als Locard'sche Regel bezeichnet wird, bildet die Grundlage der modernen Forensik. Der Verbrecher kann beispielsweise Fingerabdrücke oder ein Haar zurücklassen – oder Teppichfasern an seinen Schuhen mitnehmen. Dieses Beweismaterial wird sorgfältig gesammelt und den Kriminaltechnikern übergeben, die sich mit verschiedensten Verbrechen befassen: Wirtschaftskriminalität, Entführung, Einbruch, Brandstiftung, Vergewaltigung und Mord. Gibt es einen Toten, ermitteln Rechtsmediziner Zeitpunkt und Ursache des Todes. Unbekannte Opfer können mit verschiedenen Methoden identifiziert werden, etwa über Fingerabdrücke, Gebissvergleich und Gesichtsrekonstruktion mit Modelliermasse oder am Computer.

Das kriminaltechnische Labor spielt für erfolgreiche polizeiliche Ermittlungen eine wesentliche Rolle. Zunächst wird festgestellt, ob überhaupt ein Verbrechen vorliegt. Ist das der Fall, kann die wissenschaftliche Auswertung von Beweismaterial dazu beitragen, den Täter zu überführen. Die Aufgabe der Forensik besteht vor allem darin, Verdachtsmomente am Tatort zu finden und auszuwerten, die der Beweisführung dienen können.

BEWEISE VOR GERICHT

Der Begriff „Forensik" – abgeleitet vom lateinischen Wort forum (Marktplatz), wo auch über Rechtsfragen entschieden wurde – bezeichnet die Wissenschaft, die sich mit der Aufklärung von Verbrechen beschäftigt.

Oft sind an der Verbrechensaufklärung Spezialisten verschiedener forensischer Fachrichtungen beteiligt. Sie wenden beeindruckende Methoden an, und die Ergebnisse müssen von Fachleuten mit einem hohen Maß an Wissen, Erfahrung und Intuition ausgewertet werden.

In den folgenden Kapiteln geht es darum, wie am Tatort Beweismaterial gesammelt wird, wie Todeszeit und -ursache bestimmt werden, welche Methoden und Tests in kriminaltechnischen Labors zum Einsatz kommen, wie Gerichtsmediziner gewaltfreie Verbrechen lösen und was Verbrecher zu ihren Taten treibt.

Die späteren Kapitel befassen sich mit der Geschichte der Gerichtsmedizin und den heutigen Spezialgebieten der Forensik.

Links: Eine Blutprobe, die von einem forensischen Serologen zur DNA-Analyse verwendet wird. So lässt sich eventuell eine Übereinstimmung zwischen dem Verdächtigen und den Spuren am Tatort ermitteln.

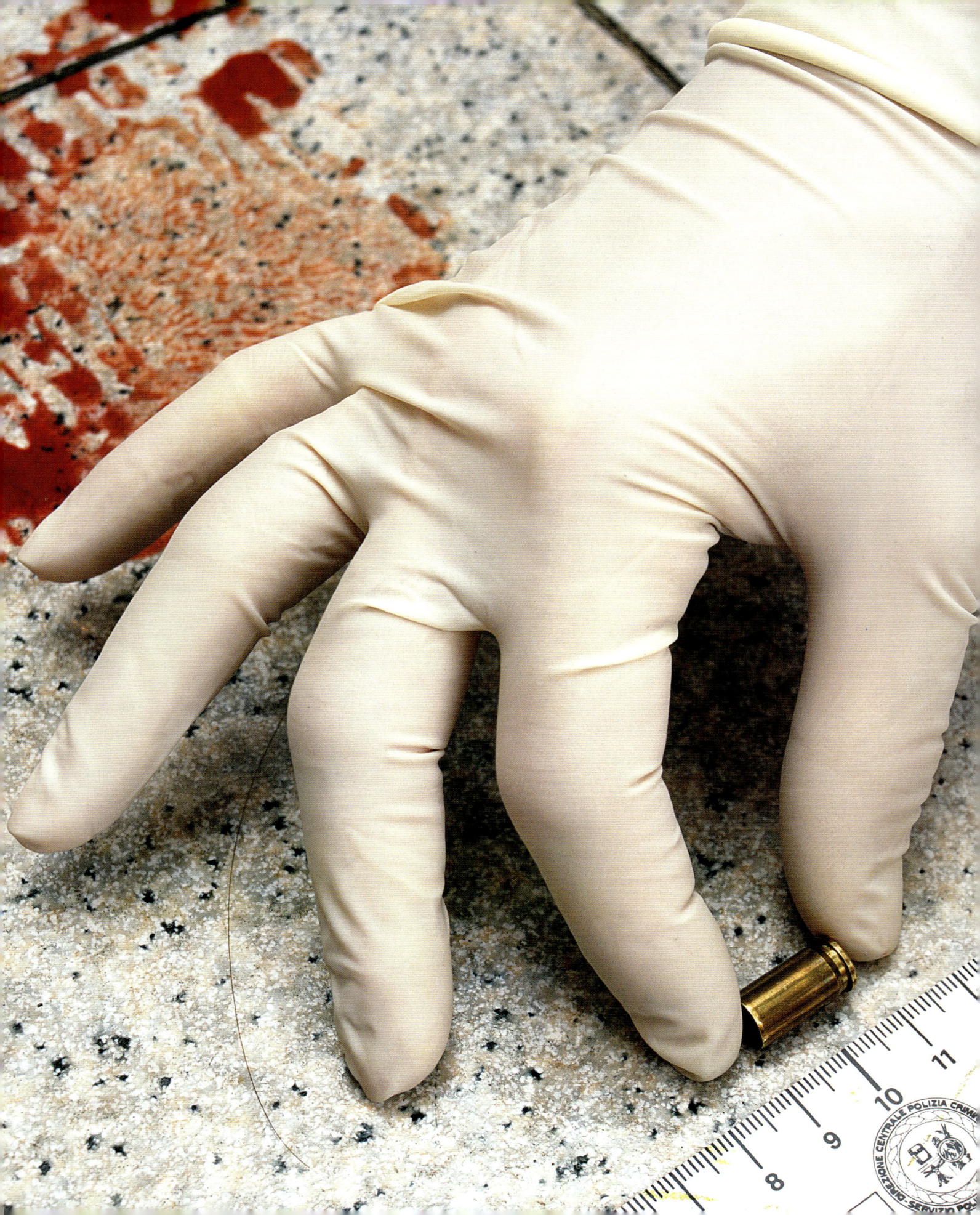

Kapitel eins

Kriminaltechnik: Die Fakten

EI DER ERMITTLUNG UND AUFKLÄRUNG VON VER-BRECHEN HAT DIE KRIMI-NALTECHNIK EINE WICHTIGE AUFGABE. Sie liefert einen Grossteil der Fakten, die beweisen, dass ein Verbrechen vorliegt und dass ein bestimmter Verdächtiger es begangen hat.

Zu den wichtigen, am Tatort gefundenen Beweismaterialien gehören Fingerabdrücke, Fußspuren, Patronenhülsen und kleinere Spuren wie Haare, Textilfasern, Hautpartikel, Blut und andere Flecken. Viele biologische Spuren wie DNA sind mit bloßem Auge meist nicht erkennbar.

Diese Beweismaterialien werden in gerichtsmedizinischen Labors von Fachleuten für Pathologie, Toxikologie, Serologie, Odontologie und DNA-Analyse untersucht. Die Werkzeuge dieser Experten reichen vom gewöhnlichen Mikroskop bis zu komplexen DNA-Scannern und Geräten für Spektrometrie.

Beweismaterial wird sofort nach seiner Entdeckung in Plastikbeutel verpackt, damit es auf dem Weg ins Labor vor verfälschenden Einflüssen geschützt ist.

Zu den wichtigsten Beweismitteln, die an einem Tatort gefunden werden, gehören Patronenhülsen (ganz links) und Fingerabdrücke (links).

Beweismaterial

Ein Kriminalfall kann nicht ohne Beweise gelöst werden. Geständnisse und Indizien können falsch sein. Nur stichhaltige Beweise können einen Verdächtigen irrtumsfrei überführen.

Gerichtsurteile sind schon aufgrund eines einzigen Haares oder einer Faser gefällt worden. Aus diesem Grund ist die gewissenhafte Suche nach kleinsten Spuren am Tatort so wichtig. Dazu gehören beispielsweise Schmauchspuren, Hautpartikel und Staub. Finger-, Hand- und Fußabdrücke werden ebenfalls den Spuren zugerechnet. Fingerabdrücke kann man am Tatort abnehmen und mit anderen in einer Datenbank vergleichen. Sie sind auch hilfreich bei der Identifikation unbekannter Opfer. Auch Abdrücke von Schuhen, Handschuhen und Reifen können aufschlussreich sein. Zusätzlich suchen die Ermittler oft nach Spuren, die durch Werkzeuge – etwa bei einem Einbruch – entstanden sind.

SCHUSSWAFFEN

Wenn eine Schusswaffe, mit der eventuell ein Verbrechen begangen wurde, sichergestellt wird, untersuchen Wissenschaftler Waffe und Projektile unter dem Mikroskop und mit chemischen Methoden. Passen Geschosse oder Patronenhülsen zur Waffe eines Verdächtigen, liegt gewichtiges Beweismaterial gegen ihn vor.

DOKUMENTE

In verschiedenen Fällen werden Dokumente kriminaltechnischen Analysen unterzogen. Neben Erpresser- und Entführerbriefen kann es sich um geänderte Testamente, Quittungen, Lottoscheine oder gefälschte Ausweispapiere handeln. Dabei wird nicht nur die Schrift untersucht. Falls nötig, zieht man auch einen Fachmann hinzu, der Alter und Herkunft von Tinte und Papier bestimmen kann. Weil nicht nur am direkten Tatort wertvolles Beweismaterial zu finden ist, werden auch Wohnung und Fahrzeug des Verdächtigen sowie typische Aufenthaltsorte des Opfers einer sorgfältigen Spurensuche unterzogen.

Spurennummern markieren am Tatort die genauen Fundstellen der einzelnen Beweisstücke. Die Positionen werden gekennzeichnet, bevor die Beweismittel entfernt und zur Untersuchung ins Labor geschickt werden.

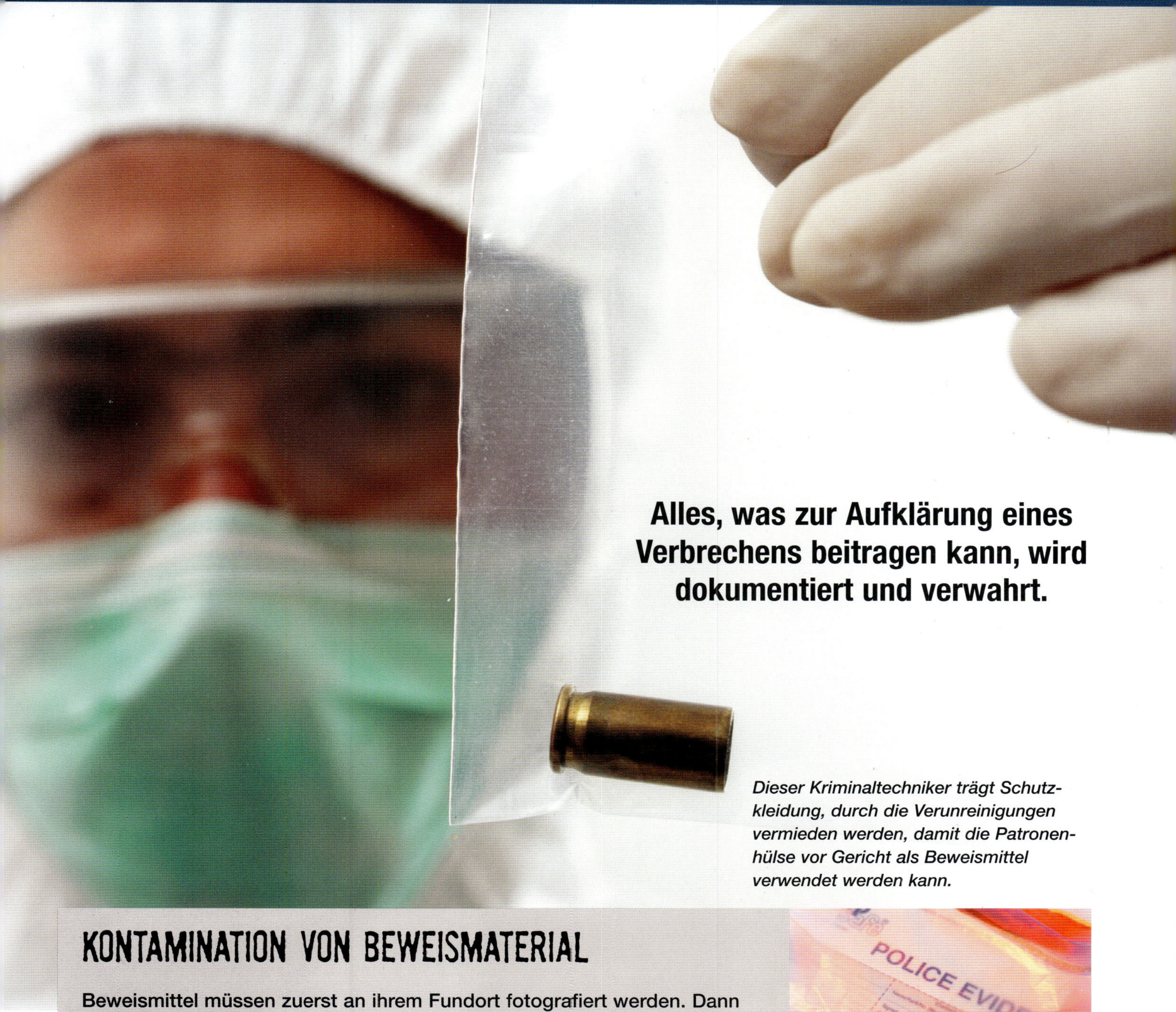

Alles, was zur Aufklärung eines Verbrechens beitragen kann, wird dokumentiert und verwahrt.

Dieser Kriminaltechniker trägt Schutz-kleidung, durch die Verunreinigungen vermieden werden, damit die Patronen-hülse vor Gericht als Beweismittel verwendet werden kann.

KONTAMINATION VON BEWEISMATERIAL

Beweismittel müssen zuerst an ihrem Fundort fotografiert werden. Dann werden sie einzeln in beschriftete Beutel oder andere Behälter verpackt, zur Analyse ins Labor gegeben und eventuell später vor Gericht vor-gelegt. Während des gesamten Vorgangs muss vermieden werden, dass die Beweismittel durch Fremdspuren verunreinigt werden. Das könnte beispielsweise geschehen, wenn sie mit Fasern von der Kleidung des Ermittlers in Berührung kommen oder auf den Laborboden fallen. Schon durch kleinste Verunreinigungen kann ein Beweisstück vor Gericht wertlos werden. Um solche Probleme zu vermeiden, wird genau doku-mentiert, welche Wege das Beweisstück nimmt und durch wessen Hände es dabei geht.

Kriminaltechnische Dienste

Die Industriestaaten der Welt haben moderne und effiziente rechtswissenschaftliche Institutionen eingerichtet, die bei internationalen Fällen erfolgreich zusammenarbeiten.

In Deutschland gibt es kriminaltechnische Untersuchungsstellen bei den Polizeipräsidien und kriminaltechnische Institute bei den Landeskriminalämtern sowie beim Bundeskriminalamt (BKA). Am Kriminaltechnischen Institut des BKA arbeiten u. a. Chemiker, Biologen, Mineralogen, Elektriker und Computerspezialisten. Pro Jahr werden allein hier etwa 10 000 Untersuchungsaufträge bearbeitet.

In Großbritannien wurden 1991 die staatlichen forensischen Einrichtungen im Forensic Science Service (FSS) zusammengefasst, einem Unternehmen in öffentlichem Besitz. Er umfasst heute sechs Labors. Die National Firearms Unit (NFU) als Spezialabteilung für Schusswaffen hat ihren Sitz in Manchester.

J. Edgar Hoover F.B.I. Building

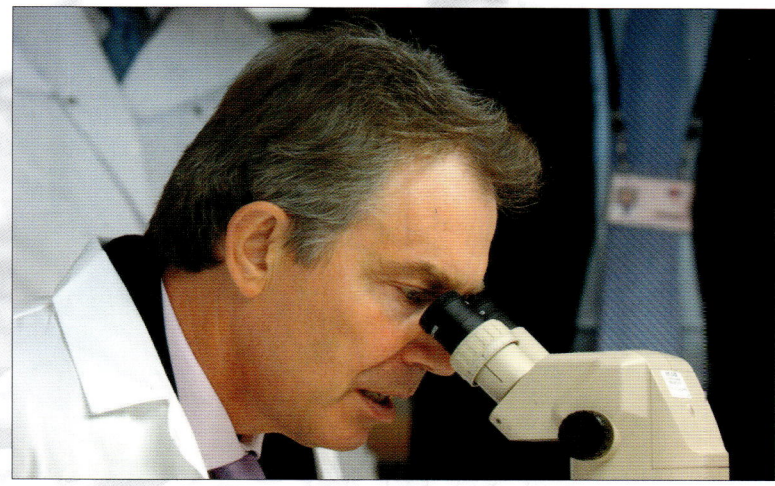

Links: Der damalige britische Premierminister Tony Blair bei einem Besuch 2006 im Hauptquartier des Forensic Science Service

Unten: Ein Mitarbeiter der Spurensicherung beschriftet Röhrchen mit Speichelproben, die für DNA-Analysen verwendet werden.

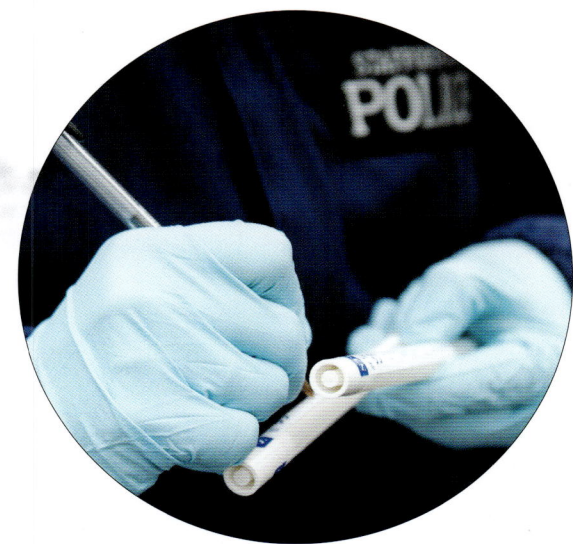

Auch private Unternehmen bieten in Großbritannien forensische Laboruntersuchungen an. Sie werden oft im Zusammenhang mit Gerichtsverhandlungen engagiert, von der Verteidigung ebenso wie von der Anklage. Englands größte Privatfirma dieser Art ist LCG mit mehr als 1000 Angestellten. Das Labor war zunächst in Regierungshand, ehe es 1996 privatisiert wurde. 2005 erwarb es Englands größte Zulieferfirma für forensische Labors. Die so entstandene Firmengruppe betreibt fünf über das ganze Land verteilte Labors sowie eine Spezialeinrichtung zur Untersuchung von Schusswaffen.

Das kriminaltechnische Labor des Federal Bureau of Investigation (FBI) in Washington, DC, wurde 1932 gegründet, hieß damals aber noch schlicht „Technisches Labor". Heute verfügt es über das CODIS-System (Combined DNA Index System) mit einer staatlichen Datenbank, die allen 50 US-Bundesstaaten zur Verfügung steht. Diese besitzen zusätzlich eigene DNA-Datenbanken überführter Verbrecher. In Quantico (Virginia) betreibt das Labor ein forensisches Forschungs- und Ausbildungszentrum.

KRIMINALTECHNIK IN EUROPA

Polizei und Strafrecht haben es im 21. Jahrhundert mit Kriminellen zu tun, die jederzeit weltweit kommunizieren und europäische Grenzen mühelos überwinden können. Daraus ergibt sich für die kriminaltechnischen und rechtsmedizinischen Institutionen die Notwendigkeit, eng zusammenzuarbeiten und Erkenntnisse und Technologien auszutauschen. Das European Network of Forensic Science Institutes (ENFSI) unterstützt die Kooperation zwischen den forensischen Labors in 32 Ländern.

Eine führende Position nimmt der britische Forensic Science Service (FSS) ein, der in über 60 Ländern Amtshilfe geleistet hat. Als erste Organisation der Welt hat er eine DNA-Datenbank aufgebaut. Seine Kenntnisse stehen rechtsmedizinischen Einrichtungen, Polizei und Regierungsorganisationen in aller Welt zur Verfügung. Der FSS bietet auch Aus- und Weiterbildung für Forensiker an.

Der FSS verfügt über die umfangreichste Datenbank der Welt. Sie enthält Auszüge aus forensischer Fachliteratur mit über 70 000 Einträgen. Darin geht es um Problemstellungen von Analyselabors, aber auch um Themen wie DNA, Computerkriminalität, Dokumentenprüfung und Ermittlung bei Brandstiftung.

Fachgebiete der Rechtsmedizin

Das breit gefächerte Gebiet der Rechtsmedizin umfasst alle Bereiche der Medizin, die im Zusammenhang mit Recht und Gesetz angewandt werden.

Manche Fachgebiete befassen sich mit menschlichen Über-resten wie Leichen, Knochen, Haaren oder Zähnen, andere mit Giften oder Blutuntersuchungen. Auch die Rekonstruktion unbekannter Toter durch Anthropologen zählt hierzu.

PATHOLOGIE:

In diesen Bereich fallen Obduktionen, die von ausgebildeten Ärzten an noch nicht verwesten Toten vor-genommen werden. Die Untersuchung innerer und äußerer Körperteile dient zur Feststellung von Todeszeitpunkt und -ursache. Bei Mordverdacht begutachtet der Pathologe oft auch die Lage des Toten am Tatort.

ANTHROPOLOGIE:

Experten dieses Fachs untersuchen Knochen oder Knochenreste von Personen, die bereits länger tot sind. Meist gilt es, den Toten zu identifizieren und eventuell Todeszeitpunkt und -ursache zu ermitteln. Alter, Geschlecht, Größe, ethnische Zugehörigkeit eines Opfers sowie Verletzungen und Krankheiten können ebenfalls festgestellt werden.

ODONTOLOGIE:

Dieses Fachgebiet beschäftigt sich mit den Zähnen, dem härtesten und langlebigsten Körpermaterial. Stark verweste Tote können oft nur identifiziert werden, indem man die Zähne mit zahnärztlichen Unterlagen abgleicht. Odontologen vergleichen auch Zähne von Verdächtigen mit Biss-wunden an einem Opfer oder mit Lebensmitteln, die am Tatort gefunden wurden.

TOXIKOLOGIE:

Hier geht es um die wissenschaftliche Untersuchung von Giftstoffen und Drogen, die im Zusammenhang mit Verbrechen wie Mord oder Sexualdelikten eingesetzt wurden. Zudem wird erforscht, welche Verhaltensänderungen durch Drogen hervorgerufen werden.

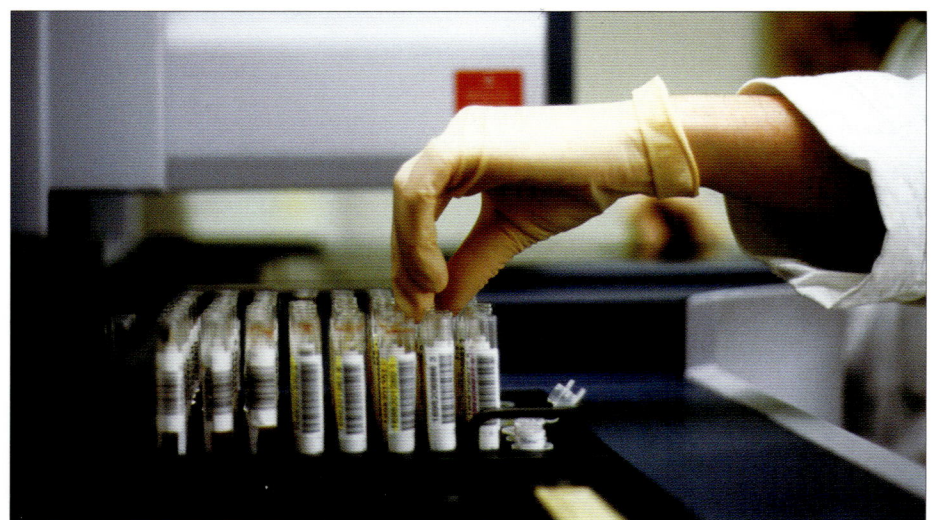

Ein Labortechniker wählt eine Blutprobe zur Analyse aus. Strichcodes auf den Teströhrchen dienen dazu, Verwechslungen zu vermeiden.

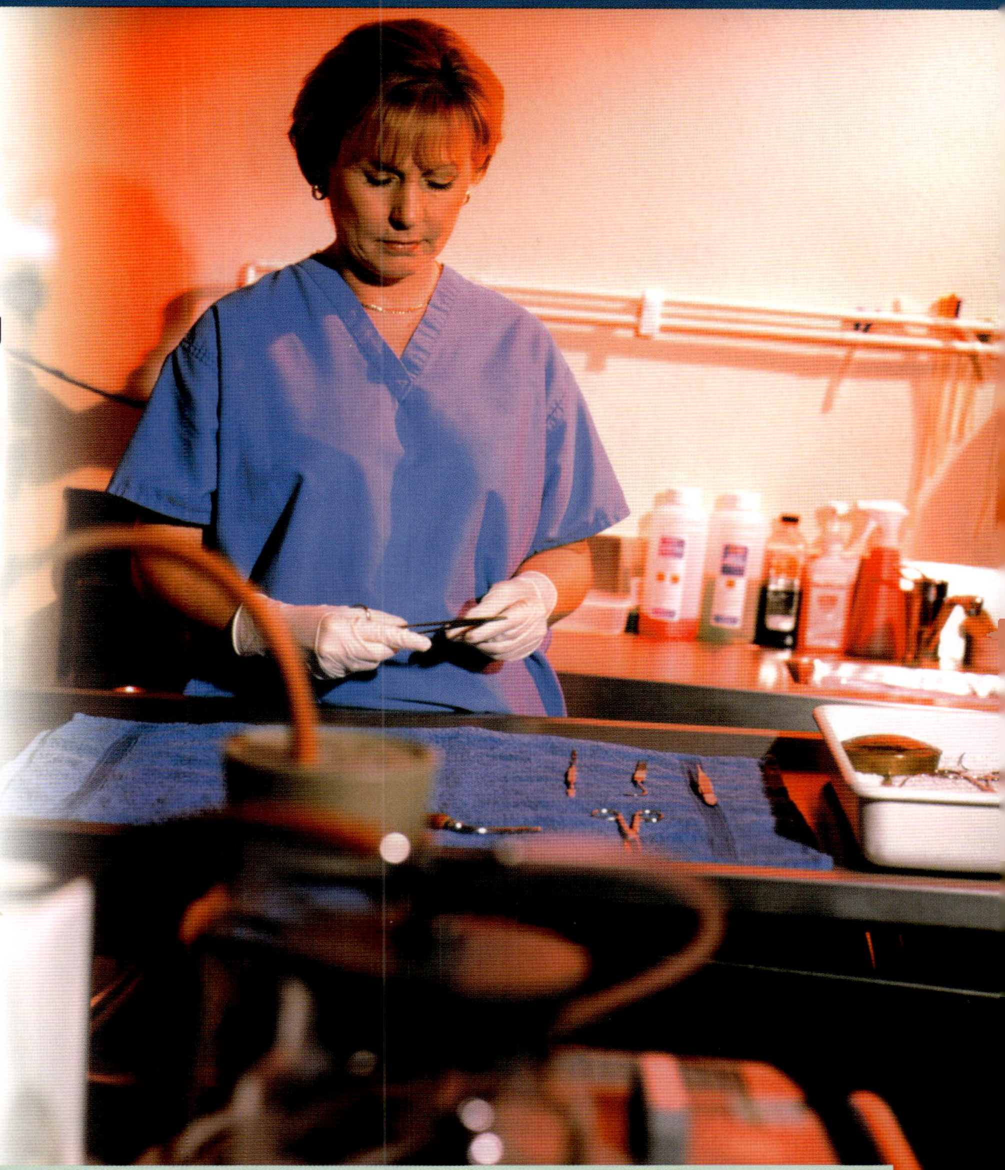

Die Rechtsmedizin ist von herausragender Bedeutung für die Aufklärung von Gewaltverbrechen.

SEROLOGIE:

Dieses Gebiet befasst sich mit der Analyse von Körperflüssigkeiten wie Blut, Speichel oder Ejakulat. Auch Blutgruppenbestimmungen und DNA-Profile fallen in dieses Feld.

ENTOMOLOGIE:

Diese Wissenschaft untersucht Insekten und ihre Larven an Toten. Die Lebenszyklen der Tiere sind bekannt und können Hinweise auf den Todeszeitpunkt geben.

WAS INSEKTEN VERRATEN

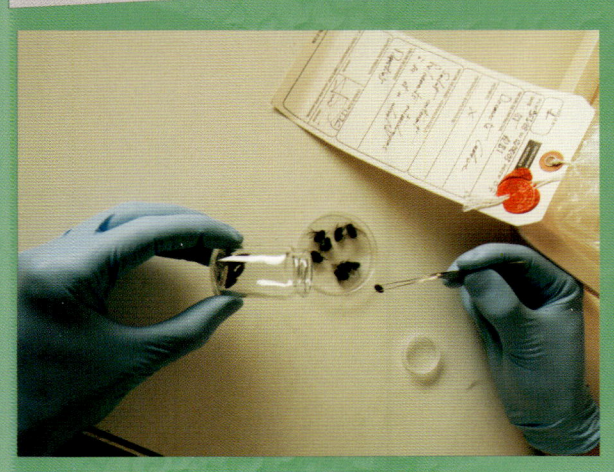

Die forensische Entomologie wurde bereits im 13. Jahrhundert in China eingesetzt. Damals wusste man, dass man anhand des Entwicklungsstadiums von Larven den Todeszeitpunkt bestimmen konnte. Untersuchungen können auch zum Nachweis von Giften dienen, da die Insekten Giftstoffe aus dem Gewebe aufnehmen. Das ist für toxikologische Untersuchungen wichtig, da Körperflüssigkeiten und Gewebe innerhalb kurzer Zeit verwesen.
Die Insektenart kann auch anzeigen, ob ein Toter bewegt wurde. Manche Insekten legen ihre Eier nur im Freien ab, andere nur in Gebäuden. Manche bevorzugen Schatten, andere Sonne.

Drei forensische Mordfälle

Forensische Untersuchungen können auf ganz verschiedene Weise zur Überführung Krimineller dienen.

TED BUNDY

Theodore „Ted" Bundy war ein US-Amerikaner, dem der Mord an 15 Frauen nachgewiesen wurde. Am 15. Januar 1978 ermordete er zwei Studentinnen. Sechs Tage später wurde er verhaftet und als Mordverdächtiger identifiziert, der 1977 aus dem Gefängnis von Colorado ausgebrochen war.

Die Anklage legte ein Foto eines Gebissabdrucks vor, der auf dem

Ted Bundy (Mitte) vor Gericht – angeklagt des Mordes an zwei Studentinnen der Florida State University

linken Oberschenkel eines der Opfer entdeckt worden war. Der forensische Odontologe Dr. Richard Souviron bestätigte, dass der Abdruck mit Bundys Gebiss übereinstimmte. Dieser Beweis führte zu Bundys Verurteilung und zu seiner Hinrichtung im Jahr 1989.

HAROLD SHIPMAN

Der britische Arzt Dr. Harold Shipman hat von 1974 bis 1998 schätzungsweise 236 seiner Patienten getötet. Mehr Opfer konnten keinem Serientäter nachgewiesen werden. Überführt wurde er, weil er das Testament von Kathleen Grundy fälschte, ehe er sie 1998 ermordete. Laut diesem Testament erbte Shipman ihr Vermögen, die Tochter jedoch nichts. Nach gründlicher Analyse des Dokuments wurde nachgewiesen, dass die Unterschrift gefälscht worden war und dass die Formulierungsweise nicht zur Erblasserin passte. Die Schreibmaschinentypen stimmten mit denen von Dr. Shipmans Maschine überein. Der Urteilsspruch lautete auf 15-mal lebenslänglich. Shipman erhängte sich 2004 in seiner Zelle.

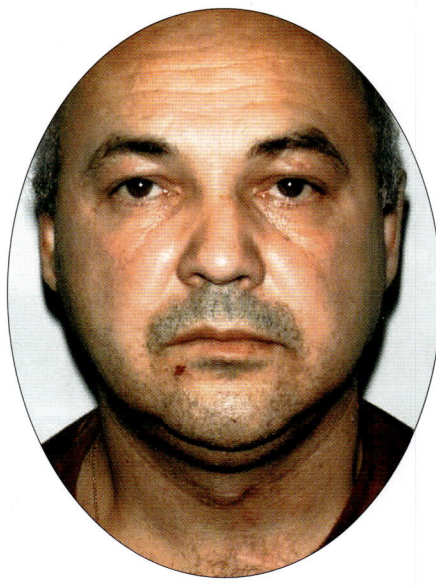

Foto von Andrezej Kunowski, aufgenommen von der Londoner Metropolitan Police bei seiner Inhaftierung. Der Sexualtäter wurde 2004 zu lebenslanger Haft verurteilt.

ANDREZEJ KUNOWSKI

Der in Polen geborene und illegal nach England eingewanderte Andrezej Kunowski hatte etwa 30 Mädchen und junge Frauen sexuell missbraucht. 1997 erdrosselte er die 12-jährige Katerina in London. Die einzige Spur war ein Haar auf der Jacke des Mädchens.

Kunowski hatte in Polen bereits eine 10-jährige Strafe wegen Sexualverbrechen abgebüßt und wurde dort 1995 aufgrund der Vergewaltigung eines 12-jährigen Mädchens erneut verurteilt. Im Folgejahr erhielt er anlässlich einer Hüftoperation Haftbefreiung und floh nach London. 2002 wurde er dort wegen Vergewaltigung einer Studentin verhaftet. Man nahm eine DNA-Probe und verglich sie mit dem Haar von der Jacke. 2004 wurde er zu lebenslanger Haft verurteilt.

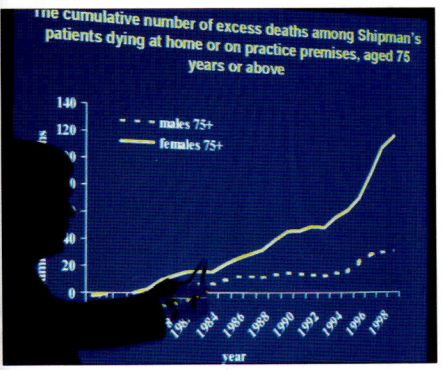

Richard Baker, Professor für Gesundheitswesen an der Universität von Leicester, legte einen Bericht über die Todesfälle vor, die Harold Shipman angelastet wurden. Der Serientäter wurde für den Mord an 236 älteren Patienten zu lebenslanger Haft verurteilt.

FACHSPRACHE

Forensiker benutzen eine eigene Fachsprache, die Begriffe aus Medizin, Naturwissenschaften, Polizei- und Gerichtssprache enthält.

Einige Beispiele:

Inszenierung eines Tatorts: Veränderungen, die ein Verbrecher am Tatort vorgenommen hat, um seine Tat zu vertuschen

Mikrospuren: Kleine Beweisstücke, die am Tatort gefunden werden, z. B. Haut, Haare oder Textilfasern

Stanzmarke: Eine Wunde in der Form der verwendeten Waffe

Tatortkoffer: Die Spezialausrüstung, die zum Sammeln von Beweismaterial am Tatort dient

Treffer: Übereinstimmung einer Spur, wie z. B. eines Fingerabdrucks mit einem Eintrag in einer Datenbank

Kapitel zwei

Der Tatort

• •

Am Tatort findet man zwei Hauptelemente eines Falls: Opfer und Beweismaterial. Mit der Sicherung der Spuren beginnt die Arbeit der Kriminaltechniker. Hierzu gehört die detaillerte Dokumentation der Situation am Tatort. Daneben dienen auch die Aussagen von Zeugen dazu, den Ablauf eines Verbrechens nachvollziehen zu können.

Als kriminalistischen Tatort oder Handlungsort bezeichnet man den Ort, an dem ein Verbrechen verübt wurde. Aber auch andere Orte stehen mit der Tat in Verbindung, beispielsweise ein Fundort oder ein Fahrzeug, in dem ein Opfer transportiert wurde. Normalerweise findet man das meiste Beweismaterial

Der Weg des Projektils in einem Auto, auf das geschossen wurde, wird vermessen.

am kriminalistischen Tatort, doch ist dieser nicht immer bekannt. So verhielt es sich bei der Ermordung von fünf Prostituierten 2006 im englischen Ipswich. Die Leichen wurden an verschiedenen Orten gefunden, und es konnte nicht ermittelt werden, wo die Frauen ermordet worden waren. Obwohl kein Beweismaterial vom Tatort zur Verfügung stand, kam es nach Befragungen der Kunden zu einer Verhaftung.

Die Aufklärung eines Verbrechens erfordert strikte Einhaltung von Vorgehensregeln: Sicherung und Dokumentierung des Tatorts, Sicherstellen von Beweismaterial, Identifikation und Befragung von Zeugen und Verdächtigen sowie Rekonstruktion des Tathergangs.

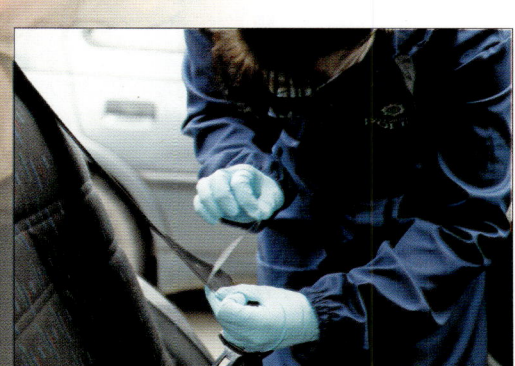

Geduld und Genauigkeit sind für die Spurensicherung nötig (ganz links). Das Sichern von Fingerabdrücken erfordert Konzentration (links).

Sicherung des Tatorts

Wo immer Polizei und Rettungskräfte mit Blaulicht anrücken, sammeln sich schnell Schaulustige. Auch Zeitungsreporter sind rasch zur Stelle: Sensationsfotos werden gut bezahlt.

Schaulustige können lästig sein. Liegt ein Mord oder ein anderes Schwerverbrechen vor, stellen sie ein ernstes Problem dar. Sie behindern die Personen, die sich ein Bild der Lage verschaffen müssen – Polizei, Spurensicherung, Feuerwehr, Ärzte, Sanitäter und vielleicht andere Spezialisten wie Sprengstoffexperten.

Die Größe des Tatorts kann sich auf ein einzelnes Zimmer beschränken, aber auch eine riesige Fläche einnehmen – wie 1988 nach dem Bombenanschlag auf einen Pan-Am-Flug mit 270 Toten über dem schottischen Dorf Lockerbie, als Polizisten und Soldaten 2189 Quadratkilometer absuchten.

DER ERSTE ANGRIFF

Die vordringliche Aufgabe des ersten Polizisten, der am Tatort erscheint, besteht darin, lebenden Opfern zu helfen. Gibt es Verletzte, muss er unverzüglich medizinische Hilfe anfordern, selbst wenn dabei Beweismaterial vernichtet wird. Die vorrangigen Maßnahmen zur

NICOLE SIMPSON UND RONALD GOLDMAN

Der Footballspieler und Schauspieler O. J. Simpson wurde beschuldigt, seine ehemalige Frau Nicole Simpson und ihren Freund Ronald Goldman ermordet zu haben. Der Tatort war klein – lediglich der Zugang zu ihrem Haus. Die ersten beiden Beamten am Tatort stellten den Tod der Opfer fest. Mit drei

weiteren Beamten sicherten sie den Tatort und bereiteten eine Zutrittsliste vor. Als zwei Kommissare erschienen, waren bereits 18 Polizisten vor Ort. Ein Polizeifotograf kam hinzu, konnte aber vor dem Eintreffen des Pathologen keine Detailfotos aufnehmen.

Die Beamten fuhren dann zum Haus von O. J. Simpson, das sie ebenfalls zum Tatort erklärten. Dort fand die Spurensicherung Blutflecken und einen blutigen Handschuh. Trotz dieser und anderer Indizien wurde Simpson 1995 nach einem achtmonatigen Prozess freigesprochen.

Sicherung des Tatorts und zum Erhalt eines ersten Überblicks werden „Erster Angriff" genannt.

Die ersten Beamten am Tatort halten mögliche Verdächtige und Zeugen fest und nehmen deren Aussagen auf. Kontakt zwischen den Personen wird möglichst vermieden, damit keine Spuren übertragen werden können. Hat jemand Sachdienliches auszusagen, sollte er oder sie befragt werden, aber keinen Zutritt zum Tatort haben. Es ist schon vorgekommen, dass ein Täter eine Aussage machte, die ihn als unschuldig darstellte, nur um Zugang zum Tatort zu erlangen und Beweismaterial zu vernichten. Auch Schaulustige dürfen keinesfalls den Tatort betreten, damit Spuren nicht kontaminiert oder zerstört werden können. Normalerweise sperrt die Polizei den Bereich mit Plastikband weiträumig ab. Personen, die die Absperrung passieren, werden registriert. Ebenso werden alle Gegenstände notiert, die vom Tatort entfernt werden. Im Freien werden manchmal Zelte aufgestellt, um den Tatort vor Witterungseinflüssen und Schaulustigen zu schützen.

Oben: Spurensicherung nach einer Schießerei. Der Tatort ist durch Absperrband markiert. Die Beamten tragen Spezialoveralls, Überschuhe und Mundschutz, um die Kontamination von Spuren auszuschließen.

Unten: Das Wrack der in Schottland abgestürzten Pan-Am-Maschine. Der Bombenanschlag forderte 270 Menschenleben.

Verdächtige und Zeugen sollten vom Tatort ferngehalten werden, damit keine Spuren übertragen werden können.

Kontamination vermeiden

Unbeteiligte dürfen den Tatort nicht betreten, weil sie Spuren hinterlassen könnten, die jede Ermittlungsarbeit erschweren. Selbst Angehörige müssen zunächst Abstand halten.

● ●

Die Tatortsicherung ist besonders schwierig, wenn ein Verbrechen in der Stadt auf offener Straße verübt wurde – wie 2004 in Amsterdam bei der Ermordung des umstrittenen niederländischen Filmemachers Theo van Gogh durch einen islamischen Extremisten. Ähnlich, wenn auch in anderem Ausmaß, lagen die Dinge bei den Terroranschlägen 2004 auf Züge in Madrid und im Folgejahr in London. In solchen Fällen müssen öffentliche Bereiche manchmal tagelang hermetisch abgeriegelt werden.

SCHUTZKLEIDUNG

Ermittler am Tatort müssen sich des Risikos der Kontamination bewusst sein. Sie tragen einen Schutzoverall mit Mundschutz, Plastik-Überschuhe und dünne Latexhandschuhe. Müssen Beamte durch einen

TATORT – KONTAMINATION DURCH ERMITTLER

Es kommt vor, dass Ermittler eigene Spuren, selbst DNA, am Tatort und sogar am Opfer hinterlassen. Viele nicht identifizierte Profile in DNA-Datenbanken, die man anfangs Tätern zuschrieb, stammen tatsächlich von Ermittlungsbeamten.

2003 wurde bei einem Mordfall in Australien ein unbekanntes DNA-Profil gefunden, das nicht mit dem des Verdächtigen übereinstimmte. 2005 fand man dasselbe Profil nach einem bewaffneten Raubüberfall. Bei der Untersuchung der Polizeibeamten, die mit beiden Fällen beschäftigt gewesen waren, stellte sich heraus, dass die DNA von einem Mitarbeiter des forensischen Instituts stammte.

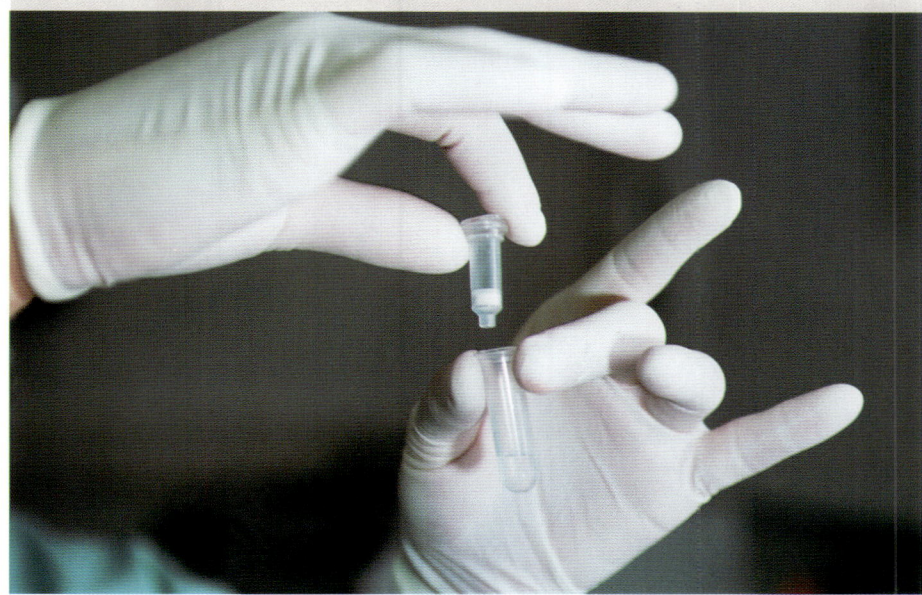

JONBENÉT RAMSEY

Mitfühlende Polizisten sind im Umgang mit trauernden Angehörigen manchmal zu nachgiebig. So verhielt es sich 1996 nach dem Mord an der sechsjährigen JonBenét Ramsey in Boulder (Colorado, USA). Der Vater entdeckte das tote Kind im Keller, und ein Polizist erlaubte ihm, es nach oben zu tragen und sich frei im Haus zu bewegen. Dabei wurde viel Beweismaterial vernichtet. Der Fall ist bis heute ungeklärt.

Bei den Nachforschungen im Mordfall JonBenét Ramsey wurde auch eine Lösegeldforderung analysiert. Doch der Verfasser konnte nicht ermittelt werden.

Teil des Tatorts gehen, um beispielsweise ein Opfer zu erreichen, wird für alle Beteiligten ein Weg festgelegt, damit möglichst wenig Spuren beschädigt werden. Opfer und Gegenstände am Tatort dürfen nicht berührt oder bewegt werden, ehe Kriminaltechniker und Rechtsmediziner am Tatort eintreffen. Selbst die Stellung einer Tür oder eines Fensters kann wichtige Informationen liefern. Die Beamten hindern auch andere Personen daran, Veränderungen vorzu-nehmen, etwa Familienmitglieder, die „Ordnung schaffen" wollen.

Liegen mehrere Tatorte vor, weil beispielsweise ein Opfer an einem Ort ermordet und an einem anderen begraben wurde, sollten diese von verschiedenen Rechtsmedizinern untersucht werden, um Spurenübertragung zu vermeiden. Steht nur eine Person zur Verfügung, muss diese die Schutzkleidung wechseln, bevor sie von dem einen Tatort zum anderen geht.

Beweise sichern

Durch Skizzen, Notizen und Videoaufnahmen werden Beweise am Tatort festgehalten. Für die beste Dokumentation sorgt aber ein Fotograf der Polizei oder Rechtsmedizin, der sowohl die Gesamtsituation als auch winzige Details aufnimmt.

Ein Beweisstück wird neben einem Lineal, einer Münze oder einem Kugelschreiber fotografiert, um die Größe festzuhalten. Ein zweites Foto zeigt das Beweisstück allein, falls das zum Größenvergleich verwendete Objekt Spuren abgedeckt haben sollte.

Der Fotograf gehört zu den ersten Personen, die einen Tatort betreten dürfen. Es ist wichtig, dass der Tatort unverändert dokumentiert wird, ehe Leichen ins Krankenhaus oder Gegenstände ins kriminaltechnische Labor gebracht werden. Auch empfindliche Spuren werden fotografiert, etwa schwache Fingerabdrücke oder Zigarettenstummel, die sich relativ schnell verändern. Von Wunden Toter oder Verletzter werden Nahaufnahmen gemacht. Nach dem Abtransport eines Opfers wird die Stelle fotografiert, an der es gelegen hat.

Videoaufnahmen haben den Vorteil, dass zusätzlich kommentiert werden kann. Jedoch sind Fotos oft schärfer und vor Gericht einfacher vorzulegen. Jede Aufnahme wird mit Uhrzeit, Ortsangabe und Details zur Entwicklung beschriftet. Diese

WARUM NOTIZEN?

Notizen sind beispielsweise sinnvoll, um eine Abfolge von Ermittlungsschritten und auch Zeitangaben, Namen und Positionen der beteiligten Personen und deren Aufenthaltsdauer am Tatort festzuhalten. Auch Veränderungen am Tatort werden meist schriftlich dokumentiert. In Listen lassen sich verschiedene Fakten über Beweisstücke zusammenfassen: Gegenstand und Beschreibung, Ort und Zeit des Fundes, Name des Finders. Eine Fotoliste enthält eine Kurzbeschreibung der Aufnahmen, Ort und Position sowie den Namen des Fotografen.

exakte Dokumentation ist wichtig, um den Verdacht auszuschließen, dass beispielsweise während der Entwicklung Manipulationen vorgenommen wurden.

DIGITALKAMERAS

Mit der Digitalkamera wurden auch Möglichkeiten zur Bildbearbeitung geschaffen. So kann man den Hintergrund ausblenden, um Fingerabdrücke auf unruhigem Grund klarer abzubilden. Solche Veränderungen lassen jedoch immer auf Manipulationen schließen. Deshalb schätzen manche Richter den Beweiswert von Digitalfotos eher gering ein.

SPRECHENDE SKIZZEN?

Skizzen dienen dazu, räumliche Beziehungen zwischen Gegenständen oder zwischen Opfer und Umgebung festzuhalten. Sie sind sehr anschaulich, weil sie nur die wesentlichen Elemente enthalten. Verletzungen und andere Details können gezielt betont werden. Und wenn ein Opfer vor Eintreffen des Fotografen abtransportiert werden muss, stehen manchmal nur Tatortskizzen als Hilfsmittel zur Verfügung.

Beweismaterial finden

Ein Tatort muss schnell und gründlich untersucht werden. Beweismaterial, das gefunden wird, nachdem die Polizei die Sicherheitsabsperrung entfernt hat, ist nicht mehr verwertbar.

Normalerweise wird ein Tatort bis zu einem Tag abgesperrt, je nach Fall gibt es aber Abweichungen. In Kanada sperrte die Polizei 2007 den internationalen Bereich des Flughafens von Quebec City nach einem blinden Alarm bei der Gepäckkontrolle drei Stunden lang. In Wien dagegen war 2006 die Straße, in der die Wohnung lag, wo Natascha Kampusch acht Jahre gefangen gehalten wurde, mehrere Tage lang nicht zugänglich.

Bei der Untersuchung eines Tatorts brauchen Ermittler Erfahrung und gesunden Menschenverstand. Mitarbeiter der Spurensicherung haben eine Spezialausbildung absolviert und tragen Schutzkleidung. Im Freien rücken die Beamten manchmal in geschlossenen Reihen vor, in Räumen kriechen sie eventuell Schulter an Schulter über den Boden. Immer wird der Tatort systematisch abgesucht, etwa spiralförmig

DAVID KELLY

Ein Beispiel für aufwendige Tatortuntersuchung ist der Tod von David Kelly, einem Mitarbeiter des britischen Verteidigungsministeriums, der 2003 Selbstmord beging. Kelly hatte Journalisten Informationen zugespielt, die der Behauptung der Regierung widersprachen, dass Sadam Hussein Massenvernichtungswaffen besitze. Kurz nachdem Kelly als Quelle von vertraulichen Informationen genannt worden war, starb er. Nachdem seine Leiche in einem Wald gefunden worden war, begutachteten ein Pathologe und ein forensischer Biologe den Tatort. Polizeieinheiten suchten vier Stunden lang das Gelände in einem Umkreis von zehn Metern um die Leiche sowie den Zugangsweg ab. Dann wurde der Tote abtransportiert und die Fläche, auf der er gelegen hatte, 30 Minuten lang untersucht. Es fanden sich keinerlei Hinweise auf Fremdeinwirkung.

vom Opfer weg oder zu ihm hin. Größere Gebiete werden unterteilt und in gerader Linie oder nach einem Rastermuster abgesucht.

Könnte Beweismaterial im Freien und auch in Räumen zu finden sein, wird erst das Außengelände abgesucht, weil Wettereinflüsse Spuren vernichten könnten. Zudem konzentriert sich die Suche auf Zugangs- und Fluchtwege des Täters.

BEWEISSUCHE IN ISRAEL

In Israel sind sogenannte Identifikationstechniker für die Suche nach Beweismaterial am Tatort und die Unterstützung der Ermittler zuständig. Sie suchen den Tatort nach Fingerabdrücken, Fuß- oder Blutspuren ab und dokumentieren die Gegebenheiten durch Fotos oder Zeichnungen. Dann übergibt der Techniker das Material dem forensischen Labor mit Sitz in Jerusalem. Gelegentlich werden die Kriminaltechniker bei Gerichtsverhandlungen hinzugezogen, um eine Zeugenaussage oder ein Sachverständigengutachten über das am Tatort sichergestellte Beweismaterial abzugeben.

Rechts: Israelische Experten untersuchen den Tatort eines Selbstmordattentats, bei dem 2006 in Tel Aviv acht Menschen ums Leben kamen.

Beweise sicherstellen

Zunächst muss empfindliches und leicht zu kontaminierendes Beweismaterial wie Fasern und Haare gesichert werden. Solche Spuren werden von Bodenbelägen, Möbeln oder Autositzen mit speziellen Saugern, Pinzetten, Klebeband oder von Hand eingesammelt.

Kleidung und andere Textilien kann man schütteln oder abbürsten, um Haare zu finden. In jedem Fall müssen die Mitarbeiter der Spurensicherung Handschuhe tragen, um keine eigene DNA auf das Beweismaterial zu übertragen.

Fingerabdrücke sind wertvolle Beweise, die seit mehr als hundert Jahren von den Gerichten zur Identifizierung von Tätern anerkannt werden. Der erste Mordfall, der anhand von Fingerabdrücken aufgeklärt wurde, ereignete sich in Argentinien. Francisca Rojas tötete 1892 ihre beiden Söhne, verletzte sich selbst und versuchte, die Schuld einem Fremden zuzuschieben.

Sichtbare Fingerspuren können durch Blut, Fett oder Farbe entstehen, aber auch als Eindrücke in weichem Material wie Kitt oder Staub.

Andere Hinweise auf die Anwesenheit eines Verdächtigen am Tatort sind Fuß- und Reifenspuren. Spuren in weichem Untergrund werden fotografiert und mit Gips ausgegossen, um sie mit dem Profil von Schuhen oder Reifen des Verdächtigen zu vergleichen. Schuhabdrücke auf hartem Boden werden – genau wie Fingerabdrücke auch – mit Pulver bestäubt und abgenommen.

Werden Spuren mit einem Sauger gesichert, so muss dieser zuvor Frischluft ansaugen, um das Rohr zu reinigen. Dann werden die Spuren in einem sauberen Beutel aufgefangen.

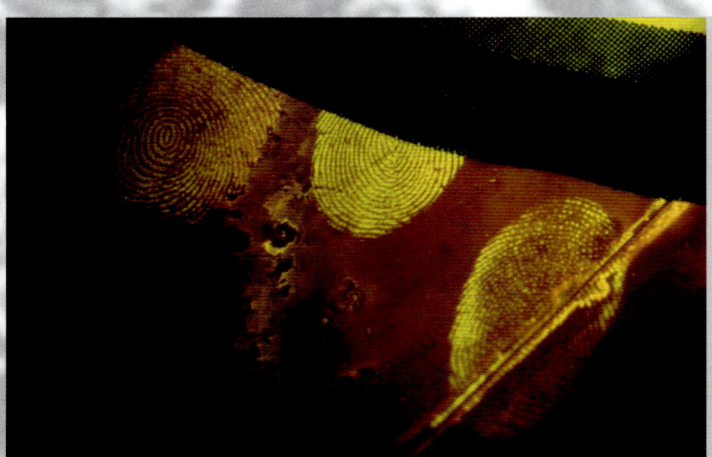

Fingerabdrücke auf einem Schal mit Lasertechnik sichtbar gemacht. Die Fingerspuren werden mit Pulver bestäubt, das im Licht des Lasers fluoresziert. Diese Technik eignet sich besonders gut für Spuren auf porösen Materialien.

LATENTE FINGERABDRÜCKE

Manche Fingerabdrücke sind mit bloßem Auge nicht zu erkennen; mit Licht lassen sich aber Öl- und Schweißspuren sichtbar machen. Fällt UV- oder Laserlicht schräg auf solche Abdrücke, fluoreszieren sie. Latente Fingerabdrücke werden auch erkennbar, indem man sie mit einem weichen Pinsel und weißem, grauem oder schwarzem Pulver bestäubt. Abdrücke auf porösem Material, das Fett oder Schweiß aufsaugt, bestäubt man mit magnetischem Pulver und einem Applikator, der die Oberfläche nicht berührt. Anschließend werden die Fingerabdrücke vorsichtig mit transparentem Klebeband abgenommen.

Für das Tatortfoto wurden Lineale neben die Getränkedose gelegt. Die Fingeradrücke wurden mit Pulver sichtbar gemacht.

TATORT-AUSRÜSTUNG

UNIVERSELL EINSETZBARE HILFSMITTEL

- **Spuren finden:** Lupe, Taschenlampe, Infrarot- und UV-Lampe

- **Fingerabdrücke sichern:** Schwarzes Pulver, Aluminiumpulver, magnetisches Pulver in Weiß und Grau, weicher Pinsel, Magnet-Applikator, imprägniertes Material zum Abnehmen von Hand- und Fußspuren, transparentes Klebeband

- **Einsammeln von Spuren wie Haaren, Fasern und Flüssigkeiten:** Pinzette, Cutter, Schere, Wattestäbchen, transparentes Klebeband

- **Abformungen von Reifen-, Fuß- und Werkzeugspuren:** Gips, Wasser, Gefäß zum Anrühren, Spachtel

- **Verpacken von Beweismaterial:** Wasserfester Stift, Klebeetiketten, Plastik- und Papierbeutel, Glasröhrchen

Dieser Kriminaltechniker trägt eine Spezialbrille, um das schwache Fluoreszieren der Fingerabdrücke (hier in Grün) unter der Leuchtstofflampe erkennen zu können.

Beweismaterial schützen

Beweismaterial muss durch sorgfältige Verpackung geschützt werden. Beutel aus Plastik und Papier sowie Umschläge werden für trockene Materialien benutzt, luftdicht schließende Behälter für Flüssigkeiten.

Um Schäden durch Fäulnis und Schimmel zu vermeiden, wird biologisches Beweismaterial vor dem Verpacken getrocknet oder in Behältern verstaut, die nicht luftdicht schließen. Für Blut verwendet man Glasröhrchen, die versiegelt und in Tüten verstaut werden. Haare legt man in einen Umschlag und klebt ihn zu. Alle Verpackungsmaterialien werden beschriftet. Bezeichnung und Nummer des Beweisstücks, Datum, Uhrzeit und Ort des Fundes sowie der Name des Beamten, der es gefunden hat, müssen vermerkt sein.

DNA-PROBEN

Die Möglichkeit, mittels DNA-Proben Fälle nach Jahren neu bewerten zu können, führt mancherorts zu Problemen mit der bisherigen Praxis der Aufbewahrung von Beweisen. 2004 sollte im Rahmen eines Berufungsverfahrens in Kanada ein DNA-Test an Haarproben von zwei Männern durchgeführt werden, die 1990 wegen des Mordes an einem 16-jährigen Mädchen verurteilt worden waren. Weil aber laut Gesetz Beweismaterial nur 30 Tage über die Berufungsfrist hinaus aufbewahrt werden musste, waren die Haarsträhnen vernichtet worden. In den USA wurde 2006 der Vorschlag gemacht, DNA-Proben aufzubewahren, sofern sie „zum Nachweis von Unschuld" genutzt werden können.

Selbst wenn all diese Verpackungsvorschriften sorgfältig beachtet wurden, kann ein Beweisstück vom Gericht abgelehnt werden, falls nicht lückenlos nachgewiesen werden kann, welchen Weg es vom Tatort aus genommen hat und durch wessen Hände es gegangen ist. Der Weg des Beweisstücks wird normalerweise dadurch dokumentiert, dass jeder, der damit umgeht, Name, Datum und Uhrzeit auf der Verpackung notiert. So wird sichergestellt, dass nichts hinzugefügt, entfernt oder anderweitig manipuliert wurde.

LÜCKEN IN DER DOKUMENTATION

Manchmal nehmen Gerichte Lücken in der Dokumentation eines Beweisstücks hin. So wandte sich 2004 ein Angeklagter in Michigan an ein Berufungsgericht und gab an, dass Kokain, das angeblich bei ihm gefunden worden war, unversiegelt und unbeschriftet über Nacht im Wagen eines Polizeibeamten gelegen habe.

Das Gericht entschied, dass kein Hinweis auf einen Austausch, auf Kontamination oder eine andere Manipulation vorliege. Der Polizeibeamte sagte aus, das Paket habe in seinem abgeschlossenen Fahrzeug im abgeschlossenen Handschuhfach gelegen und er habe es am nächsten Morgen unverzüglich versiegelt und in einen Beweismaterial-Beutel verpackt.

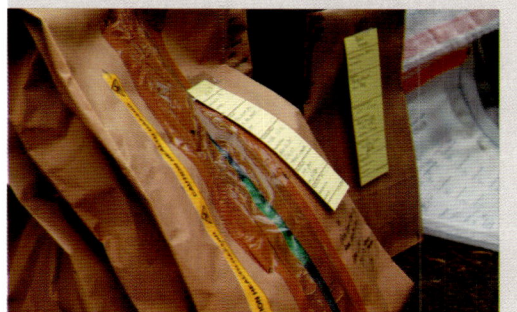

Diese beschrifteten Papierbeutel enthalten forensisches Beweismaterial. Papier ist luftdurchlässig und verhindert Kondensation und Fäulnisbildung durch Bakterien.

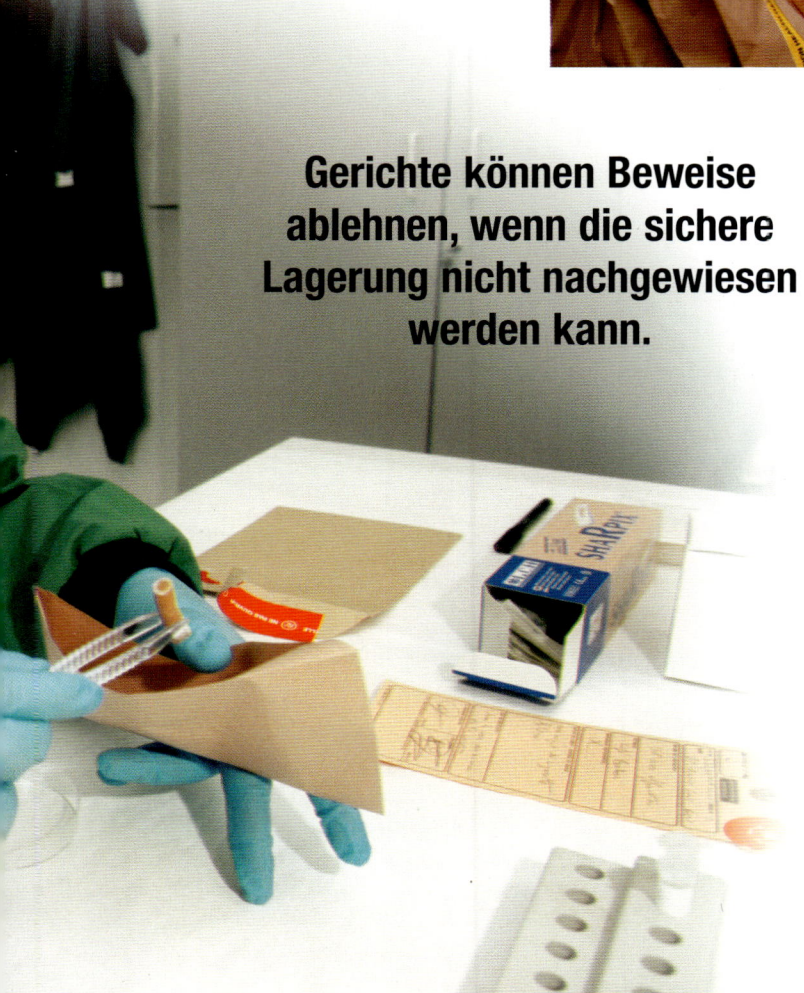

Gerichte können Beweise ablehnen, wenn die sichere Lagerung nicht nachgewiesen werden kann.

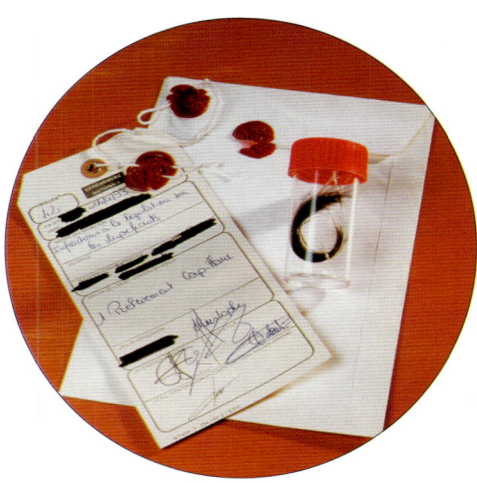

Eine Kriminaltechnikerin (links) nimmt einen Zigarettenstummel aus einem versiegelten Umschlag. Ein Röhrchen mit einer Haarprobe (oben) auf einem Dokumentationsbogen. Wachssiegel dienen zur Verhinderung von Manipulationen.

Rekonstruktion der Tat

Das Hauptziel der Ermittler am Tatort besteht darin, den Tathergang zu rekonstruieren. Dabei gilt es, die Abfolge der Ereignisse festzustellen sowie die Identität und Handlungen der Beteiligten zu klären.

Wenn sich die Beamten einen Überblick über Tatort und Beweismaterial verschafft und Zeugen, Verdächtige und Opfer befragt haben, müssen sie mit Sachverstand und Logik vorgehen. Entscheidend ist auch die Frage, warum ein Verbrechen geschah, weil sich dadurch Hinweise auf den Täter ergeben können.

INDIZIEN

Manche Spuren erleichtern die Rekonstruktion der Tat. Die Richtung von Fußspuren, Fingerabdrücken oder Werkzeugspuren an einem Fenster oder einer Tür, die Anordnung von Blutspritzern oder Projektilen können Aufschluss über die Positionen von Täter und Opfer geben. Ein Toter, der zusammengesunken in einem Sessel sitzt, mit einer Wunde in der Schläfe und einer Schusswaffe auf dem Boden direkt unter seinem herabhängenden Arm mag vordergründig auf Selbstmord hindeuten. Bei genauerer Untersuchung könnten sich aber Verletzungen am Hinterkopf, Hämatome oder Hautpartikel unter den Fingernägeln des Toten finden, die auf einen Kampf schließen lassen. So kann aus einem vermeintlichen Fall von Selbstmord schnell eine Mordermittlung werden. Auf der Waffe finden sich keine Fingerabdrücke, es gibt aber latente Fingerspuren an der Tür zum Schrank mit dem Familiensilber. Daraus könnte ein Ermittler folgern, dass der Tote einen Einbrecher auf frischer Tat ertappte. Es kam zu einem Kampf, das Opfer ging zu Boden, der Täter setzte ihn in den Sessel, täuschte den Selbstmord vor und floh ohne Beute.

Dies ist ein Beispiel für eine Manipulation des Tatorts, mit der ein Täter sein Verbrechen vertuschen

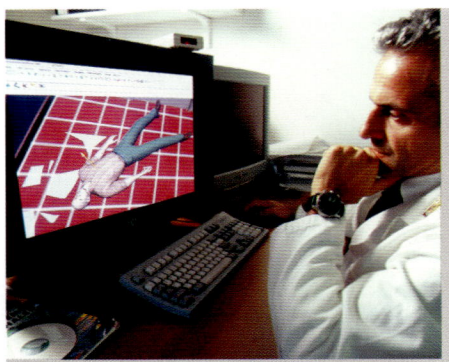

Ballistiker können anhand einer dreidimensionalen Computerrekonstruktion des Tatorts die Flugbahn eines Geschosses errechnen.

REKONSTRUKTION

Der Mord an Oberst T. P. Singh, seiner Frau Shibati und seiner Schwester Ajit Kaur in der indischen Stadt Chandigarh konnte 2006 mithilfe von Rechtsmedizinern rekonstruiert werden. Spuren ergaben, dass zuerst der Mann, dann die Ehefrau und danach die Schwester getötet wurde – was auf einen oder wenige Täter schließen ließ. Die Ehefrau hatte sich offenkundig gewehrt und eine Vase nach dem Täter geworfen. Zudem waren ihr Haare ausgerissen worden. Der Körper des Mannes wies zwei Schusswunden auf. Seine Schwester hatte einen Schlag auf den Kopf erhalten und war offenbar überrumpelt worden. Man fand vier verschiedene Blutspuren. Der Fall ist noch ungelöst.

will. Ähnlich verhält es sich, wenn ein Ehemann seine Frau erschlägt und an den Fuß der Treppe legt, um einen Sturz vorzutäuschen; wenn ein Mörder einen Brand legt, um sein Opfer zu beseitigen; wenn ein Versicherungsbetrüger Wertstücke versteckt oder einen Einbruch inszeniert, indem er den Inhalt von Schränken auf dem Boden verstreut und ein Fenster einschlägt.

In der BBC-Sendung „Crimewatch" (oben) wird der 2005 in Surrey verübte Mord an Abigail Witchall nachgestellt. Ein Polizist (links) mit einem Dummy, anhand dessen der 1999 in Frankreich an Isabel Peake begangene Mord rekonstruiert wurde.

Der Modus operandi

Kriminalisten untersuchen nicht nur Beweismaterial, sondern achten bei der Rekonstruktion von Verbrechen auch auf Eigenheiten in der Art der Ausführung, die Hinweise auf einen Wiederholungstäter geben können.

JÜRGEN BARTSCH

Serientäter halten meist ein erkennbares Tatmuster ein. Jürgen Bartsch, ein junger Homosexueller, tötete zwischen 1962 und 1966 in Essen vier Jungen. Er lockte seine Opfer, die alle schlank und dunkelhaarig waren, in einen ehemaligen Luftschutzbunker. Er verstümmelte sie stets auf die gleiche Weise, indem er sie enthauptete und kastrierte, die Augen ausstach und den Körper aufschnitt. Ihm werden mehr als 100 weitere Mordversuche vorgeworfen. Er wurde 1966 gefasst und blieb bis zu seinem Tod im Jahr 1976 in einer psychiatrischen Klinik.

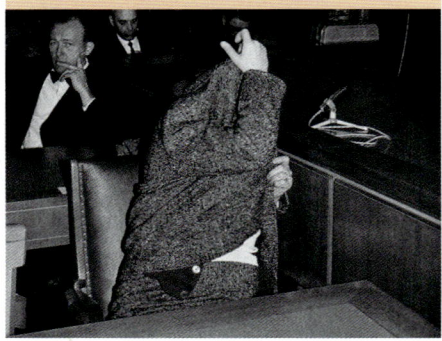

Typische Beispiele für den Modus operandi sind bevorzugte Waffen, die Art des Zugangs zum Tatort, aber auch, ob der Täter das Telefon außer Betrieb setzt oder bestimmte Dinge vom Tatort mitnimmt. Gerade Handlungen, die über die eigentliche Tat hinausreichen, machen die individuelle Handschrift eines Verbrechers aus. Manche Täter reden leise mit ihrem Opfer, andere foltern es, wieder andere schreiben Nachrichten auf den Spiegel.

Die Ermittler berücksichtigen, was das Opfer vor dem Verbrechen getan hat. Sie befragen Angehörige und Freunde, um sich ein Bild vom Opfer und seinem persönlichen Umfeld zu machen.

Auch ärztliche Unterlagen, Informationen über Ausbildung und Beruf sowie Polizeiakten werden ausgewertet.

Bei Selbstmordverdacht ist auch zu klären, ob das Opfer alkohol- oder drogensüchtig war oder andere Probleme hatte.

Handlungen, die über die eigentliche Tat hinausreichen, machen die individuelle Handschrift eines Verbrechers aus.

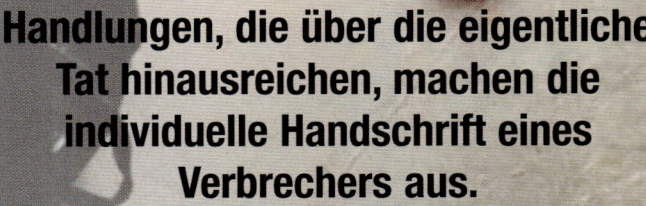

CAROLINE DICKINSON

Am Fall der 13-jährigen Caroline Dickinson, die 1996 in Frankreich vergewaltigt und ermordet wurde, lässt sich der Modus operandi des Täters aufzeigen: Er hatte klare Tatort-Präferenzen. Caroline Dickinson wurde in einer Jugendherberge ermordet. Fünf Jahre später wurde Francisco Arces Montes in Florida wegen sexueller Belästigung festgenommen – ebenfalls in einer Jugendherberge. Mithilfe von DNA-Tests konnte ihm auch der Mord in Frankreich nachgewiesen werden. Montes wurde überstellt und 2001 in Frankreich verurteilt. Später gestand er die Tat.

Nach dem Mord an der Schülerin Caroline Dickinson in einer Jugendherberge (links) wurden Interpol-Akten durchgesehen (oben).

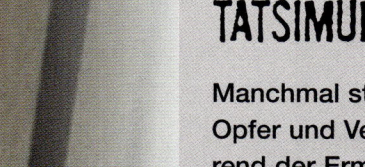

TATSIMULATION

Manchmal stellen Polizisten, Opfer und Verdächtige während der Ermittlungen einen Tathergang nach. Als 2003 im Norden von Rio de Janeiro (Brasilien) vier junge Männer ermordet wurden, hielt die Polizei sie für Drogendealer. Beim Nachstellen der Ereignisse ergab sich, dass sie nur unbeteiligte Zuschauer waren. In Waihou (Neuseeland) führte 2005 eine unter Mordverdacht an ihrem Ehemann stehende Frau der Polizei vor, wie sie ihn zu einem flachen Grab geschleift hatte, das sie gegraben hatte. Sie fiel zuerst hinein, der Tote landete auf ihr.

Umgang mit Zeugen und Verdächtigen

Weil das menschliche Gedächtnis unzuverlässig ist, werden Zeugen möglichst noch am Tatort vernommen. Doch selbst dann können ihre Wahrnehmungen unklar und ihre Aussagen lückenhaft sein.

Zeugen eines Verbrechens sind verständlicherweise aufgeregt. Eine Befragung durch die Polizei verstärkt diesen Stress noch, vor allem, wenn ein Zeuge fürchtet, verdächtigt zu werden.

Vor der Entwicklung der Forensik konnten oft nur Zeugenaussagen Hinweise auf einen Tatverdächtigen geben. Wenn heute vor Gericht die Aussage eines Tatzeugen der eines Rechtsmediziners widerspricht, wird das Gericht normalerweise Letzterem glauben. Für einen Richter sind die Ergebnisse eines DNA-Tests aussagekräftiger als der Bericht eines Augenzeugen.

FESTHALTEN VON ZEUGEN

Die Befugnis der Polizei, Zeugen am Tatort festzuhalten, ist von Land zu Land verschieden. In Usbekistan können Ermittler jeden festhalten, den sie als Zeugen betrachten. Der Betroffene hat während der Vernehmung, die ohne Rücksprache mit einem Richter vorgenommen werden darf, keinen Anspruch auf Rechtsbeistand. Alle Aussagen des Zeugen können vor Gericht verwendet werden. In vielen Bundesstaaten der USA hingegen herrscht bezüglich des polizeilichen Umgangs mit Zeugen eine gewisse Unklarheit. Der vierte Zusatzartikel zur Verfassung der USA verbietet die Verhaftung von Zeugen, doch wenn der Fall es erfordert, dürfen sie festgehalten werden.

DIE NEW YORKER LÖSUNG

Verdächtige dürfen am Tatort verhaftet und zur Befragung auf ein Polizeirevier gebracht werden. Es ist jedoch schwierig, Verdächtige von Zeugen zu unterscheiden. 2005 gründete das New York Police Department das „Real Time Crime Center", das rund um die Uhr besetzt ist. Die Beamten werten Informationen über den Tatort und mögliche Verdächtige aus und senden die Ergebnisse per E-Mail, Fax oder Telefon an die Ermittler vor Ort zurück. 2006 kündigte die Stadt an, fast 500 Millionen Dollar in den Ausbau eines neuen Funknetzwerks zu investieren, damit die Beamten jederzeit und überall Zugriff auf Identifikationsdaten wie Fingerabdrücke und Fahndungsfotos haben, aufgrund derer sie Verdächtige festnehmen können.

Rechts: Während Sanitäter sich um die Verletzten kümmern, befragt ein Polizist eine Unfallzeugin.

Oben: Polizisten in New York befragen nach einer Schießerei, bei der zwei Passanten verletzt wurden, die Gäste eines Restaurants.

ZEUGENAUSSAGE ODER DNA?

2002 verschwand die 41-jährige Linda Razzell, vierfache Mutter, aus der britischen Stadt Swindon. Später fand man Blutflecken im Auto ihres getrennt lebenden Ehemanns Glyn. Die Leiche wurde nie gefunden, aber sechs Zeugen gaben an, die Frau nach ihrem Verschwinden gesehen zu haben. Eine davon war eine Freundin der Toten, die behauptete, Blickkontakt gehabt zu haben.

Obwohl diese Informationen 2003 während des Prozesses vorgelegt wurden, ließ sich das Gericht von den Flecken im Auto, die durch DNA-Analyse als Blut der Verschwundenen identifiziert wurden, überzeugen. Glyn Razzell wurde zu lebenslanger Haft verurteilt.

Linda Razzell fürchtete, ihr Mann könne sie töten. Sie hatte ihn zweimal wegen Gewalttätigkeit angezeigt.

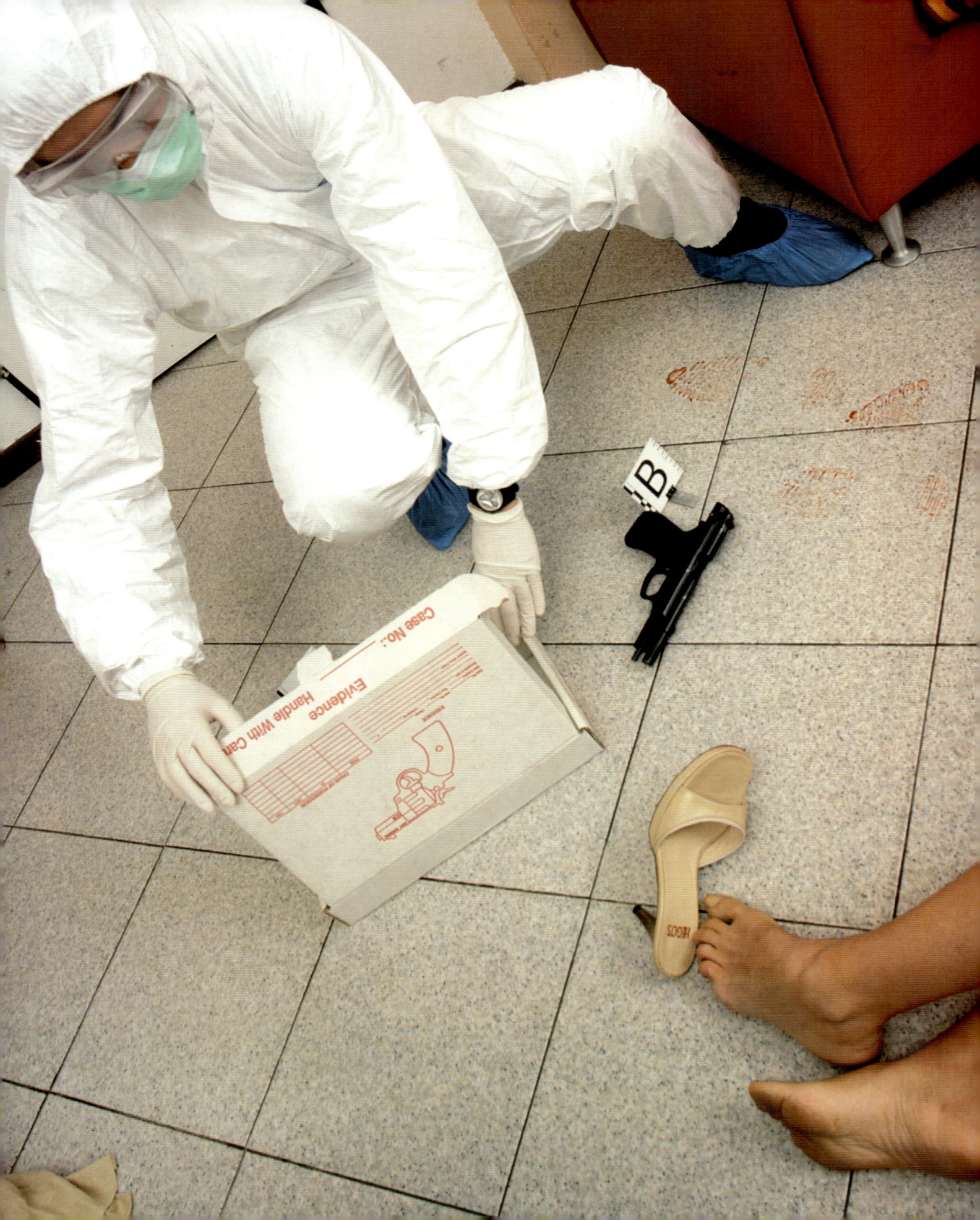

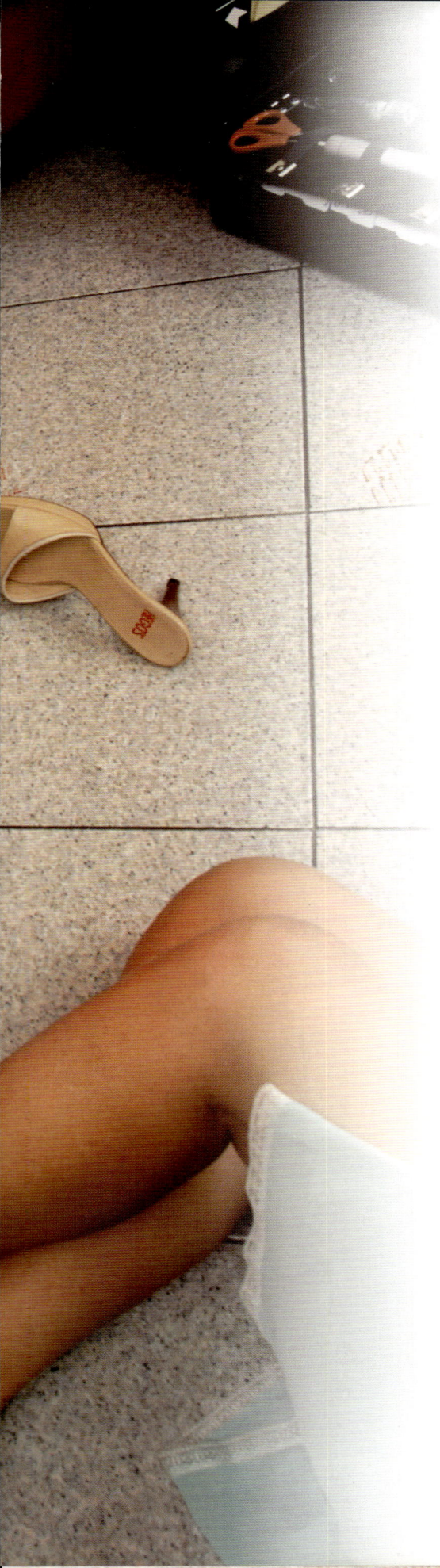

Todesumstände

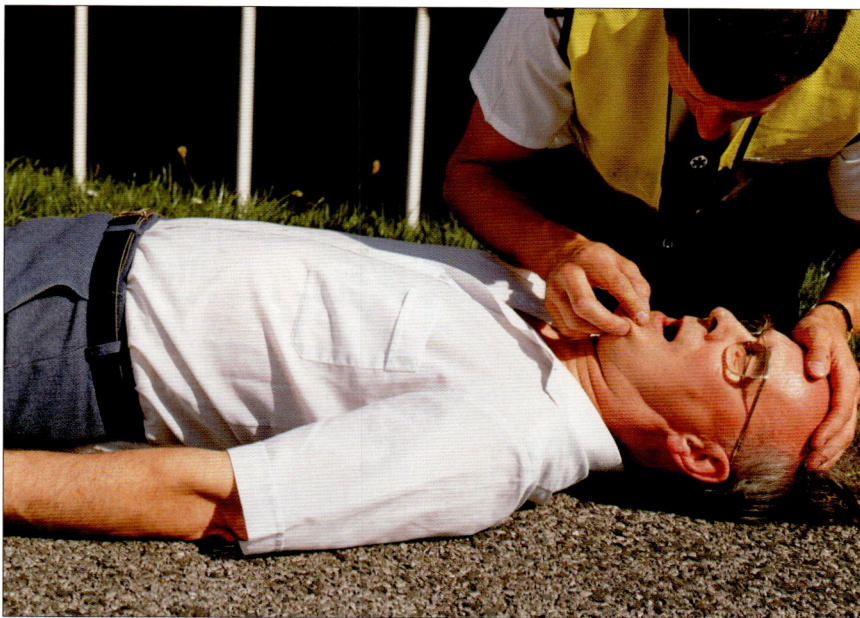

DIE MEISTEN TODESFÄLLE HABEN NATÜRLICHE URSACHEN. Manchmal liegen aber auch Unfall, Selbstmord oder Mord vor. Im letzten Fall wird der Ort des Todes als Tatort betrachtet. Darum gilt es, möglichst schnell festzustellen, ob der oder die Tote ein Mordopfer ist. Der Pathologe kann zu diesem Zeitpunkt nur eine oberflächliche Untersuchung vornehmen. Er achtet vornehmlich auf die Totenstarre, auf Flüssigkeiten und Spuren auf dem Körper. Die Lage des Opfers und eventuelle Muster von Blutflecken werden analysiert. In der direkten Umgebung wird nach sichtbaren Abdrücken, Blutspuren oder Tatwerkzeugen gesucht.

Der Mann ist bewusstlos, die Umstände sind ungeklärt. Wiederbelebung hat erste Priorität. Gelingt sie nicht, muss der Ort als möglicher Tatort betrachtet werden.

Die Knochen eines Mordopfers werden im gerichtsmedizinischen Labor nummeriert, damit sie nicht verwechselt werden.

41

Der Verwesungsprozess

Manche Leichen werden erst nach mehreren Wochen gefunden. Dann ist die Bestimmung des Todeszeitpunkts für den Pathologen schwierig. Anstelle von Totenstarre, Temperatur und Leichenflecken muss nun der Verwesungsfortschritt beurteilt werden.

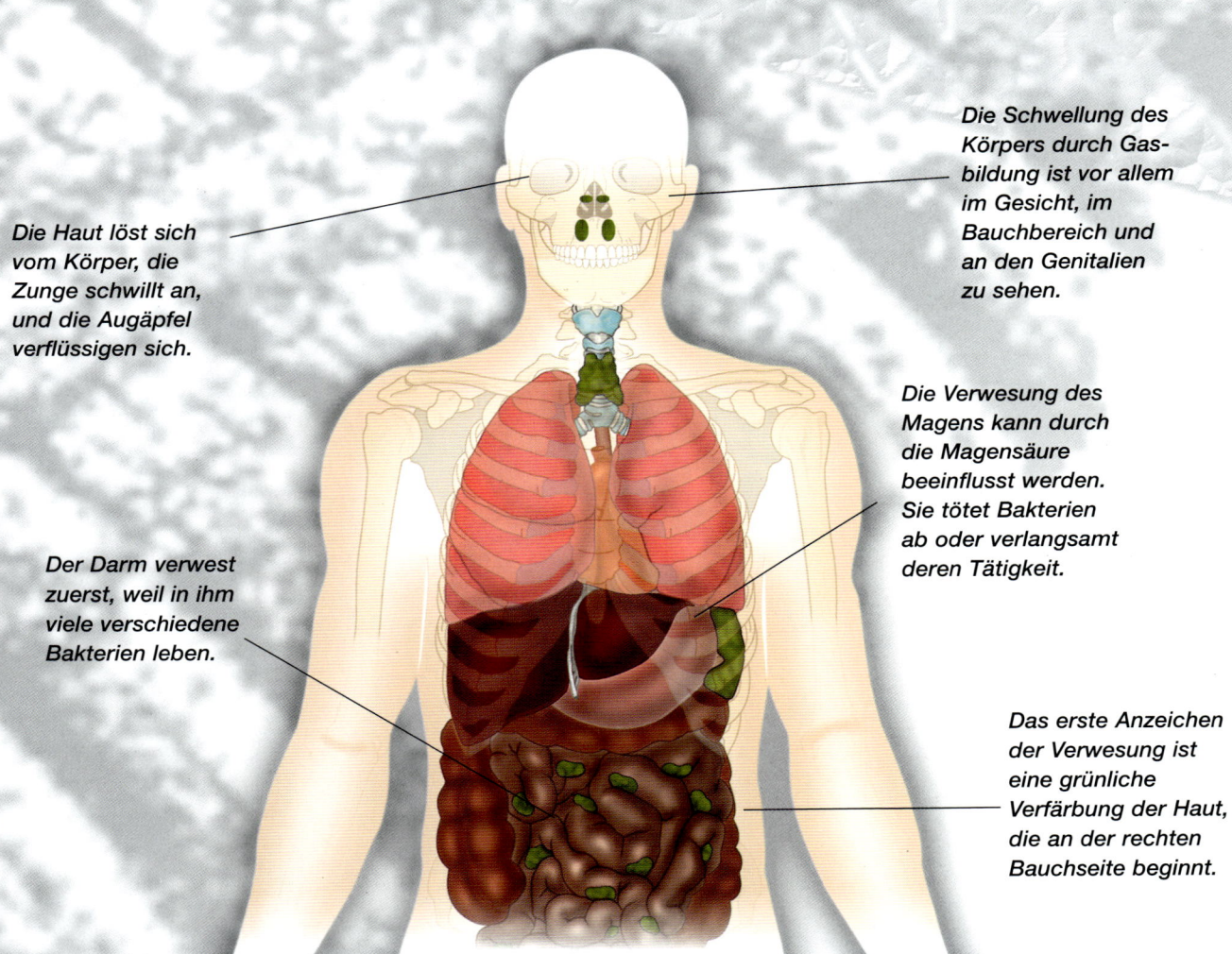

Die Haut löst sich vom Körper, die Zunge schwillt an, und die Augäpfel verflüssigen sich.

Die Schwellung des Körpers durch Gasbildung ist vor allem im Gesicht, im Bauchbereich und an den Genitalien zu sehen.

Der Darm verwest zuerst, weil in ihm viele verschiedene Bakterien leben.

Die Verwesung des Magens kann durch die Magensäure beeinflusst werden. Sie tötet Bakterien ab oder verlangsamt deren Tätigkeit.

Das erste Anzeichen der Verwesung ist eine grünliche Verfärbung der Haut, die an der rechten Bauchseite beginnt.

Pathologen können den Verwesungsfortschritt an den Organen und anderen Weichgeweben ablesen. Kurz vor Ende des Verwesungsprozesses nimmt der Körper eine schwärzlichgrüne Färbung an.

Die Verwesung beginnt mit einer grünlichen Verfärbung der Haut im Bauchbereich.

Todesumstände

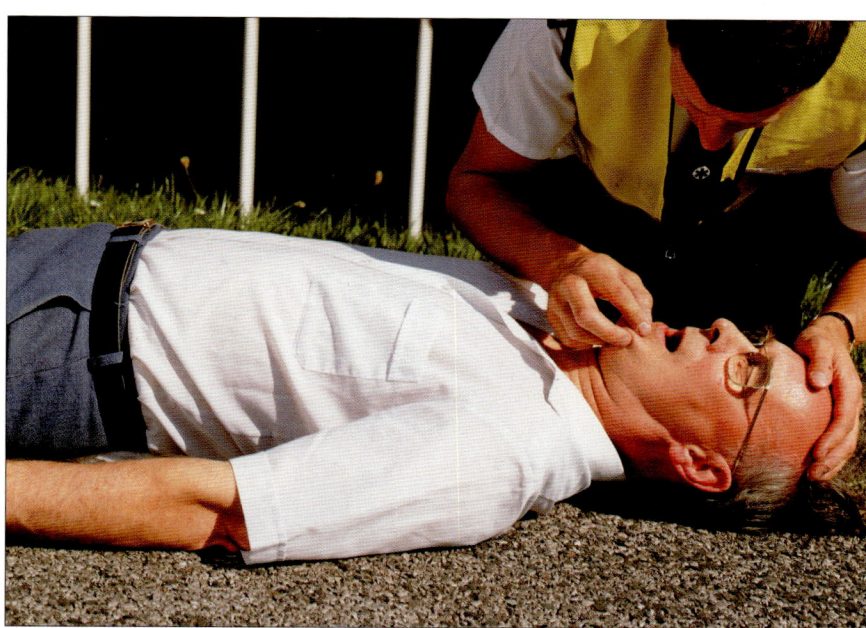

D IE MEISTEN TODESFÄLLE HABEN NATÜRLICHE URSACHEN. Manchmal liegen aber auch Unfall, Selbstmord oder Mord vor. Im letzten Fall wird der Ort des Todes als Tatort betrachtet. Darum gilt es, möglichst schnell festzustellen, ob der oder die Tote ein Mordopfer ist. Der Pathologe kann zu diesem Zeitpunkt nur eine oberflächliche Untersuchung vornehmen. Er achtet vornehmlich auf die Totenstarre, auf Flüssigkeiten und Spuren auf dem Körper. Die Lage des Opfers und eventuelle Muster von Blutflecken werden analysiert. In der direkten Umgebung wird nach sichtbaren Abdrücken, Blutspuren oder Tatwerkzeugen gesucht.

Der Mann ist bewusstlos, die Umstände sind ungeklärt. Wiederbelebung hat erste Priorität. Gelingt sie nicht, muss der Ort als möglicher Tatort betrachtet werden.

Die Knochen eines Mordopfers werden im gerichtsmedizinischen Labor nummeriert, damit sie nicht verwechselt werden.

41

Lebenszeichen

Beim Auffinden eines Opfers ist zuerst auf Lebenszeichen zu achten, vor allem auf Puls, Herzschlag und Atmung. Ein Arzt kann mit einem Stethoskop auch einen schwachen Herzschlag hören.

• •

DER UNTERSUCHUNGSRICHTER AM TATORT

In den USA herrscht Uneinigkeit darüber, ob ein Untersuchungsrichter am Tatort benötigt wird. Manche Ermittler meinen, dass er ihre Arbeit eher behindere. Während der Ermittlungen zu den Morden Dr. Harold Shipmans (siehe Kapitel 1) sagte der Pathologe Dr. Peter Acland, ein Untersuchungsrichter vor Ort könne Beweismaterial kontaminieren und Entscheidungen fällen, die die Ermittlungen erschweren. Acland fügte hinzu, ihm sei kein Fall bekannt, in dem der Untersuchungsrichter am Tatort von Nutzen gewesen sei.

Michael Burgess, Sprecher der englischen Vereinigung von Untersuchungsrichtern, stimmte diesen Bedenken grundsätzlich zu. Er meinte aber, es müsse außer der Polizei eine Person mit der Befugnis zum Anordnen einer Obduktion vor Ort sein.

Beim geringsten Lebenszeichen haben Wiederbelebung und medizinische Notfallversorgung oberste Priorität. Verhaftung Verdächtiger und eventuelle Kontamination von Beweismaterial sind in dem Fall zweitrangig. Besonders bei Terroranschlägen wie am 11. März 2004 in Madrid wird diese Vorgehensweise deutlich. Schwer verletzte Opfer können leblos erscheinen, weshalb die Untersuchung sehr sorgfältig vorgenommen werden muss. Als ein Mann Dr. Lin Russell und ihre beiden Töchter Megan und Josie 1996 brutal mit einem Hammer auf einer einsamen Landstraße nahe der englischen Stadt Canterbury angriff, konnte der Polizist Richard Reivers, der zuerst am Tatort war, keine Lebenszeichen entdecken. Der Ehemann und Vater wurde über den Tod seiner ganzen Familie informiert. Als aber der Polizeiarzt Dr. Parks am Tatort eintraf, bemerkte Reivers, dass die neunjährige Josie sich bewegte. „Ich hatte festgestellt, dass die erwachsene Frau kalt war und keine Lebens-

Michael Stone, hier beim Eintreffen vor dem Gericht in London am 18. Januar 2005, wurde des Mordes für schuldig befunden.

zeichen aufwies", sagte Dr. Parks. „Ich wandte meine Aufmerksamkeit sofort dem Kind zu. Es fühlte sich warm an und bewegte sich, als ich seinen Arm berührte. Ich beruhigte das Mädchen, und nach kurzem Nachdenken bat ich den Polizisten, es aufzuheben. Es war halb bei Bewusstsein und hatte schwere Kopfverletzungen."

Trotz ihrer schweren Kopfverletzungen erholte sich Josie Russel schnell. Ihre Aussage bei der Polizei wurde auf Video aufgezeichnet und beim Prozess gegen den Täter Michael Stone als Beweismaterial vorgeführt. Stone wurde 1998 zu dreimal lebenslänglich verurteilt.

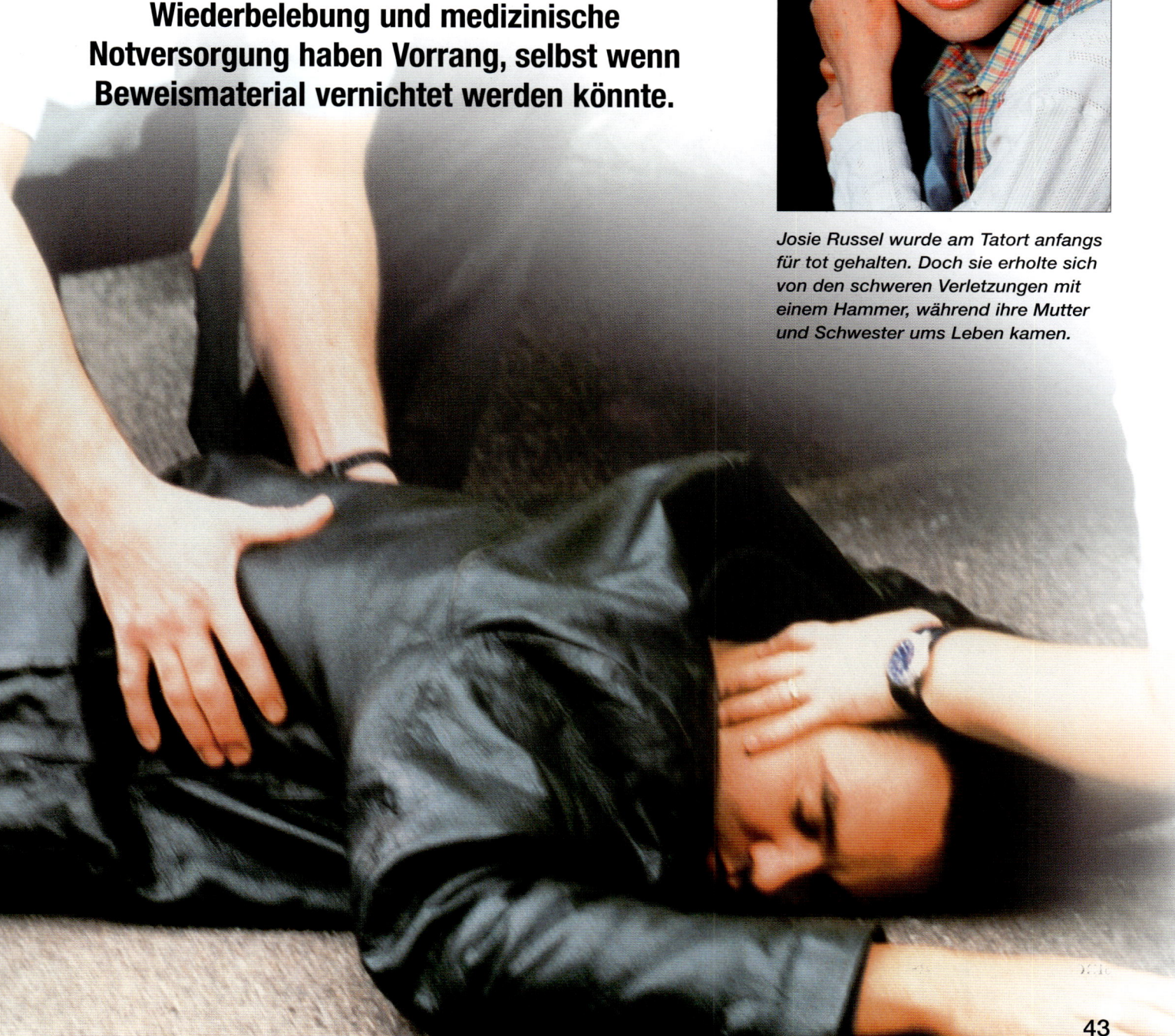

Wiederbelebung und medizinische Notversorgung haben Vorrang, selbst wenn Beweismaterial vernichtet werden könnte.

Josie Russel wurde am Tatort anfangs für tot gehalten. Doch sie erholte sich von den schweren Verletzungen mit einem Hammer, während ihre Mutter und Schwester ums Leben kamen.

Wiederbelebung

Polizei und Rettungssanitäter sind auch in der Behandlung von Verbrechensopfern ausgebildet. Der Beamte, der zuerst am Tatort eintrifft, muss sich zuerst um Verletzte kümmern.

Ist ein Opfer bewusstlos, hat es Atembeschwerden oder schwere Verletzungen, etwa tiefe Wunden wie Stichverletzungen mit starkem Blutverlust oder größere Brandwunden, muss schnellstens ein Rettungswagen gerufen werden. Opfer mit Verletzungen im Halsbereich werden auf den Rücken gedreht. Dann wird geprüft, ob sich der Brustkorb hebt und senkt. Ist keine Atmung zu beobachten, kann Mund-zu-Mund-Beatmung angewandt werden. Atmet das Opfer, wird es in die stabile Seitenlage gebracht.

Es muss darauf geachtet werden, dass das Gehirn des Opfers ausreichend mit Sauerstoff versorgt wird. Darum tastet der Beamte am Tatort mit zwei Fingern seitlich der Luftröhre nach dem Puls der Halsschlagader. Ist mindestens ein Pulsschlag pro Sekunde zu spüren, wird die Mund-zu-Mund-Beatmung fortgesetzt, ist der Puls langsamer oder nicht zu spüren, wird sie durch die Herzdruckmassage ergänzt. Beide Maßnahmen sind als Herz-Lungen-Wiederbelebung bekannt.

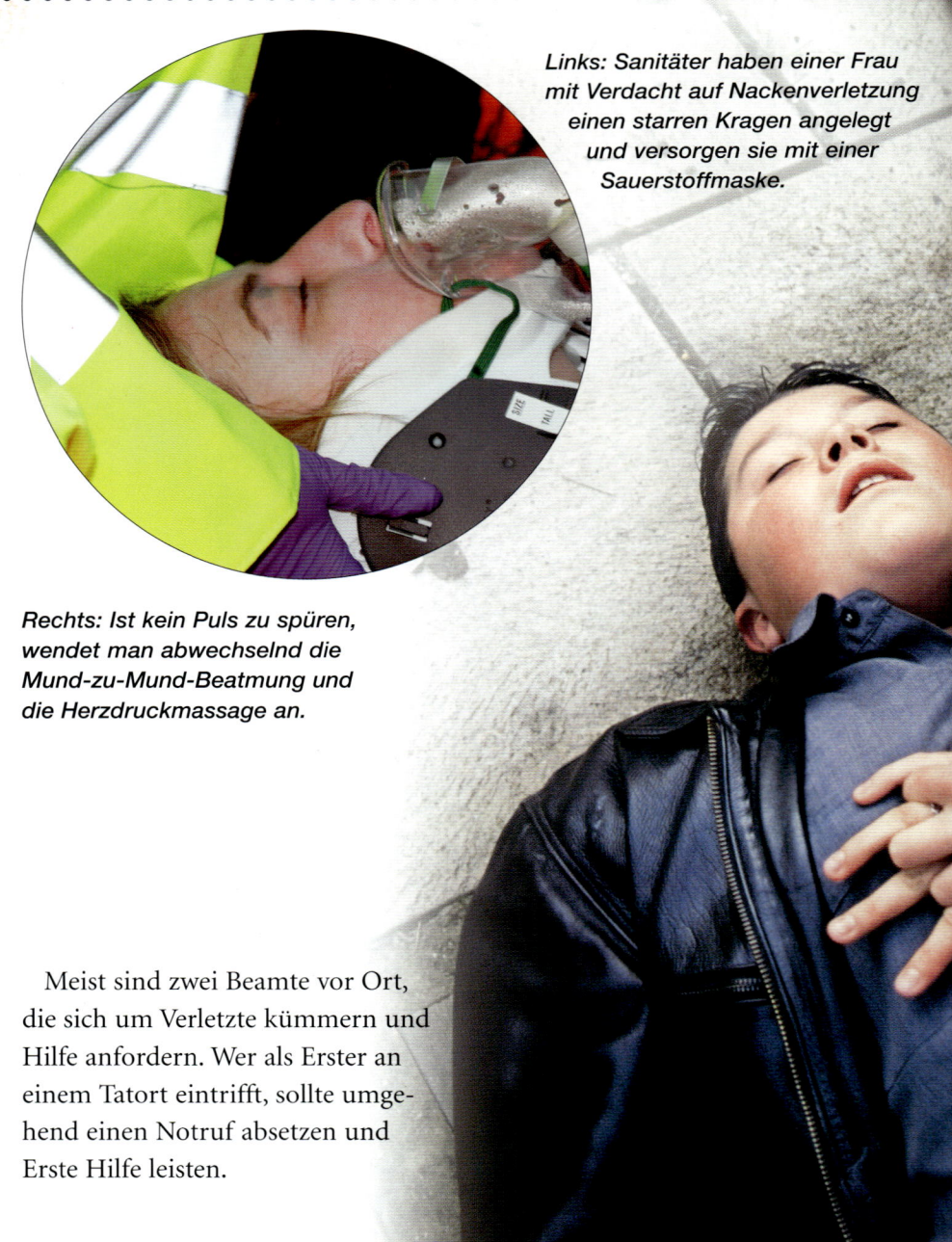

Links: Sanitäter haben einer Frau mit Verdacht auf Nackenverletzung einen starren Kragen angelegt und versorgen sie mit einer Sauerstoffmaske.

Rechts: Ist kein Puls zu spüren, wendet man abwechselnd die Mund-zu-Mund-Beatmung und die Herzdruckmassage an.

Meist sind zwei Beamte vor Ort, die sich um Verletzte kümmern und Hilfe anfordern. Wer als Erster an einem Tatort eintrifft, sollte umgehend einen Notruf absetzen und Erste Hilfe leisten.

Ist der Puls sehr schwach oder gar nicht zu spüren, wird die Herz-Lungen-Wiederbelebung angewandt.

ENTWICKLUNG DER WIEDERBELEBUNG

Die frühen Methoden der Wiederbelebung waren nicht angenehm. Die alten Ägypter hängten Patienten an den Füßen auf und übten Druck auf die Brust aus. In anderen Ländern rieb man Opfern die Brust mit heißer Asche ab, peitschte sie, rollte sie über ein Fass oder legte sie über den Rücken eines gehenden Pferdes.

1767 verwendete man in Europa einen Blasebalg, um Patienten Rauch in den Mund oder auch in den Darmausgang zu blasen. Im selben Jahr veröffentlichte die Dutch Humane Society Richtlinien zum „Einblasen von Tabakrauch ins Rektum" und auch zur „Mund-zu-Mund-Beatmung". Der englische Arzt Charles Kite veröffentlichte 1788 einen „Aufsatz zur Belebung vermeintlich Toter", in dem erstmals von Elektroschocks die Rede ist. Bis ins späte 19. Jahrhundert hielt man sich aber an grobere Methoden wie das Dehnen des Rektums oder – in Frankreich – der Zunge. Mund-zu-Mund-Beatmung wurde erst im Zweiten Weltkrieg in der US-Armee standardmäßig eingesetzt, und die Herz-Lungen-Wiederbelebung, entwickelt vom amerikanischen Arzt William Kouwenhoven, wurde in den 1960er-Jahren üblich.

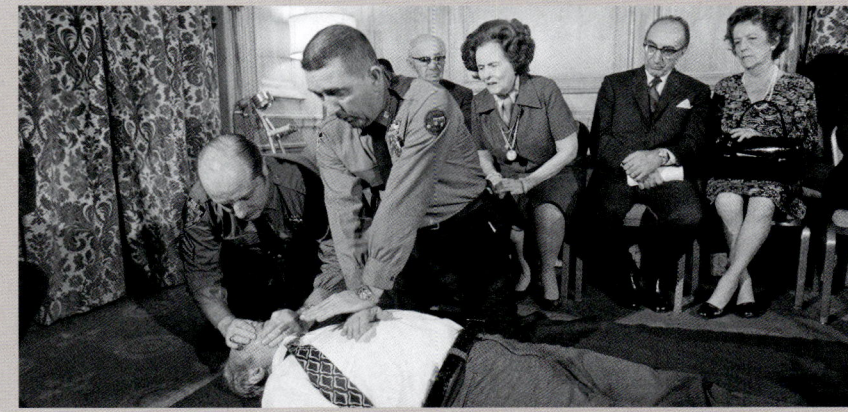

Dr. William Kouwenhoven, einer der Pioniere der Wiederbelebung, beobachtet 1973 eine Vorführung des New York Police Department.

Untersuchung eines Opfers am Tatort

Eine Leiche, deren Todesumstände ungeklärt sind, wird am Fundort vom Pathologen untersucht. Erst dann darf sie abtransportiert werden. Normalerweise wird die Leiche in Fundposition untersucht. Manchmal muss sie auch bewegt werden.

In jedem Fall wird die Position der Leiche bei ihrem Auffinden fotografiert, skizziert oder auf Video aufgenommen.

Vor allem geht es darum, den Todeszeitpunkt festzustellen, der wichtige Hinweise zur Tat geben kann. Ganz exakt lässt sich die Todeszeit selten ermitteln, doch die Bestimmung wird schwieriger, wenn die Leiche bewegt wurde, weil sich dadurch das Einsetzen der Totenstarre verschieben kann.

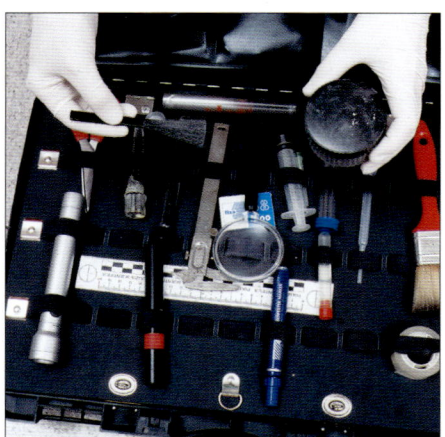

Ein Kriminaltechniker entnimmt seinem Koffer einen Behälter mit Fingerabdruck-Pulver.

Manchmal muss eine Leiche entkleidet werden, um die Haut auf Verfärbungen zu untersuchen. Das Blut sammelt sich im unteren Bereich des Körpers und bildet rötliche Verfärbungen, die Totenflecken. Die Fleckenbildung setzt 30 Minuten bis 2 Stunden nach Eintreten des Todes ein und ist nach etwa acht Stunden abgeschlossen. Ursache für die Fleckenbildung ist die Schwerkraft. Liegt ein Toter auf der linken Seite, bilden sich Totenflecken in Arm, Schulter, Hüfte und Bein der linken Körperhälfte. Nach etwa 48 Stunden nimmt die Haut durch Bakterientätigkeit einen fahl-grünlichen Ton an, nach vier bis sieben Tagen wirkt sie wie marmoriert. Auf dunkler Haut sind diese Verfärbungen nicht zu erkennen.

Die Temperatur eines Toten wird rektal gemessen. Ab etwa zwei Stunden nach dem Todeszeitpunkt fällt die Rumpftemperatur um etwa 1 °C pro Stunde.

LEICHENSPASMUS

Gelegentlich tritt eine krampfartige Totenstarre auf, die man als Leichenspasmus bezeichnet. Ursache ist meist eine starke Muskelanspannung im Moment des Todes, etwa durch Kampf oder schnelles Laufen. Der Leichenspasmus kann zu Fehleinschätzungen des Todeszeitpunkts führen.

RIGOR MORTIS

Ein Pathologe prüft durch vorsichtiges Bewegen von Armen und Beinen, Hals, Kiefer und Augenlidern, ob die Totenstarre bereits eingesetzt hat. Normalerweise geschieht dies ein bis zwei Stunden nach dem Tod, beginnend an Augenlidern, Kiefer und Hals. Nach etwa sechs bis neun Stunden hat die Starre den ganzen Körper erfasst. Sie hält bis zu 36 Stunden an und baut sich in weiteren sechs bis zwölf Stunden wieder ab. Bei niedrigen Temperaturen kann die Totenstarre auch ausbleiben.

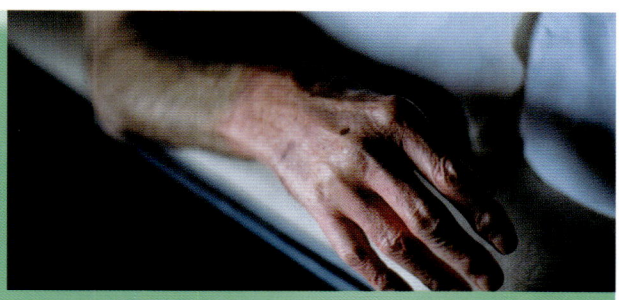

Es ist wichtig, dass ein Verbrechensopfer möglichst schnell nach dem Auffinden von einem Pathologen untersucht wird. Beim Transport in die Leichenhalle können Spuren am Körper bereits verändert werden.

Der Verwesungsprozess

Manche Leichen werden erst nach mehreren Wochen gefunden. Dann ist die Bestimmung des Todeszeitpunkts für den Pathologen schwierig. Anstelle von Totenstarre, Temperatur und Leichenflecken muss nun der Verwesungsfortschritt beurteilt werden.

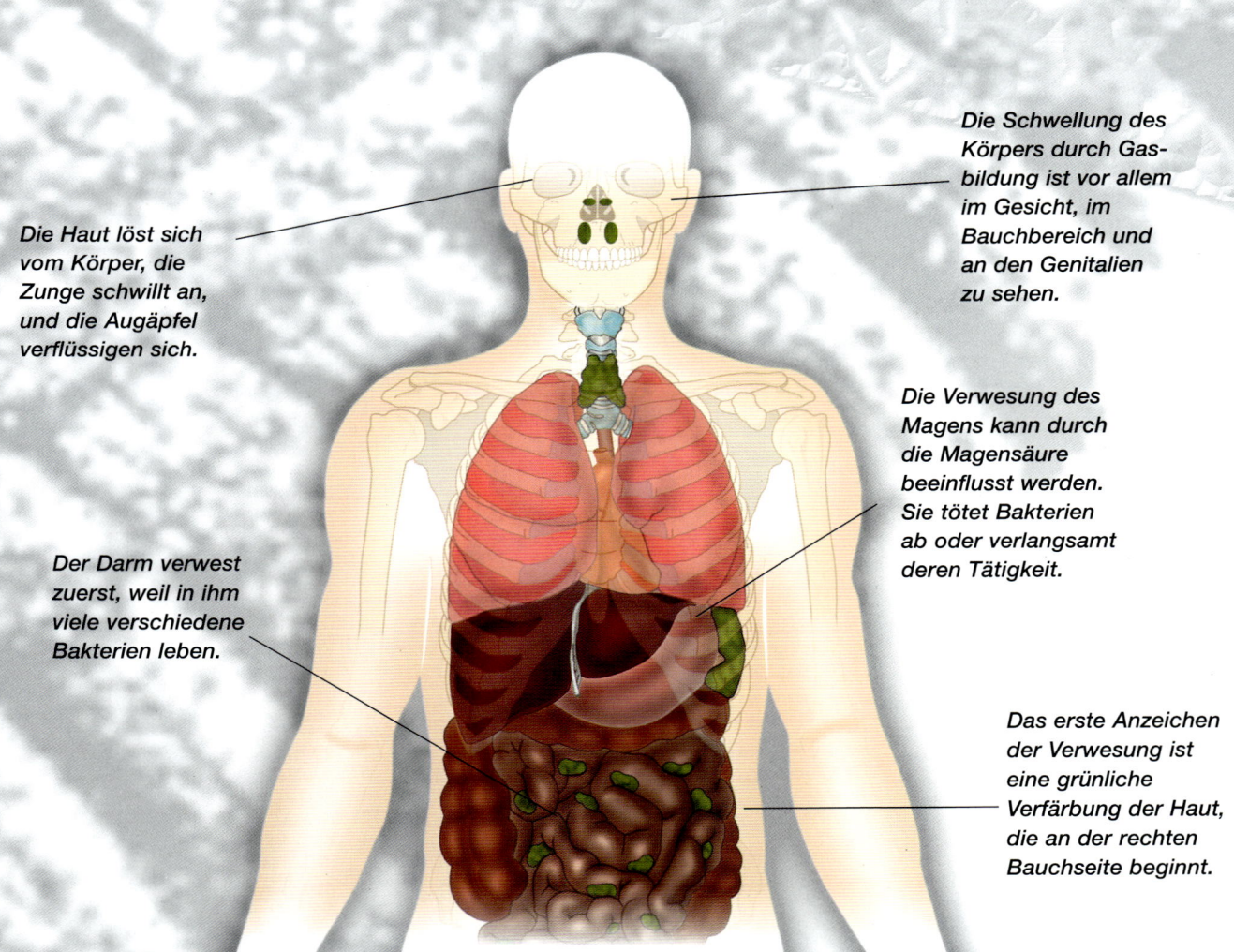

Die Schwellung des Körpers durch Gasbildung ist vor allem im Gesicht, im Bauchbereich und an den Genitalien zu sehen.

Die Haut löst sich vom Körper, die Zunge schwillt an, und die Augäpfel verflüssigen sich.

Die Verwesung des Magens kann durch die Magensäure beeinflusst werden. Sie tötet Bakterien ab oder verlangsamt deren Tätigkeit.

Der Darm verwest zuerst, weil in ihm viele verschiedene Bakterien leben.

Das erste Anzeichen der Verwesung ist eine grünliche Verfärbung der Haut, die an der rechten Bauchseite beginnt.

Pathologen können den Verwesungsfortschritt an den Organen und anderen Weichgeweben ablesen. Kurz vor Ende des Verwesungsprozesses nimmt der Körper eine schwärzlichgrüne Färbung an.

Die Verwesung beginnt mit einer grünlichen Verfärbung der Haut im Bauchbereich.

Das Tempo der Verwesung wird durch Umgebungstemperatur und Feuchtigkeit beeinflusst. Eine ungeschützte Leiche verwest schneller als eine, die begraben ist. Komplizierter wird der Fall, wenn mehrere Tage verstrichen sind, ehe ein Mörder sein Opfer begräbt, oder wenn er es später bewegt hat.

Die Verwesung wird durch Bakterien und Autolyse (Auflösung der Körperzellen und des -gewebes durch Enzymtätigkeit) verursacht. Der Prozess setzt unmittelbar nach dem Tod ein, wird aber meist erst zwei oder drei Tage später sichtbar. Selbst gestandene Pathologen empfinden den Verwesungsprozess oft als unangenehm. Er beginnt mit grünlicher Hautverfärbung im Bauchbereich, die sich dann über Oberkörper und Gesicht ausdehnt. Nach drei Tagen blähen Verwesungsgase den Körper auf. Die Schwellungen sind zunächst im Gesicht zu erkennen. Dann zeichnen sich die Blutgefäße ab, und die Haut wirkt wie marmoriert. Gleichzeitig bildet die Haut Blasen, die mit Flüssigkeit oder Gas gefüllt sind. Wenn sie aufplatzen, löst sich die Haut. Verwesungsflüssigkeiten treten aus Mund und Nase aus, bald danach bricht der Körper auf.

Das Tempo der Verwesung wird durch verschiedene Faktoren beeinflusst. Weil übergewichtige Personen beispielsweise schneller verwesen, sind Untersuchungen unmittelbar nach dem Tod aussagekräftiger als Beurteilungen des Verwesungsfortschritts.

SKELETTIERUNG

Sind die weichen Gewebe restlos verwest, bleibt nur ein Skelett zurück – das „Arbeitsmaterial" des Anthropologen. Die Dauer der Skelettierung hängt vom Klima ab. In Frankreich mögen es zwei Jahre sein, in der Hitze Kenias nur zwei Wochen.

Aus einem vollständigen Skelett lassen sich Rückschlüsse auf Geschlecht, Ethnie, Alter und Größe des Toten ziehen. Odontologen können anhand der Entwicklung und Abnutzung der Zähne ebenfalls zur Altersbestimmung beitragen.

Schäden am Skelett, etwa ein Loch im Schädel, können Hinweise auf die Todesursache geben. Allerdings ist die Rechtsmedizin an Skeletten, die älter als hundert Jahre sind, normalerweise nicht interessiert, denn auch der Täter ist längst tot.

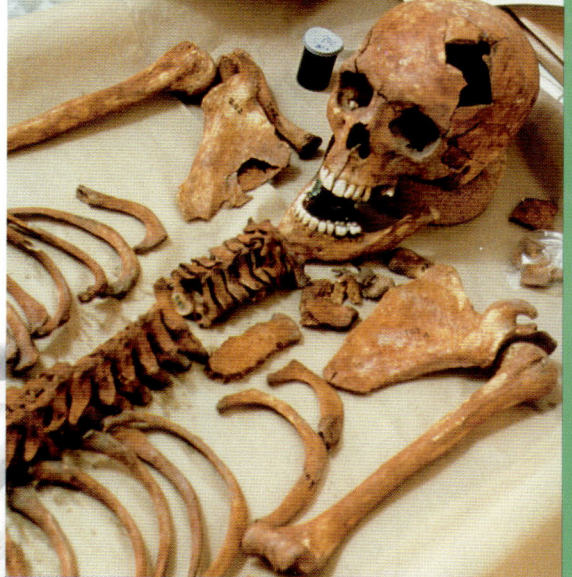

Ein Skelett in einem forensischen Labor mit sorgfältig nummerierten Knochen. Dies sind die Überreste einer Person, die während der Militärherrschaft in Argentinien 1976 bis 1983 ermordet wurde. Das Loch im Schädel weist auf einen gewaltsamen Tod hin.

VERWESUNG INNERER ORGANE

Manchmal schätzen Pathologen den Todeszeitpunkt anhand des Verwesungsfortschritts der inneren Organe ein, der relativ berechenbar ist. Bakterien greifen zuerst den Darm an, danach Leber, dann Lunge, Gehirn, Nieren, Magen (wo Nahrung und Säure die Vermehrung der Bakterien verzögern können) und erst zuletzt Prostata oder Uterus.

Die unmittelbare Umgebung

Die Umgebung eines Tatorts muss gründlich untersucht werden. Dort kann Beweismaterial oder auch eine Leiche zu finden sein. Natürlich wird der Weg, den die Ermittler als Zugang brauchen, als Erstes untersucht.

Rings um den Tatort nehmen die Ermittler Proben von Boden und Pflanzen, die auf der Kleidung des Verdächtigen zu finden sein können. Freies Gelände wird meist von Polizisten in einer Reihe durchkämmt, die langsam vorrücken. Tatorte im Freien müssen sehr schnell abgesucht werden, weil sie sich durch Wettereinflüsse rasch verändern können.

Vermuten die Ermittler eine Leiche oder Waffe in einem Gewässer, werden Seen oder Flüsse abgesucht.

Mit Metalldetektoren oder Spürhunden lassen sich auch vergrabene Leichen oder Waffen aufspüren.

Die Tatortumgebung kann sehr groß sein. 2001 wurde der Rucksackurlauber Peter Falconio im australischen Outback ermordet. Die Polizei musste ein unwegsames Gelände von einer halben Million

Löscharbeiten bei einem Kirchenbrand, den Matthew Lee Cloyd 2006 in Alabama legte. Bei der Untersuchung der weiteren Umgebung wurden Spuren gefunden, anhand derer er überführt werden konnte.

SPUREN VERFOLGEN

Weiträumige Untersuchungen halfen bei der Aufklärung von neun Kirchen-Brandstiftungen in Alabama (großes Foto). In den Kirchen selbst waren keine Spuren zu finden, aber man entdeckte in der Nähe von sechs Tatorten identische Reifenabdrücke.
Ermittler begutachteten 500 Autos und befragten 1500 Personen, ehe sie den Händler fanden, von dem die Reifen stammten. Eine Kundin war die Mutter eines Studenten. Der 20-jährige Matthew Lee Cloyd wurde verdächtigt und vertraute sich seinem Vater an. Zwei weitere Studenten wurden verhaftet. Sie gaben an, die Feuer „aus Spaß" gelegt zu haben. Die Täter wurden zu sieben bzw. acht Jahren Haft verurteilt.

Im einsamen australischen Outback wurden Peter Falconio und Joanne Lees von Bradley Murdoch angegriffen. Lees konnte fliehen und sich im Gebüsch verstecken.

Bradley Murdoch überfiel Falconio und dessen Freundin Joanne Lees. Er erschoss Falconio und fesselte Lees, der aber die Flucht gelang. Mehr als zwei Jahre später wurde Murdoch wegen Verdachts auf Vergewaltigung festgenommen. Dr. Whitaker vom britischen Forensic Science Service entdeckte die Übereinstimmung seiner DNA mit der auf den Seilen, mit denen Lees gefesselt war. Falconios Leiche wurde nie gefunden, aber Murdoch zu lebenslanger Haft verurteilt.

Quadratmeilen Größe absuchen – die sechsfache Fläche Großbritanniens.

NATALEE HOLLOWAY

Die Untersuchung eines Tatorts ist mühsam. Noch schwieriger ist es, wenn der Tatort nicht bekannt ist. Vor diesem Problem standen die Behörden der Karibikinsel Aruba, als am 30. Mai 2005 die Studentin Natalee Holloway verschwand. Zwei Jahre lang suchte man die ganze Insel ab. Die Polizei ließ Teiche leer pumpen, Strände, Dünen und eine Mülldeponie durchsuchen. Polizeischüler durchkämmten im Umkreis von 1,5 Kilometern das Gebiet, in dem sie zuletzt gesehen worden war. Niederländische Polizisten, FBI-Agenten, Beamte aus Miami und Taucher unterstützten die Suche. Aber bislang wurde keine Spur der Vermissten gefunden.

Benvinda de Sous, Anwältin der Familie von Natalee Holloway, weist darauf hin, dass für sachdienliche Hinweise eine Belohnung ausgesetzt wurde.

Gewaltanwendung

Ein forensischer Pathologe untersucht eine Leiche auf Spuren von Gewaltanwendung. Der endgültige Beweis eines Gewaltverbrechens kann aber erst im Labor erbracht werden.

Unten: Der dreidimensionale CT-Scan zeigt den gebrochenen Schädel eines Mannes, der überfallen wurde. Solche Verletzungen können zu Hirnschäden oder auch zum Tod führen.

Offenkundige Zeichen sind Wunden durch Geschosse, stumpfe oder spitze Gegenstände. Schnitte und Stiche, vor allem auf Handrücken, Handflächen und Unterarmen, zieht sich ein Opfer oft zu, wenn es sich verteidigt. Auch Abschürfungen und Prellungen deuten möglicherweise auf einen Kampf hin.

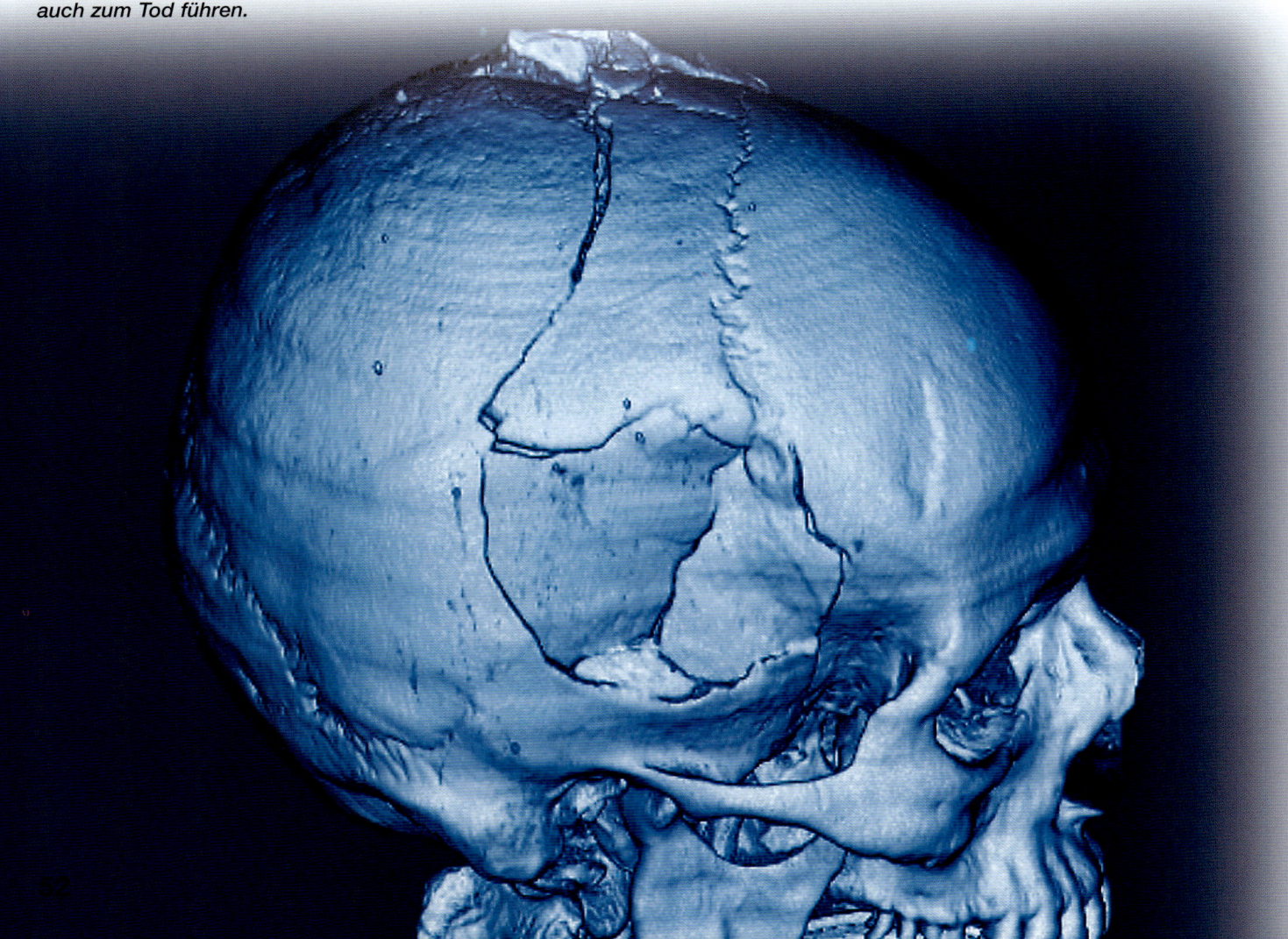

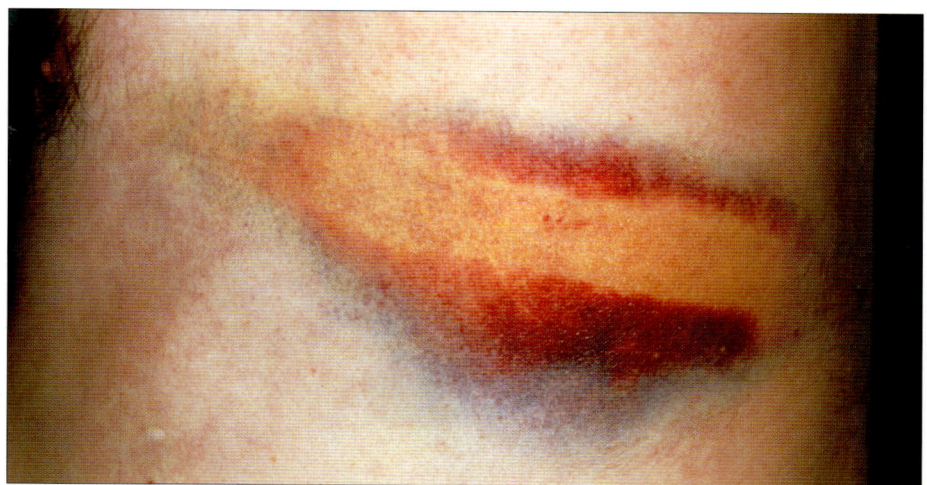

Gewaltspuren an einer Leiche können ferner Selbstmord- oder Unfalltheorien widerlegen. Als 2004 im indischen Cholurpalya die Ehefrau eines Polizisten tot vor ihrem Haus aufgefunden wurde, vermutete man zuerst, sie sei vom Balkon des Hauses gesprungen. Untersuchungen ergaben aber, dass sie erdrosselt worden war. Die Polizei nahm ihren Ehemann und ihren Vater fest.

Zeichen von Gewaltanwendung können auch durch Seile, Klebeband und andere Mittel zum Fesseln eines Opfers verursacht werden, ferner durch eine Augenbinde oder einen Knebel. Folterspuren, beispielsweise von brennenden Zigaretten, gehören ebenfalls in diese Kategorie.

Manchmal bestreiten Opfer, die offensichtliche Gewaltspuren auf-

Diese Quetschung könnte durch einen Schlag mit einem stumpfen Gegenstand verursacht sein. Ein Pathologe wird sie genau untersuchen.

weisen, dass sie angegriffen wurden. Einige wollen den Täter, vielleicht einen Lebenspartner, schützen, andere fürchten weitere Übergriffe. Besonders einschüchternd wirkt Gewalt, die durch Polizeikräfte ausgeübt wird.

Auch aus dem ehemaligen Jugoslawien sind dem UN-Strafgerichtshof zahlreiche Fälle von Opfern bekannt, die aus Angst die Aussage verweigerten. Das erste Verfahren wurde eingestellt, als eine Frau ihre Anklage wegen Vergewaltigung zurückzog, weil während des Verfahrens ihre Anonymität nicht gewahrt bleiben konnte.

VERLETZUNGSARTEN

Gerichtsmediziner unterscheiden mehrere Arten von Verletzungen, die durch Gewaltanwendung verursacht werden können.

Abschürfung: Verletzung, bei der Haut abgeschabt ist

Fraktur: Knochenbruch

Gehirnerschütterung: schwere Gehirnverletzung, verursacht durch einen starken Schlag auf den Schädel

Schnitt- oder Platzwunde: tiefe Fleischwunde

Trauma: eine Wunde oder ein physischer oder emotionaler Schock

Zerrung/Quetschung: Verletzungen ohne Beschädigung der Haut

FEHLENDE SPUREN AM OPFER

Manchmal genügen umgestürzte Objekte, um Verdacht zu erregen. Als die Polizei im Jahr 2000 auf Hawaii die Leiche einer 40-jährigen Frau fand, waren am Körper keine Gewaltspuren zu entdecken. Der Zustand des Tatorts deutete aber auf einen Kampf hin; deshalb lag der Verdacht auf Mord nahe. Die anschließenden Ermittlungen führten zur Verhaftung des Täters.

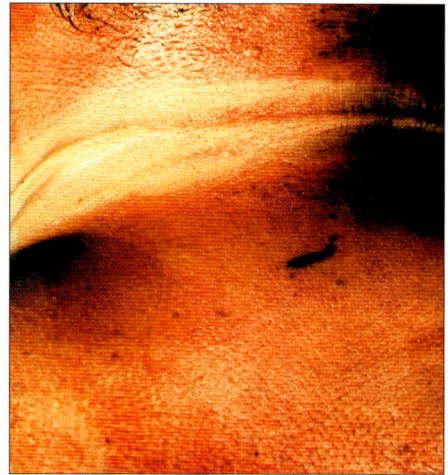

Die Würgemale am Hals des Opfers wurden durch eine dicke Schnur verursacht. Aus dem Aussehen der Haut kann man Rückschlüsse auf den Todeszeitpunkt ziehen.

Misshandlung

Wenn Kinder ums Leben kommen, stellen die Behörden bei den Ermittlungen oft Missbrauch, Misshandlung oder Vernachlässigung fest. Auch in solchen Fällen wird der Sterbeort zum Tatort erklärt.

Jede Woche sterben in Deutschland ein bis zwei Kinder durch Misshandlung oder Gewalt. Zudem werden pro Jahr etwa 2900 Fälle von Verwahrlosung bekannt; die Dunkelziffer liegt aber deutlich höher. In den USA kamen 2003 schätzungsweise 1500 Kinder durch Misshandlung ums Leben, davon waren drei Viertel jünger als vier Jahre. Fälle von Kindesmisshandlung werden heute immer häufiger aktenkundig.

SCHRECKLICHER FUND

In Leipzig wurde im Jahr 2000 bei einer Zwangsräumung eine Kinderleiche entdeckt. Die Mutter, eine heroinabhängige Prostituierte, die im Haus ihres Onkels wohnte, konnte sich nicht erinnern, wann sie das Kind zuletzt gesehen hatte. Sie sagte dem Onkel, das Kind sei bei der Großmutter, fragte ihn aber auch, wie lange jemand ohne Nahrung überleben könne. Die Polizei fand am Tatort Fenster und Türen fest verschlossen vor. Die Kinderleiche wurde eine Stunde nach ihrer Entdeckung ins gerichtsmedizinische Institut der Universität Leipzig gebracht. Sie wies deutliche Zeichen der Unterernährung auf. Anhand von Larven konnten Entomologen schätzen, dass das Kind etwa 14 Tage tot war. Die Mutter wurde nach Jugendstrafrecht zu einer fünfjährigen Haft verurteilt.

Eine durch Zigarettenglut verursachte Wunde wird als Zeichen von Misshandlung bewertet.

VICTORIA CLIMBIE

Als die achtjährige Victoria Climbie im North Middlesex Hospital in London starb, fand der Pathologe 128 Verletzungen und Narben, davon viele von Zigaretten. Er nannte dies den schlimmsten Fall von Kindesmisshandlung während seines Berufslebens.
Victorias Eltern hatten das Kind von der Elfenbeinküste zu ihrer Tante Marie-Therese Kouao nach Tottenham geschickt, die mit Carl Manning zusammenlebte. Zweimal wurde das Mädchen mit Verletzungen in die Notaufnahme eingeliefert, aber man akzeptierte die Erklärungen der Tante. Beim dritten Aufenthalt in der Klinik starb das Kind an Unterernährung und Unterkühlung. Kouao und Manning wurden des Mordes für schuldig befunden und zu lebenslanger Haft verurteilt. Eine amtliche Untersuchung ergab, dass die Behörden in zwölf Fällen hätten ein-greifen und so den Tod des Mädchens verhindern können.

Kindesmisshandlung findet seltener im Geheimen statt; immer öfter werden Fälle gemeldet und untersucht.

BRUTALE PFLEGE

Auch alte und schwache Menschen werden oft das Opfer von Misshandlungen; Pflegeheime sind als Tatort keine Seltenheit. Zurzeit werden in den USA Gesetze diskutiert, die forensischen Pathologen Zugang zu Pflegeheimen ermöglichen sollen, um Todesfälle zu untersuchen. Im US-Staat Arkansas haben solche Gesetze seit 1999 mehr als 2000 Ermittlungen in Pflegeeinrichtungen nach sich gezogen. Ein Pfleger in einer Einrichtung in Aldershot misshandelte zwischen 1991 und 1996 acht alte Frauen. Ihm wurde unter anderem vorgeworfen, einer 96-Jährigen gewaltsam Nahrung eingeflößt und eine 78-Jährige mit kaltem Wasser übergossen zu haben.

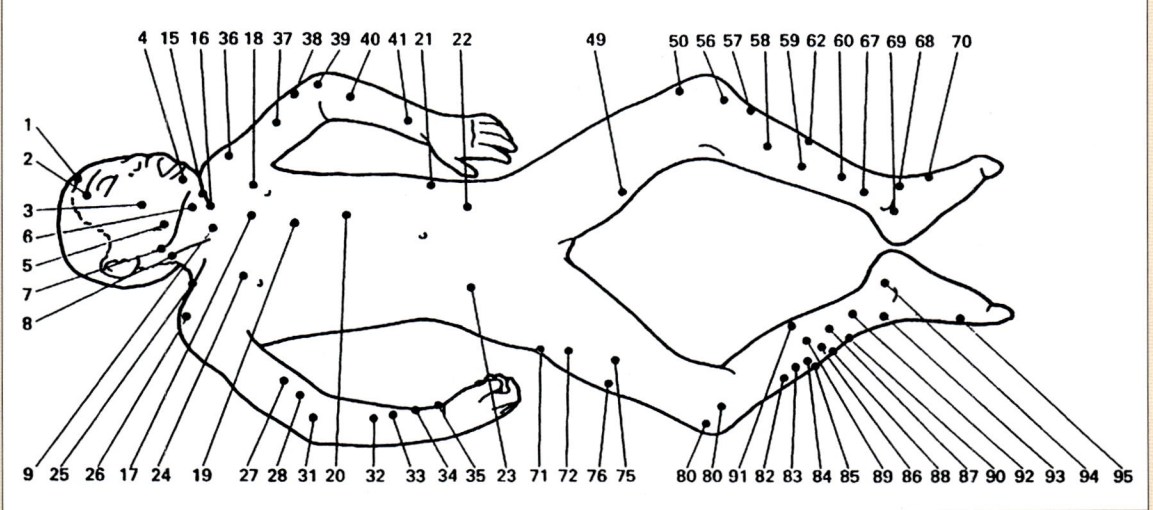

Eine Skizze der Verletzungen der achtjährigen Victoria Climbie zeigt, welche Gewalt sie vor ihrem Tod erlitten hat. Beweismaterial dieser Art wird in Fällen von Kindesmissbrauch bei Gericht vorgelegt.

Ein Pathologe entnimmt aus einer Petrischale Flüssigkeitsproben, um sie zu analysieren.

Kapitel vier

Auswertung von Beweismaterial

FORENSIKER VERSCHIEDENER FACHGEBIETE ARBEITEN GEMEINSAM IN KRIMINALTECHNISCHEN LABORS, WIE SIE VOM BUNDESKRIMINALAMT, DEM FEDERAL BUREAU OF INVESTIGATION (FBI) UND DEM BRITISCHEN FORENSIC SCIENCE SERVICE BETRIEBEN WERDEN.

Das FBI verfügt über die größte biometrische Datenbank der Welt, in der Fingerabdrücke und Kriminalakten von mehr als 47 Millionen Personen archiviert sind. Die kriminaltechnischen Experten führen jährlich über eine Million Untersuchungen durch.

England besitzt die größte DNA-Datenbank der Welt, die

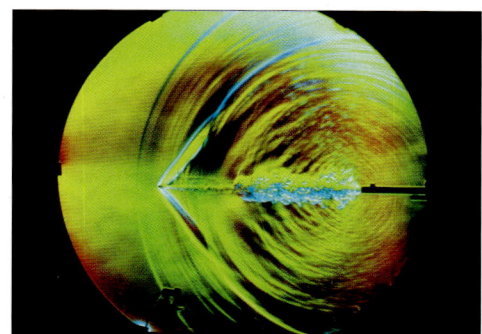

Ein Geschoss an der Spitze einer Schockwelle, dahinter das Gas der Treibladung

mit mehr als vier Millionen Profilen 50-mal umfassender ist als die Frankreichs. In Deutschland ist die zentrale DNA-Analysedatei, auf die alle Polizeibehörden Zugriff haben, dem Bundeskriminalamt unterstellt. Hier sind mehr als eine halbe Million Datensätze erfasst, pro Woche kommen etwa 8000 neue hinzu.

Wissenschaftler in großen Labors untersuchen Beweismaterial wie DNA, Fingerabdrücke, Haare, Zähne, Blut, Drogen, Gifte, Fasern, Farben, Glas, Schusswaffen und Geschosse, Sprengstoffe, Boden und Pflanzen, Reifenabdrücke und Werkzeugspuren. Zu den aufwendigsten Techniken gehören die Gaschromatografie zur Analyse chemischer Verbindungen und die Massenspektrometrie. Verschiedene Diagnoseinstrumente wie Elektronenmikroskop und Infrarotspektrometer gewährleisten exakte Ergebnisse.

Ein Beamter des FBI verpackt Beweisstücke, die an einem Tatort gefunden wurden.

Das forensische Labor

In einem kriminaltechnischen Labor arbeiten Techniker und Wissenschaftler der unterschiedlichsten Fachgebiete, wie Biologen, Mineralogen, Phonetiker oder Computerspezialisten.

Mithilfe der Laboruntersuchungen soll nachgewiesen werden, dass ein Verbrechen vorliegt. Ferner sollen Verbindungen zwischen Beweisstücken und Verdächtigen gefunden werden. Dabei arbeiten normalerweise regionale kriminaltechnische Labors Hand in Hand mit großen überregionalen,

die über Abteilungen für verschiedene Fachrichtungen verfügen. In Deutschland gehört zu jedem Landeskriminalamt ein kriminaltechnisches Labor, zudem gibt es das Kriminaltechnische Institut des BKA. Allein hier werden pro Jahr etwa 10 000 Untersuchungen durchgeführt.

Der englische Forensic Science Service ist hauptsächlich für die 43 Polizeibezirke Englands und Wales' im Einsatz. 2007 nahm er sein neues Footwear Intelligence Technology System in Betrieb, das allen Polizeikräften zur Verfügung steht und rund 13 000 Abbildungen typischer Schuhabdrücke umfasst.

FORENSISCHE PIONIERE

Edmond Locard (1877–1966) richtete 1910 in der französischen Stadt Lyon das erste forensische Labor der Welt ein. Er war Assistent des berühmten Arztes Alexandre Lacassagne (unten) gewesen, den man als „Begründer der Forensik" bezeichnet. Locard prägte die These, dass jeder Kontakt eine Spur hinterlässt.

Zwei Jahre nach Eröffnung seines kriminaltechnischen Labors nutzte Locard es, um einen Bankangestellten des Mordes an seiner Freundin zu überführen. Der Mann schien ein perfektes Alibi zu haben, gestand die Tat aber, nachdem Locard Hautpartikel mit Spuren vom Puder der Frau unter seinen Fingernägeln gefunden hatte.

BEURTEILUNG EINES BEWEISSTÜCKS

Zunächst versucht ein Techniker bei der Begutachtung eines Objekts festzustellen, welche Untersuchungen notwendig sind. Falls nötig, werden die Beweisstücke an Fachabteilungen geschickt, die z. B. auf Biologie, Chemie, Schusswaffen oder Dokumentenfälschungen spezialisiert sind. Dabei wird dokumentiert, durch welche Abteilungen jedes Beweisstück geht.

Erste-Hilfe-Unterricht an der Hendon-Polizeischule in London. Die 1934 eröffnete Schule, die über ein forensisches Labor verfügte, wurde auf Initiative von Hugh Trenchard, Commissioner der Metropolitan Police, gegründet.

Locard prägte die Regel: „Kein Kontakt ohne Materialübertragung."

Ein Labortechniker bereitet eine Blutprobe für eine Untersuchung in der Zentrifuge vor.

LABORE DER KRIMINALTECHNIK – ZEITLICHER ÜBERBLICK

1910 Edmond Locard gründet das erste forensische Labor der Welt in Lyon.

1911 Eröffnung des ersten deutschen chemischen Polizeilabors in Dresden

1923 Das Los Angeles Police Department eröffnet das erste forensische Labor der USA.

1924 Gründung des Kriminaltechnischen Instituts der Polizeidirektion Wien

1932 Das Federal Bureau of Investigation (FBI) eröffnet sein Technical Laboratory in Washington, DC.

1935 Eröffnung des Metropolitan Police Laboratory in der Hendon-Polizeischule in London

1945 Nach Ende des Zweiten Weltkriegs setzt die US-Militärpolizei in Deutschland Kriminallabore auf Lkws ein.

1952 In Wiesbaden entsteht die Abteilung Kriminaltechnik des Bundeskriminalamts.

1952 Gründung des Wissenschaftlichen Dienstes der Stadtpolizei Zürich

1991 Gründung des britischen Forensic Science Service in London

1920
1930
1940
1950
1960
1970
1980
1990
2000
2010

Das FBI-Labor

Durch seine Erfolge in der Verbrechensbekämpfung, intensive Unterstützung seitens der Regierung und positive Darstellungen in Film und Fernsehen hat das amerikanische Federal Bureau of Investigation (FBI) weltweiten Einfluss in der Rechtsmedizin gewonnen.

Das FBI nahm 1924, noch unter dem Namen Bureau of Investigation, seine Arbeit auf und richtete im selben Jahr seine Fingerabdruck-Kartei ein. 1932 wurde ein kriminaltechnisches Labor gegründet und 1967 die erste elektronische Datenbank, das National Crime Information Center (NCIC), in Betrieb genommen.

FÜHRENDES LABOR

1978 setzte das Labor erstmals Lasertechnologie ein, um latente Fingerabdrücke zu entdecken. 1991 wurde das Computer Analysis and Response Team (CART) gegründet, das die Einsatzmöglichkeiten von Computern für Ermittlungszwecke ausloten sollte. Im Folgejahr begann man mit der Einrichtung einer Datenbank für Patronen und Geschosshülsen. 1996 wurde die Einheit für gefährliche Stoffe gegründet, ein Jahr später richtete man das nationale DNA Index System (NDIS) ein, auf dessen DNA-Profile alle forensischen Labors Zugriff haben. Eine Spezialeinheit des Labors, das Evidence Response Team (ERT), stellt am Tatort Beweismaterial sicher und bringt es ins Labor. Jede der 56

KRIEGSVERBRECHEN IM KOSOVO

Wenn wichtige Feldeinsätze es erfordern, verlassen die Experten des FBI ihre Labors. 1999 entsandte das FBI auf Antrag des Internationalen Straftribunals eine Gruppe von 65 Wissenschaftlern ins ehemalige Jugoslawien, um Schauplätze zu dokumentieren, Beweismaterial zu sichern und forensische Untersuchungen an Toten vorzunehmen.

Ein FBI-Team war in Gjakove und Peje im Einsatz, wo es sieben Leichen und Teile von zahlreichen anderen barg. Daneben wurden Kugeln, Patronenhülsen und Splitter von Handgranaten gefunden. Leichenschauen vor Ort ergaben, dass alle Toten erschossen worden waren. Ein anderes Team suchte 21 Schauplätze auf, um die Leichen von 124 Opfern zu exhumieren. Auch hier zeigten Obduktionen, dass die Opfer – vom zweijährigen Jungen bis zur 94-jährigen Frau – durch zahlreiche Schüsse getötet worden waren.

Außenstellen der Behörde verfügt über ein ERT, dem 8 bis 50 Mitarbeiter angehören. Sie ermitteln nicht nur in nationalen Fällen, sondern auch bei internationalen Verbrechen wie den Bombenanschlägen auf US-Botschaften in Ostafrika 1998.

J. EDGAR HOOVER

J. Edgar Hoover (1895–1972) leitete das FBI von 1924 bis 1972 und damit länger als jeder seiner Amtsnachfolger. Da die Kriminaltechnik für ihn sehr wichtig war, gründete er das Labor im Jahr 1932, als das FBI das organisierte Verbrechen be-

kämpfte. Er schickte seine Agenten zur Fortbildung zu Forensikern in den gesamten USA.

Hoover, geboren in Washington, DC, studierte Jura und wurde 1921 stellvertretender Direktor des FBI. Drei Jahre später übernahm er dessen Leitung und initiierte verschiedene Programme, um die Verbrechensbekämpfung in den USA wissenschaftlicher und effizienter zu gestalten.

Nachdem Eric Rudolph, Bombenattentäter bei den Olympischen Spielen von Atlanta am 31. Mai 2003 verhaftet war, stellt das FBI Beweismaterial sicher (oben). Im FBI-Labor sind die Fingerabdrücke (kleines Foto) von rund 47 Millionen Personen archiviert.

Spezialisten im Labor

Die Arbeit des forensischen Pathologen gilt im Rahmen der Ermittlungsarbeit als besonders wichtig, weil er über fundierte Kenntnisse auf vielen verschiedenen Fachgebieten der Medizin verfügt.

● ●

Dieser Arzt, oft auch Leiter eines rechtsmedizinischen Labors, arbeitet eng mit der Polizei zusammen. Er ist normalerweise an vielen Ermittlungsschritten beteiligt, beginnend mit der Untersuchung des Tatorts.

Der forensische Odontologe (Zahnarzt) leistet wertvolle Arbeit bei der Identifikation von verwesten Leichen oder Teilfunden. Er gleicht die Zähne des Toten mit zahnärztlichen Unterlagen und Röntgenbildern ab. Bei Naturkatastrophen ist die Identifikation der Toten oft nur anhand der Zähne möglich. Ähnlich verhält es sich bei schwersten Unfällen wie dem Zusammenstoß zweier Boeing 747 Jumbo Jets auf dem Flughafen von Teneriffa 1977, bei dem 583 Personen starben.

DER TOXIKOLOGE

Ein forensischer Toxikologe stellt fest, ob ein Opfer Drogen oder Gifte zu sich genommen hat. Dazu werden meist Proben von Körperflüssig-

DER DINGO-FALL

1980 wurde in Australien im Fall der neun Wochen alten Tochter von Lindy und Michael Chamberlain ermittelt. Die Mutter gab an, das Kind sei von einem Dingo, einer Wildhundart, verschleppt worden. Im Auto der Eltern fand man

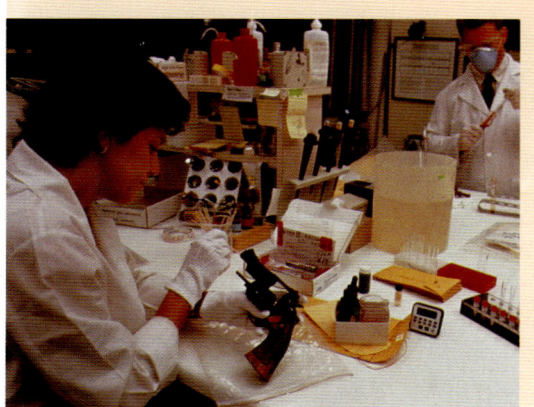

aber rote Flecken. Eine oberflächlich durchgeführte Untersuchung ergab, dass es das Blut des Kindes war, und trug zur Überführung der Mutter bei.

1986 entdeckte man die Jacke des Kindes in einer Dingo-Höhle. Das Urteil wurde aufgehoben, denn eine Kommission befand, dass die „Blutflecken" im Auto vermutlich Spuren eines beim Autohersteller aufgebrachten Mittels zur Geräuschdämmung waren. Zu dem Zeitpunkt hatte die Mutter bereits sechs Jahre in Haft verbracht.

Wissenschaftler im serologischen Labor des FBI untersuchen Blutspuren. Heute lassen sich Kontroversen wie im Dingo-Fall leichter vermeiden.

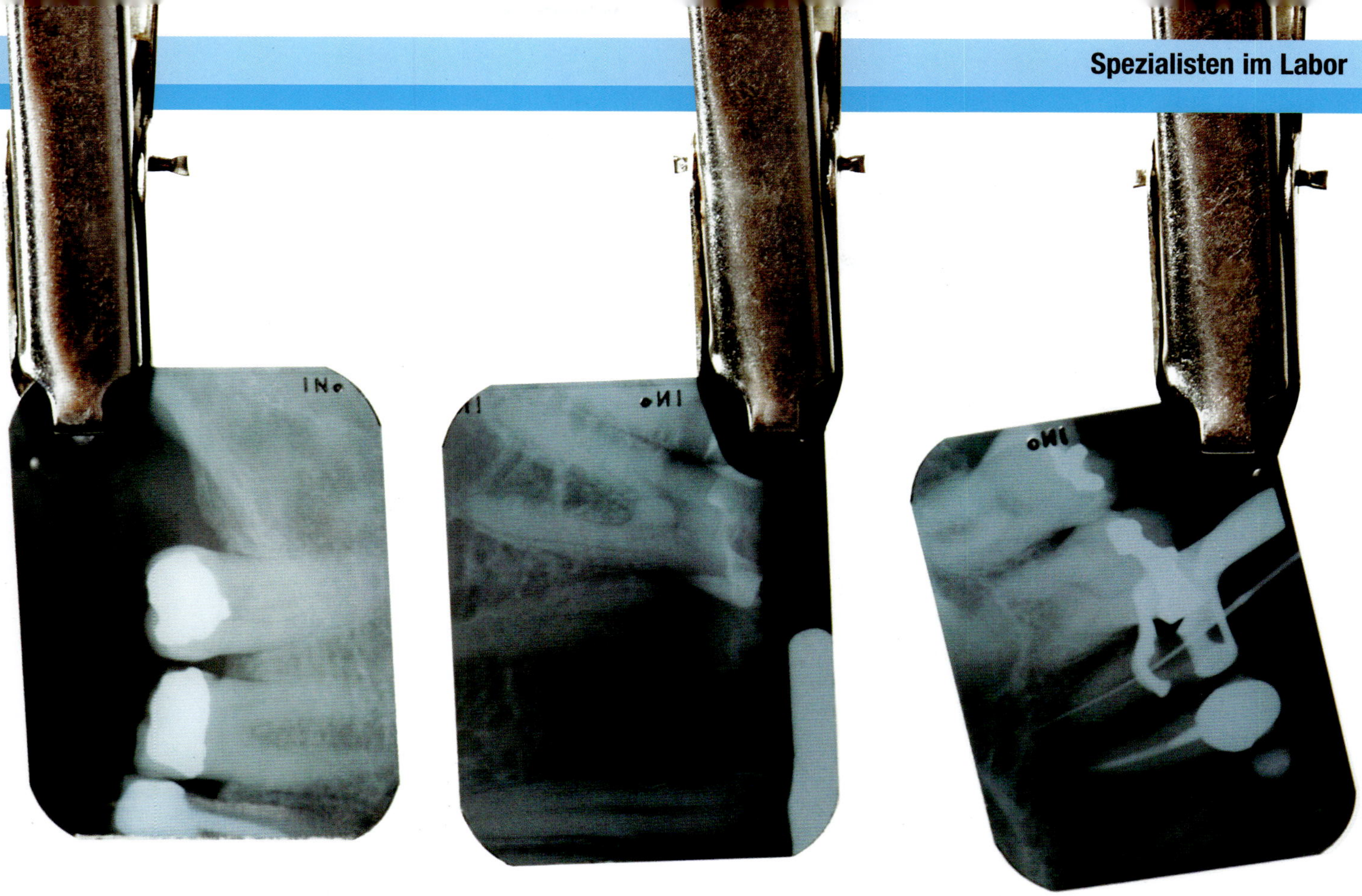

keiten, Mageninhalt oder Organteilen untersucht. Auch die Ergebnisse der Obduktion werden ausgewertet. Manchmal kostet der Nachweis, dass kein Verbrechen vorliegt, viel Zeit. Im Fall des ehemaligen Models Anna Nicole Smith 2007 konnte festgestellt werden, dass sie mehrere verschreibungspflichtige Medikamente gleichzeitig nahm.

Ein forensischer Serologe untersucht Blut und andere Körperflüssigkeiten, um eine Verbindung zwischen einem Verdächtigen und Funden vom Tatort zu finden. Eine Blutgruppenbestimmung ist unkompliziert, aber nicht zuverlässig genug, um einen Verdacht auszuschließen. Ein zweifelsfreier Tatbeweis ist nur durch ein DNA-Profil möglich. Für DNA-Tests kann neben Blut auch Ejakulat (in Vergewaltigungsfällen) oder Speichel verwendet werden.

ALEXANDER LITWINENKO

Gifte können schwierig nachzuweisen sein. Als der ehemalige russische Agent Alexander Litwinenko im November 2006 in London lebensgefährlich erkrankte, nahmen die Ärzte an, dass dieser Fall nie aktenkundig werden würde. Professor Henry, ein zur Behandlung hinzugezogener Toxikologe, stellte Schädigungen des Knochen-

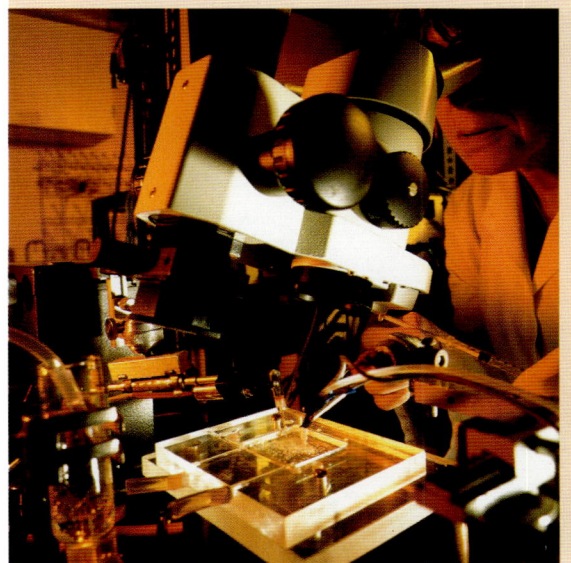

marks und der Blutkörperchen fest und vermutete eine Vergiftung mit radioaktivem Thallium. Später konnte man radioaktives Polonium nachweisen. Litwinenko wurde vermutlich ermordet.

Toxikologen (links) konnten in Litwinenkos Körper Gift nachweisen. Ein forensischer Odontologe (oben) analysiert Röntgenaufnahmen von Zähnen.

Zwei besondere Mordfälle

Obwohl die Ermittlungsarbeit in Mordfällen hauptsächlich Sache der Polizei ist, erfordert das Beweismaterial oft die Einbeziehung von Rechtsmedizinern.

As 1967 die Leiche der 15-jährigen Linda Peacock in der schottischen Kleinstadt Biggar gefunden wurde, erkannte ein Gericht erstmals Bissspuren als Beweismaterial an. Die Bissspur befand sich an ihrer Brust. Man zog Dr. Warren Henry hinzu, Schottlands führenden forensischen Odontologen. Eine der

Spuren war ungewöhnlich, da sie von einem unebenen Zahn zu stammen schien. Es wurden Gebissabdrücke von 29 Insassen einer Jugendstrafanstalt genommen, von denen einer zur Spur passte. Gordon Hay litt an einer seltenen Gesundheitsstörung, die Unebenheiten in seinen Eckzähnen verursacht hatte.

Er wurde des Mordes für schuldig befunden und verurteilt.

Die Arbeit des New Yorker Gerichtsmediziners Dr. Helpern und des Toxikologen Dr. Umberger trugen entscheidend zur Aufklärung des 1965 verübten Mordes an

DROGENTESTS

Toxikologen stehen verschiedene Methoden zum Drogennachweis zur Verfügung. Hauptsächlich wird mit der Gaschromatografie (rechts) gearbeitet, bei der die unterschiedlichen Geschwindigkeiten ausgewertet werden, mit der sich verdampfte Proben in einer Röhre bewegen. So lassen sich Alkohole und Substanzen wie Aceton identifizieren, aber auch Antidepressiva, Tranquillizer und synthetische Drogen. Ein Urin-Immunoassay enthält Antikörper, die bei Vorhandensein von Drogen in einer Urinprobe eine bestimmte Färbung verursachen. Mit ihnen können Kokain, Opiate, Methadon, Barbiturate und Aspirin nachgewiesen werden.

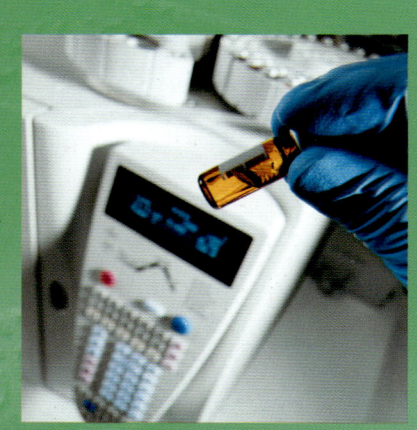

der Ärztin Dr. Carmela Coppolino in Florida bei. Ihr Ehemann, der Anästhesist Dr. Carl Coppolino, hatte ihr die lähmende Substanz Succinylcholin injiziert.

Ein mit dem Paar befreundeter Arzt hatte den Tod als Herzinfarkt attestiert, weil der Mörder angab, seine Frau habe über Schmerzen in der Brust geklagt. Drei Wochen vor

ihrem Tod hatte er ihre Lebensversicherung von 10 000 US-Dollar auf 55 000 US-Dollar erhöht. Obwohl die Droge im menschlichen Körper nicht nachzuweisen ist, gelang es Dr. Umberger, sie im Hirngewebe des Opfers zu isolieren. Coppolino wurde des Mordes mit bedingtem Vorsatz schuldig gesprochen und verbrachte zwölf Jahre in Haft.

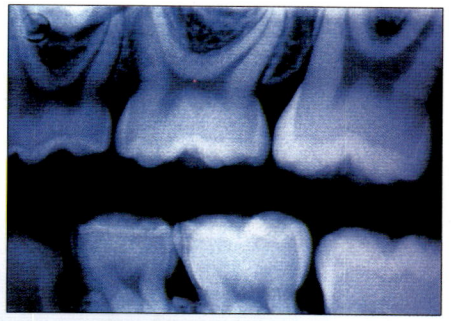

Röntgenaufnahmen des Gebisses können zur Lösung von Fällen mit Bisswunden beitragen.

Nur einer der 29 Verdächtigen litt an einer seltenen Zahn-Fehlstellung, die an den Bisswunden des Opfers zu erkennen war.

Carl Coppolino wurde 1965 des ...des an seiner Frau Carmela für ...lig befunden.

ZU VIELE BEWEISE

Im Fall des Schweinezüchters Robert Pickton, der 2002 des Mordes an sechs Frauen angeklagt und insgesamt 26 Morde verdächtigt wurde, konnte die Gerichtsmedizin in Kanada das Beweismaterial kaum bewältigen. Bis Februar 2007 wurden über 200 000 DNA-Proben analysiert. Zur anschließenden Durchsuchung seines sieben Hektar großen Anwesens richtete man ein mobiles Labor ein, um vorläufige Tests durchzuführen, ehe Proben an die sechs Labors geschickt wurden. Diese mussten angesichts der Probenflut zusätzliche Mitarbeiter einstellen. Im Dezember 2007 wurde Pickton zu lebenslanger Haft verurteilt.

Fingerabdrücke

Fingerabdrücke sind ein unanfechtbares Identifikationsmerkmal, weil jeder Mensch ein einzigartiges Muster besitzt, das sich im Lauf des Lebens nicht verändert.

DER „NIGHT STALKER"

Der 25-jährige Richard Ramirez terrorisierte Los Angeles von Juni 1984 bis August 1985. Der Sexualtäter wurde als „Night Stalker" bekannt. Zwölf Frauen ermordete er, etwa die gleiche Zahl überlebte seine Angriffe. Nach dem letzten Überfall schrieb ein Teenager dessen Autokennzeichen auf. Man fand das Fahrzeug und nahm Fingerabdrücke ab. Mithilfe des neuen AFIS-Systems konnte binnen Minuten eine Übereinstimmung gefunden werden. Ramirez wurde zu lebenslanger Haft verurteilt.

Die ersten Urteile aufgrund von Fingerabdrücken wurden 1892 in Argentinien und 1902 in England gefällt. 1903 setzte das New Yorker Staatsgefängnis sie beim Erkennungsdienst ein. Bis heute sind Fingerabdrücke zur Identifikation von Verbrechern unverzichtbar.

Heute werden Fingerabdrücke elektronisch eingescannt und in Datenbanken gespeichert. So werden die Karteikarten mit Tintenabdrücken allmählich ersetzt. Das digitale Automated Fingerprint Identification System (AFIS) ermöglicht es, am Computer 500 000 Fingerabdrücke in weniger als einer Sekunde zu durchsuchen. Das System scannt Fingerabdrücke ein und analysiert Merkmale des Rillenmusters, die es

FINGERABDRUCK-MUSTER

In Deutschland, den USA und vielen anderen Ländern benutzt man das Henry-System zur Klassifizierung von Fingerabdruck-Sätzen. Es wurde 1899 von Sir Edward Henry und der britischen Polizei in Indien entwickelt. Das System unterscheidet drei Grundtypen:

Bögen: Diese Rillen, die fünf Prozent aller Muster ausmachen, erheben sich in der Mitte wie ein Bogen. Es gibt flachrunde und spitzsteil zulaufende Bögen.

Schlaufen: Diese auf- und abwärts verlaufenden Rillen machen rund 60 Prozent aller Muster aus.

Wirbel: 35 Prozent aller Muster zeigen solche Wirbel, die wie kleine Strudel aussehen. Es gibt vier verschiedene Arten von Wirbeln.

Bögen

Schlaufen

Wirbel

dann mit anderen Abdrücken in der Datenbank vergleicht. Es benennt mögliche Verdächtige, allerdings haben Fingerabdruck-Experten noch das letzte Wort. Das AFIS ist besonders nützlich zum Einscannen unvollständiger Abdrücke, weil Schärfe und Kontrast digital verbessert werden können. Es kann auch Übereinstimmungen zwischen unvollständigen Abdrücken vom Tatort und vollständigen aus der Datenbank finden.

Australien setzte 1986 als erstes Land das nationale, automatische System NAFIS ein. Heute umfasst die Datenbank 2,6 Millionen Fingerabdrücke. Das FBI entwickelte sein System 1991 und verfügt heute über 47 Millionen Fingerabdrücke. In England führte man 2001 mehrere Systeme zusammen und besitzt nun mehr als fünf Millionen Fingerabdrücke. In Deutschland nutzen die Polizeibehörden seit 1993 das Automatisierte Fingerabdruck-Identifikationssystem (AFIS), in dem die Abdrücke von etwa 3,1 Millionen Personen erfasst sind.

1986 setzte Australien als erstes Land ein automatisches System zur Fingerabdruck-Erkennung ein.

Die Unterscheidungsmerkmale von Fingerabdrücken wurden standardisiert.

Die Geschichte der Fingerabdrücke

Schon um 100 n. Chr. konnte der Römer Quintilian die Unschuld eines Blinden am Tod seiner Mutter nachweisen, weil sich am Tatort blutige Handabdrücke einer anderen Person fanden.

Für kompliziertere Fälle war eine exaktere Klassifikation der Abdrücke nötig. Der englische Botaniker und Arzt Nehemiah Grew beschrieb 1684 die Rillenmuster eingehender. 1880 benutzte der schottische Arzt Henry Faulds, der in einem Krankenhaus in Tokio arbeitete, Druckerschwärze zum Abnehmen von Fingerabdrücken. William Henschel, Beamter im indischen Bengalen, berichtete, er habe schon seit 1860 Fingerabdrücke als Identifikationshilfe eingesetzt. Der englische Wissenschaftler Sir Francis Galton (rechts) entwickelte das Kategorisierungssystem nach Bögen, Schlaufen und Wirbeln. 1899 führte Sir Edward R. Henry weitere Unterkategorien ein und schuf damit ein System, das noch heute verwendet wird. 1901 wurde ihm eine neue, auf Fingerabdrücke spezialisierte Abteilung von Scotland Yard unterstellt. In Argentinien entwickelte Juan Vucetich 1904 ein Klassifizierungssystem, das sich in Lateinamerika und spanisch sprechenden Ländern durchsetzte. 1924 gründete das FBI seine Fingerabdruck-Kartei, aus der sich bis heute die weltgrößte Fingerabdruck-Datenbank entwickelt hat. Auch diese basiert auf dem Henry-System, allerdings werden zahlreiche weitere Kriterien berücksichtigt, um akkurate Ergebnisse zu erhalten.

JAN PURKYNĚ

Zu den ersten Forschern, die Fingerabdruck-Muster klassifizierten, gehörte Jan Purkyně (1787–1869), geboren im böhmischen Libochovice im heutigen Tschechien. 1823 wurde er Professor für Physiologie und Pathologie an der Universität Breslau. Im selben Jahr entwickelte er ein System der Fingerabdruck-Muster mit neun Kategorien: quer laufende Kurve, schräge Schlaufe, Ellipse, mittlerer Längsstreifen, mandelförmiger Wirbel, Kreis, schräger Streifen, Spiralwirbel und Doppelwirbel. 1832 erwarb er ein Mikroskop zur Untersuchung von Geweben und entdeckte ein Jahr später die Schweißdrüsen. An der Universität gründete er 1839 das erste Institut für Physiologie und 1842 das erste offizielle physiologische Labor.

Die heutige Klassifizierung von Fingerabdrücken anhand von Bögen, Schlaufen und Wirbeln wurde 1899 entwickelt.

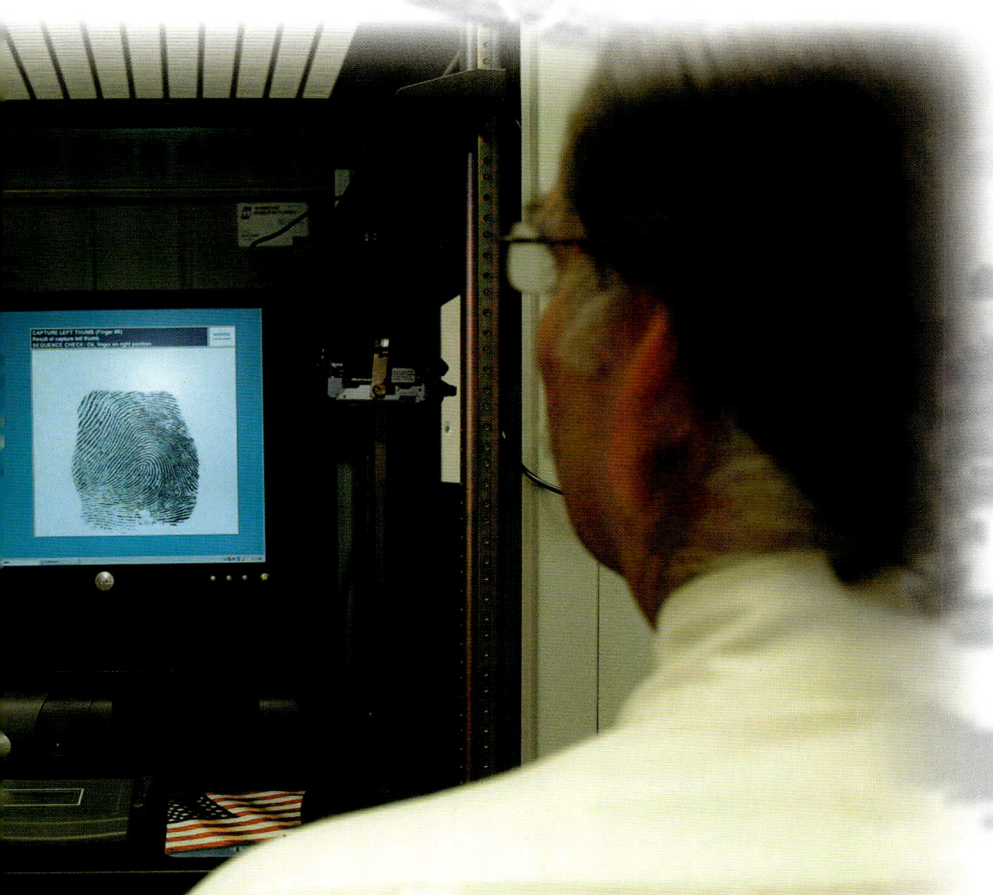

AUSBILDUNG

Britische Fingerabdruck-Experten durchlaufen eine Ausbildung, die mehrere Jahre dauert. Ausbildungsort ist das von der Polizei unabhängige Centrex National Training Centre. Es wird von Mike Thompson geleitet, einem Fingerabdruck-Experten mit mehr als 32 Jahren Berufserfahrung. Er legt einen Schwerpunkt auf die Gerichtsgutachten. „In der Ausbildung vermitteln wir den Beamten, dass sie zuerst dem Gericht gegenüber verantwortlich sind. Sie müssen ihre Erkenntnisse in leicht verständlichen Worten erklären lernen."

Mit dem digitalen Fingerabdruck-System des Polizeireviers von Auburn, New York, werden Abdrücke ohne Stempelfarbe abgenommen.

Kleinste Spuren

Die Laboranalyse kleinster Tatortspuren ist besonders vielseitig. Alle unbekannten Materialien, die sich nicht direkt einem Spezialgebiet zuordnen lassen, müssen zunächst einmal identifiziert werden.

Untersucht werden die verschiedensten Dinge, darunter Haare, Fasern, Farbe, Sprengstoffe, Schuh- und Reifenabdrücke sowie bei Verdacht auf Brandstiftung Asche und verkohlte Reste. Selbst Kosmetika wie Lippenstift, Wimperntusche oder Nagellack werden analysiert.

Das Labor des FBI besitzt eine Sammlung von Menschen- und Tierhaaren, Natur- und Synthetikfasern, Stoffen, Federn, Holz und Samen, die für Vergleiche verwendet

WERTVOLLE HAARE

Viele Fälle können gelöst werden, weil Haare vom Täter auf das Opfer oder umgekehrt übertragen werden. Ein einziges Haar genügt, um einen Täter zu überführen. Haare können nach der Verwesung noch Jahre erhalten bleiben, und sie enthalten viele Informationen, darunter die DNA und die stabile mtDNA (mitochondriale DNA), die in mütterlicher Linie vererbt wird. In Haaren lassen sich auch Gifte wie Arsen sowie Drogen, Alkohol und Nikotin nachweisen. Selbst die ethnische Zugehörigkeit kann oft anhand eines Haars bestimmt werden.

EDMOND LOCARD

Edmond Locard stellte die These auf, dass „jeder Kontakt eine Spur hinterlässt", und beschrieb, wie sich Verbrecher anhand winziger Spuren überführen lassen.

„Wohin er tritt, was er berührt, was er zurücklässt – und sei es unbewusst – legt stummes Zeugnis gegen ihn ab. Dazu zählen nicht nur seine Fingerabdrücke und Fußspuren, sondern auch seine Haare, Fasern von seiner Kleidung, ein zerbrochenes Glas, hinterlassene Werkzeugspuren, Kratzer in der Farbe, Blut oder Sperma, das er hinterlässt oder an sich trägt. Diese Spuren und viele andere sind winzige Beweise und im Gegensatz zu Zeugen nicht vergesslich oder durch die Umstände verwirrt. Menschliche Zeugen mögen fehlen, Spuren gibt es immer, selbst wenn man sie mit bloßem Auge nicht erkennt. Spuren können nicht irren. Einen Tatort ohne Spuren gibt es nicht. Entwertet werden sie nur, indem Menschen sie nicht finden, nicht untersuchen oder ihre Bedeutung nicht verstehen."

werden. Die Dienststelle untersucht nicht nur Beweismaterial, sondern wirkt auch bei der Identifikation von Personen anhand von Zähnen und Knochen mit.

MIKROSKOPE

Zu Erkennung und Vergleich von Spurenmaterial werden verschiedene Mikroskope eingesetzt. Mit einem Rasterelektronenmikroskop (REM) kann man Oberflächendetails erkennen, die 100 000-mal feiner als ein Haar sind. Lichtmikroskope durchleuchten das Objekt und werden oft zur Identifikation von Haaren benutzt. Vergleichsmikroskope sind zwei miteinander verbundene Lichtmikroskope, die es ermöglichen, durch ein Okular zwei Objekte zu betrachten. Sie werden beispielsweise zum Vergleich von Patronenhülsen verwendet.

> „Wohin er tritt, was er berührt, was er zurücklässt – und sei es unbewusst – legt stummes Zeugnis gegen ihn ab."

Ein Kriminaltechniker untersucht eine Schuhsohle auf Reste von Erde oder anderen Substanzen.

Die Beweiskraft von Spuren

Ein englisches Gericht erkannte erstmals 1784 Spuren als Beweise an. Damals wurde in Lancaster John Tom wegen des Mordes an Edward Culshaw verurteilt.

Polizisten untersuchten eine Schusswunde am Kopf des Opfers und fanden zerknülltes Papier, das benutzt worden war, um Pulver und Kugeln in der Mündung zu halten. Die Zeitung, aus der das Papier gerissen worden war, fand man in der Tasche des Mörders.

Fasern dienten als Beweismaterial im Fall von Wayne Williams, der zwischen 1979 und 1981 in Atlanta (Georgia/USA) mehr als 25 männliche Personen, darunter auch Kinder, ermordet hatte. In den Haaren eines Opfers fand man eine gelbgrüne Faser, die vom Teppich in Williams' Haus stammte. Zunächst mussten die FBI-Forensiker aber andere Häuser mit dem gleichen Teppich als Tatorte ausschließen. Beim Hersteller erfuhren sie, dass nur in 82 Haushalten im Bundesstaat Georgia Teppich in dieser Farbe verlegt worden war. An der Hose eines Opfers fand man eine einzelne Faser, die dem Bodenbelag in Williams' Auto ähnelte. Mithilfe des Herstellers errechnete das FBI, dass die Wahrscheinlichkeit des Kontakts des Opfers mit einem Fahrzeug mit diesem Bodenbelag bei 1:3828 lag. Während des Prozesses konnten 28 Fasern von zwölf Opfern mit Williams in Verbindung gebracht werden. Er wurde zu zweimal lebenslänglich verurteilt.

Ein Synthetik-Textilgewebe unter einem Elektronenmikroskop

MIKE GRIEVE

Einer der weltbesten Faserexperten war der im englischen Buxton geborene Mike Grieve (1942–2002). Er begann seine Karriere in der Fachabteilung für Fasern im Labor der Metropolitan Police in London, wo er bis 1967 arbeitete. Fünf Jahre später ging er zum kriminaltechnischen Labor der US-Army in Frankfurt und gründete erneut eine Abteilung für Fasern. 1992 über-nahm er eine Position im kriminaltechnischen Institut des BKA in Wiesbaden, ein Jahr später gründete er zusammen mit Ken Wiggons ein europäisches Netzwerk von Kriminaltechnikern, die sich auf Faseruntersuchungen spezialisiert haben.
Grieve veröffentlichte 1999 das Buch *Forensic Examination of Fibres*, das als „Bibel der Faseranalytiker" gilt. Posthum zeichnete ihn das European Network of Forensic Science Institutes 2003 mit dem „Distinguished Forensic Scientist Award" aus.

In den Haaren eines Opfers fand man eine gelbgrüne Faser, die vom Teppich in Williams' Haus stammte.

Der Serienmörder Wayne Williams konnte durch Teppichfasern aus seinem Haus und seinem Auto überführt werden.

FASERTYPEN

Jedes Jahr werden mehr als 50 Milliarden Kilogramm Fasern hergestellt. Kriminaltechniker klassifizieren sie nach Material, Webart und Farben. Dabei unterscheidet man zwei Haupttypen: Naturfasern können pflanzlichen Ursprungs sein, wie Baumwolle (Abbildung unten), Sisal und Flachs. Typische Baumwollstoffe sind Nessel, Musselin, Drell, Köper, Jeansstoff, Seersucker, Linon und Moleskin.

Zu den Kunstfasern gehören natürliche Polymere wie Viskose, Zellulose und Latex, aber auch synthetische Polymere wie Polyester (unten in Grün), Polyethylen und Nylon.

Schusswaffen

In der geräuschvollsten Abteilung der Kriminaltechnik werden Schusswaffen abgefeuert, um die einzigartigen Spuren an den Projektilen zu reproduzieren und sie mit Patronenhülsen vom Tatort zu vergleichen.

Der Techniker schießt in einen Kasten mit Gel oder in einen Wassertank. Dann werden die Spuren an der Patronenhülse unter dem Mikroskop analysiert. Für den Abgleich mit Waffen, die bei früheren Verbrechen benutzt wurden, stehen Datenbanken zur Verfügung.

UNKENNTLICHE WAFFEN

Waffenexperten haben auch mit anderen Problemen zu tun. Manche Verbrecher feilen die Seriennummern ihrer Waffen ab, doch bleibt die ursprüngliche Prägung auch unter der Oberfläche erhalten. Sie lässt sich sichtbar machen, indem man die Waffe magnetisiert, eine Ätzlösung aufträgt oder die Waffe in ein Ultraschallbad legt.

Selbst wenn keine Waffe gefunden wird, lassen sich oft Schmauchspuren an Kleidung,

NIBIN

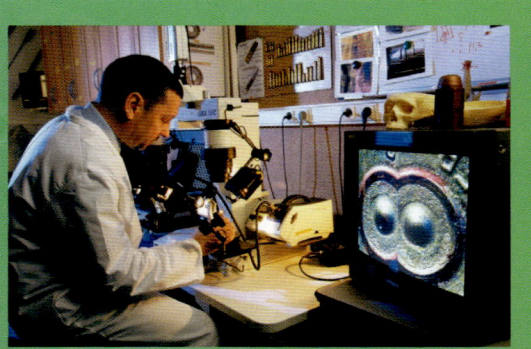

Die USA besitzen mit NIBIN (National Integrated Ballistics Information Network) eine leistungsfähige Datenbank für Kugeln und Patronenhülsen. Sie wurde 1997 durch Zusammenlegung der Datenbanken des FBI und des Bureau of Alcohol, Tobacco, Firearms and Explosives (ATF) geschaffen. Seit der Inbetriebnahme wurde die Datenbank um Profile von etwa einer Million Waffen, die an Tatorten sichergestellt wurden, erweitert. NIBIN ermöglicht durch ein Netzwerk etwa 220 kriminaltechnischen Labors auf Bundes-, Landes- und Ortsebene den schnellen digitalen Abgleich von Funden mit Computerbildern. Beginnt ein Waffenexperte seine Untersuchung, wird zuerst das Beweisstück eingescannt. Findet der digitale Vergleich Übereinstimmungen, werden diese auf dem Bildschirm angezeigt.

Händen, Armen, Haaren oder Gesicht des Schützen nachweisen. Unter einem Elektronenmikroskop kann man solche Spuren an Haar- oder Faserproben, die dem Verdächtigen abgenommen wurden, erkennen. Schmauchspuren auf der Kleidung geben auch Aufschluss über den Abstand zwischen Schützen und Opfer, weil die Dichte mit der Entfernung abnimmt. Durch Probeschüsse auf ähnliche Textilien lässt sich der Abstand genauer bestimmen.

SPUREN AUF PATRONENHÜLSEN

Geschoss und Hülse sind wichtige Funde an jedem Tatort. Ein Experte untersucht die individuellen Merkmale jeder Waffe.

Streifen: Der Lauf jeder Waffe hinterlässt auf der Patrone ein unverwechselbares Muster. Streifen verlaufen in Längsrichtung.

Bolzen: Der Bolzen schlägt in den weichen Metallboden einer Hülse eine Vertiefung. Die genaue Position dieser Spur erleichtert die Identifikation des Waffentyps.

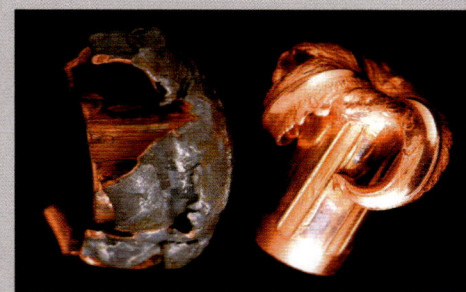

Züge: Spiralförmige Rillen („Züge") im Inneren des Laufes versetzen das Geschoss in Rotation. Ihr Winkel und ihre Richtung (im Uhrzeigersinn oder entgegengesetzt) geben Aufschluss über den Waffentyp und die Zugehörigkeit eines Geschosses zu einer Waffe.

Die charakteristischen Spuren auf den Geschossen können helfen, die Waffe zu identifizieren.

Manche Verbrecher feilen die Seriennummern ihrer Waffen ab, doch bleibt die ursprüngliche Prägung auch unter der Oberfläche erhalten.

Das Hochgeschwindigkeitsfoto zeigt eine Patrone nach dem Austritt aus der Mündung einer Waffe mit Kaliber 12.

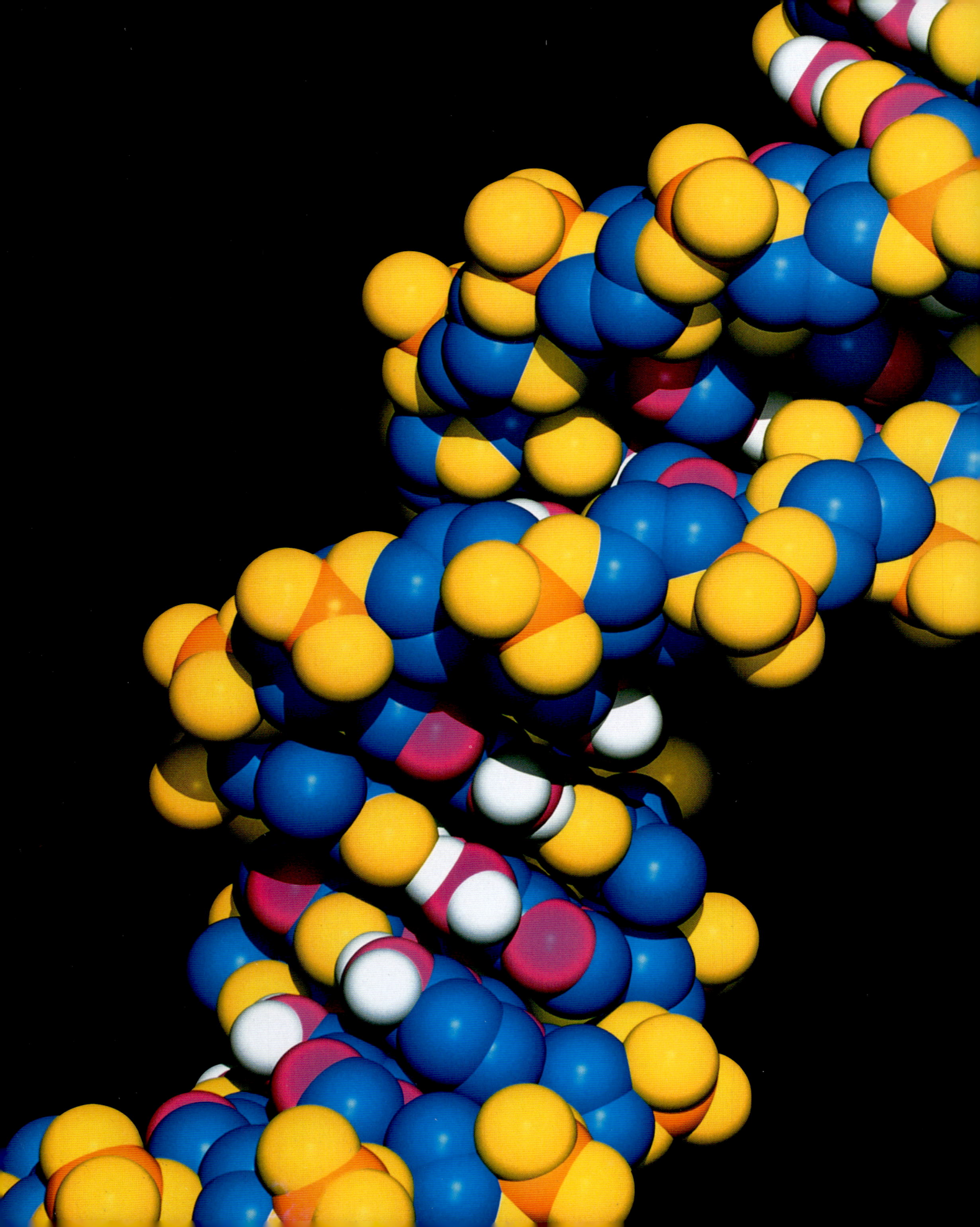

Kapitel fünf

DNA und Verbrecher

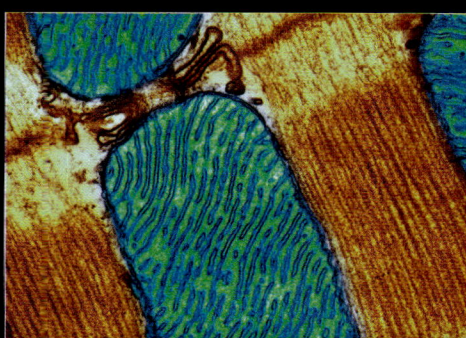

DNA-Tests gelten als verlässlichster Beweis in der Geschichte der Rechtsprechung. DNA-Spuren werden mit größerer Wahrscheinlichkeit gefunden als Fingerabdrücke, denn Verbrecher können Handschuhe tragen oder Spuren abwischen. DNA hingegen lässt sich in mikroskopisch kleinen Spuren nachweisen, die ein Täter mit bloßem Auge nicht sieht. In England

Unter dem Elektronenmikroskop erscheinen die Mitochondrien in einem Herzmuskel in Blau. mtDNA ist in relativ hoher Konzentration vorhanden.

sind heute 70 Prozent der in rechtsmedizinischen Labors durchgeführten Analysen DNA-Tests.

1953 entdeckten der britische Forscher Francis Crick und der amerikanische Wissenschaftler James Watson die Doppelhelix-Struktur der DNA. 1984 entdeckte der britische Genetiker Alec Jeffreys den „genetischen Fingerabdruck", der zwei Jahre später zur Überführung des Mörders Colin Pitchfork anhand einer DNA-Probe führte. 1987 wurde DNA auch von amerikanischen Gerichten als Beweismittel anerkannt. In Deutschland ist seit 1990 die Verwendung von DNA-Material zu Beweiszwecken in Ermittlungsverfahren zugelassen.

Die Verfahren zur Isolierung und Analyse von DNA werden ständig weiterentwickelt. Um 1990 begann man, mitochondriale DNA (mtDNA) für forensische Untersuchungen zu verwenden. Sie ist von Nutzen, wenn biologisches Beweismaterial verwest oder nur in geringem Maß vorhanden ist. Weil mtDNA sehr stabil ist, können selbst an alten Skeletten noch akkurate Tests durchgeführt werden. Eine Neuentwicklung des britischen Forensic Science Service ist das „DNA Low Copy Number"-Testverfahren (DNA LCN), mit dem selbst aus Proben, die nur wenige Zellen umfassen, ein DNA-Profil erstellt werden kann.

Die Computer-Darstellung eines DNA-Stranges zeigt verschiedenfarbige Atome: Kohlenstoff (blau), Sauerstoff (gelb), Wasserstoff (weiß), Stickstoff (magenta) und Phosphor (orange).

Was ist DNA?

Desoxyribonukleinsäure oder DNA kommt in Form einer zwei Meter langen Spirale in jeder der ungefähr 60 Billionen Zellen des Menschen vor. Da sie sich im Zellkern befindet, nennt man sie auch Zellkern-DNA.

DNA hat die Struktur einer Doppelhelix – sie sieht aus wie eine gedrehte Leiter aus langen Strängen, den Chromosomen. Im Inneren der Spirale befinden sich drei Milliarden Querverbindungen. Diese „Sprossen" der Leiter werden von vier Basen gebildet: Guanin (G), Cytosin (C), Thymin (T) und Adenin (A). Die Abfolge dieser Basen innerhalb des Strangs ist bei jedem Menschen einzigartig, ausgenommen bei eineiigen Zwillingen.

Die Doppelhelix wird aus Basenpaaren gebildet. Dabei gibt es nur zwei mögliche Verbindungen: C und G oder A und T. Wenn sich die DNA vervielfältigt, sind alle Stränge exakte Kopien der ursprünglichen. Die DNA eines Menschen besteht aus sechs Milliarden Basen, die drei Milliarden Basenpaare bilden.

Ein kleiner Abschnitt der DNA-Spirale enthält unseren genetischen Code, also die Gene, die für Aussehen und Merkmale wie lockiges Haar oder blaue Augen verantwortlich sind. Rechtsmediziner interessieren sich hauptsächlich für den größeren übrigen Teil der Doppelhelix. Sie scheint wenig zu bewirken, doch die kurzen Sequenzen von Basenpaaren vervielfältigen sich von Mensch zu Mensch verschieden. Dadurch können Individuen identifiziert werden.

Neben der Zellkern-DNA gibt es die mitochondriale DNA (mtDNA). Sie befindet sich in den Mitochondrien, einem anderen Bestandteil jeder Zelle. Zellkern-DNA erbt jeder Mensch zu gleichen Teilen von beiden Elternteilen, mtDNA jedoch nur von der Mutter. Deshalb kann sie zur Klärung von Abstammungsfragen nützlich sein.

SIR ALEC JEFFREYS

Am 10. September 1984 entdeckte der britische Genetiker Alec Jeffreys den „genetischen Fingerabdruck". Er war allein in der Dunkelkammer mit dem Entwickeln von Röntgenbildern beschäftigt, als ihm bewusst wurde, dass jeder Mensch ein einzigartiges DNA-Muster besitzt und dass es für Ermittlungszwecke genutzt werden könnte.

Jeffreys staunt noch heute über seine Entdeckung. „Es ist das wirkungsvollste Ermittlungswerkzeug, über das wir verfügen", sagte er. „Hätte man mir vor 20 Jahren davon erzählt, hätte ich es nicht geglaubt."

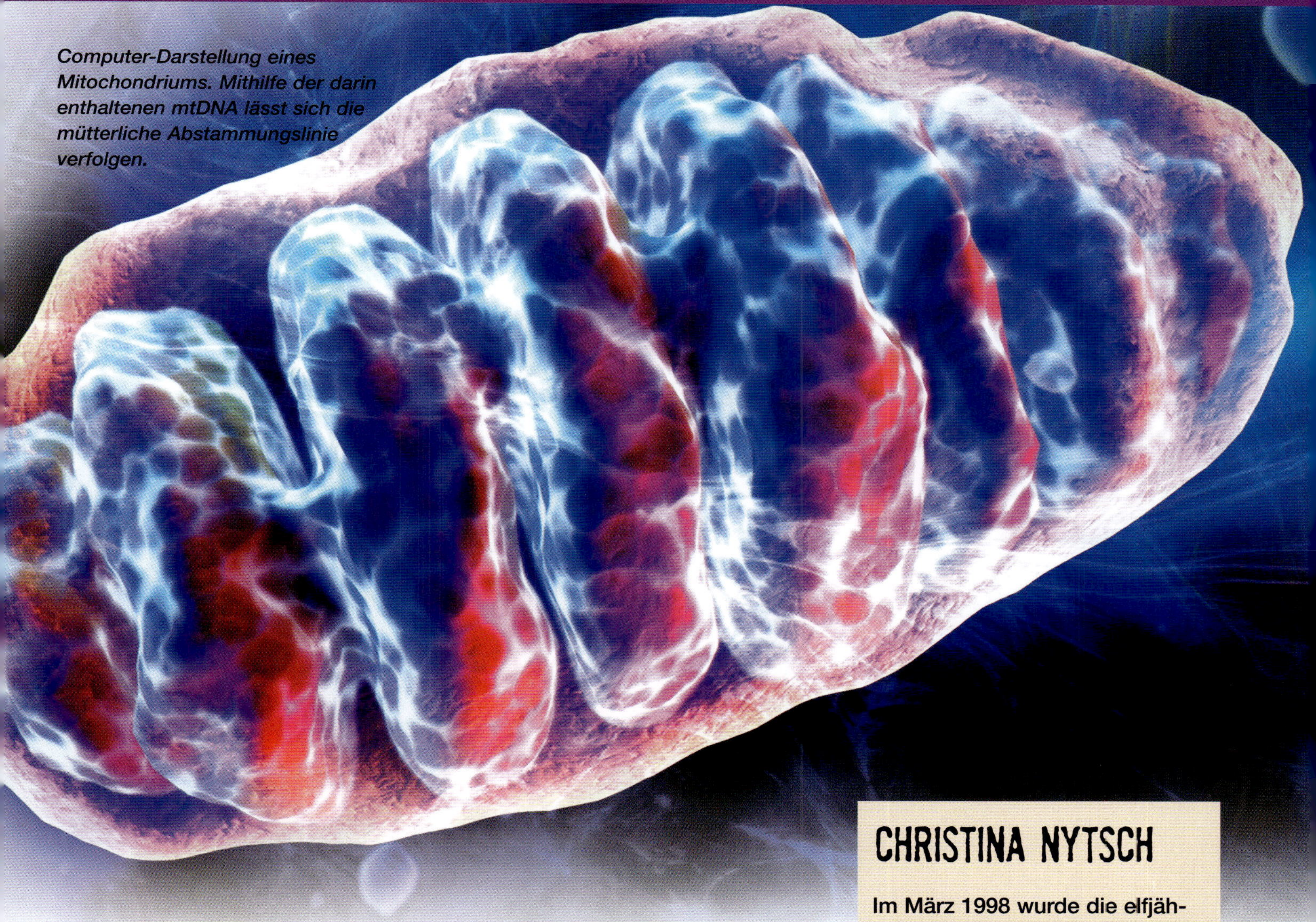

Computer-Darstellung eines Mitochondriums. Mithilfe der darin enthaltenen mtDNA lässt sich die mütterliche Abstammungslinie verfolgen.

„Der genetische Fingerabdruck ist das wirkungsvollste Ermittlungswerkzeug unserer Zeit."

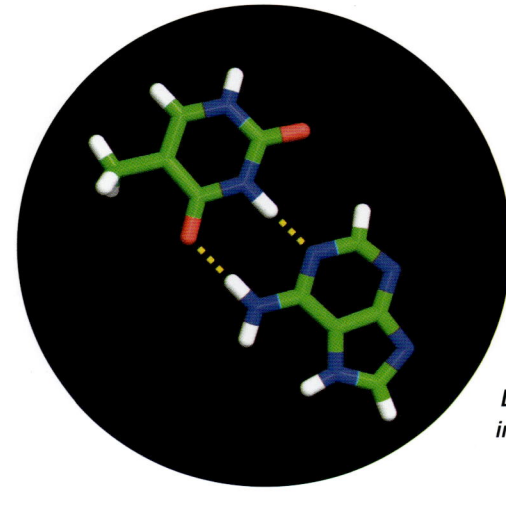

Computer-Darstellung eines A-T- (Adenin-Thymin) Basenpaars. Die beiden Kombinationen A-T und C-G (Cytosin-Guanin) bilden die Sprossen der DNA-Doppelhelix. Die Positionen der Basenpaare auf der DNA-Kette verleihen Lebewesen ihre individuellen Merkmale.

CHRISTINA NYTSCH

Im März 1998 wurde die elfjährige Christina Nytsch, genannt Nelly, tot bei Cloppenburg aufgefunden. Die Polizei konnte DNA-Spuren sicherstellen und forderte mehr als 16 000 Männer aus der Umgebung zur Abgabe einer DNA-Probe auf. Die Probe mit der Nummer 3889 überführte den Täter: Es war der 30-jährige Ronny Rieken. Im Verhör gestand er auch die Ermordung eines weiteren Mädchens 1996. Auch damals konnte die Polizei DNA-Spuren sicherstellen, aber es gab noch keine zentrale DNA-Datei, mit der die Spuren verglichen werden konnten. Diese Datei ging erst einen Monat nach Nellys Tod in Betrieb.

79

Die Geschichte der DNA-Forschung

Die DNA wurde 1869 von dem schweizerischen Forscher Johann Friedrich Miescher entdeckt, der an der Universität Tübingen unter Felix Hoppe-Seyler arbeitete. Bei Forschungsarbeiten an weißen Blutkörperchen isolierte er eine weiße, schwach saure Substanz, die er Nuklein nannte.

Miescher arbeitete bis zu seinem Lebensende an dieser Entdeckung. Er nahm an, dass die Proteine in den Chromosomen für die Vererbung verantwortlich seien. Um dieselbe Zeit veröffentlichten auch Charles Darwin und Gregor Mendel Theorien über die Genetik. 1928 entdeckte der Brite Franklin Griffith, dass man Erbinformationen

DAS GENOM

Den kompletten DNA-Satz in einer Zelle nennt man Genom. Das Wort, das sich aus „Gen" und „Chromosom" zusammensetzt, wurde 1920 von dem deutschen Botaniker Hans Winkler geprägt. Menschliche Chromosomen bestehen aus 50 bis 300 Millionen Basenpaaren. Jedes Chromosom kann Tausende von Genen zur Produktion von Proteinen enthalten. Ein Gen des Genoms produziert durchschnittlich drei Proteine. Die Genome von Menschen und Primaten ähneln sich. Die DNA von Menschen und Schimpansen ist identisch.

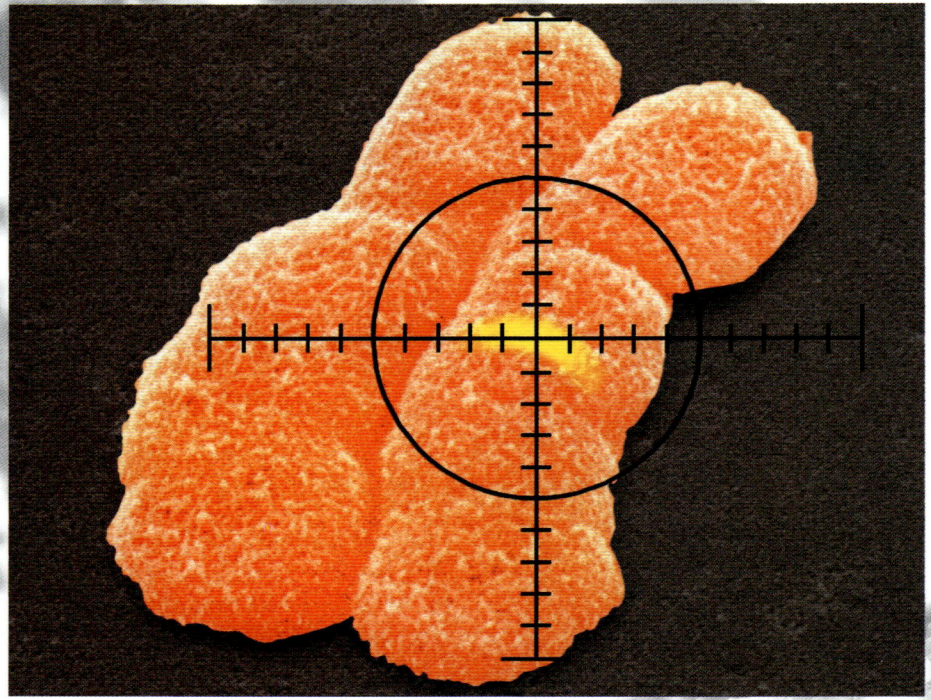

Die Farbaufnahme durch ein Elektronenmikroskop zeigt ein ausgewähltes Gen (gelb) auf einem menschlichen Chromosom, das DNA enthält.

FRANCIS CRICK UND JAMES WATSON

Die Entdecker der DNA-Struktur kamen aus ganz unterschiedlichen Richtungen. Francis Crick (rechts) wurde 1916 bei Northampton geboren und studierte Physik am University College in London. 1949 nahm er eine Stelle am Medical Research Council Unit des berühmten Cavendish Laboratory in Cambridge an und befasste sich mit dem Aufbau von Proteinen.

James Watson (links) wurde 1928 in Chicago geboren und studierte an der dortigen Universität Zoologie. 1950 erwarb er an der Universität Indiana den Doktortitel. Sein Interesse an der DNA erwachte 1951 nach der Teilnahme an einem Symposium in Neapel.

Crick und Watson freundeten sich an, und der Amerikaner zog 1951 nach Cambridge. Im ersten Jahr scheiterten ihre Versuche, die DNA-Struktur zu entschlüsseln, doch zwei Jahre später entdeckten sie die Doppelhelix. 1962 wurden sie gemeinsam mit dem Nobelpreis ausgezeichnet.

aus Bakterien, die durch Hitze abgetötet worden waren, auf lebende übertragen konnte. Er nannte diesen Vorgang „Transformation". 1944 konnte der amerikanische Bakteriologe Oswald Avery nachweisen, dass das Übertragungsmedium die DNA war. Er zerstörte die DNA und stellte fest, dass die Übertragung nicht mehr stattfand. Wie oben erwähnt, wurden die Doppelhelix-Struktur der DNA 1953 durch James Watson und Francis Crick und der genetische Fingerabdruck 1984 durch Alec Jeffreys entdeckt.

2003 wurde nach 13 Jahren das Human Genome Project abgeschlossen, in dem sämtliche 20 000 bis 25 000 menschlichen Gene identifiziert werden sollten. Im Rahmen des Projekts, das von der Human Genome Organisation (HUGO) getragen wurde, konnten die Abfolgen sämtlicher drei Milliarden chemischer Basenpaare der menschlichen DNA bestimmt werden.

2003 wurde das Human Genome Project abgeschlossen, in dem sämtliche 20 000 bis 25 000 menschlichen Gene identifiziert wurden.

Eine Mitarbeiterin des Human Genome Project nimmt gefrorene Zellen aus dem Kältelager.

DNA-Proben

Normalerweise werden DNA-Proben durch Abstrich mit einem Wattestäbchen genommen. Das Stäbchen wird in den Mund des Probanden geführt und an der Mundschleimhaut bewegt, um einige Zellen abzunehmen.

• •

In vielen Ländern tragen ausgebildete Polizisten Sets bei sich, die alles Notwendige zur Entnahme von DNA-Proben enthalten, darunter auch Wattestäbchen und Einweghandschuhe.

SCHLEPPNETZ-METHODE

Gelegentlich werden von zahlreichen Personen im Umkreis eines Tatorts DNA-Proben genommen. 1994 nahm man in Miami nach dem

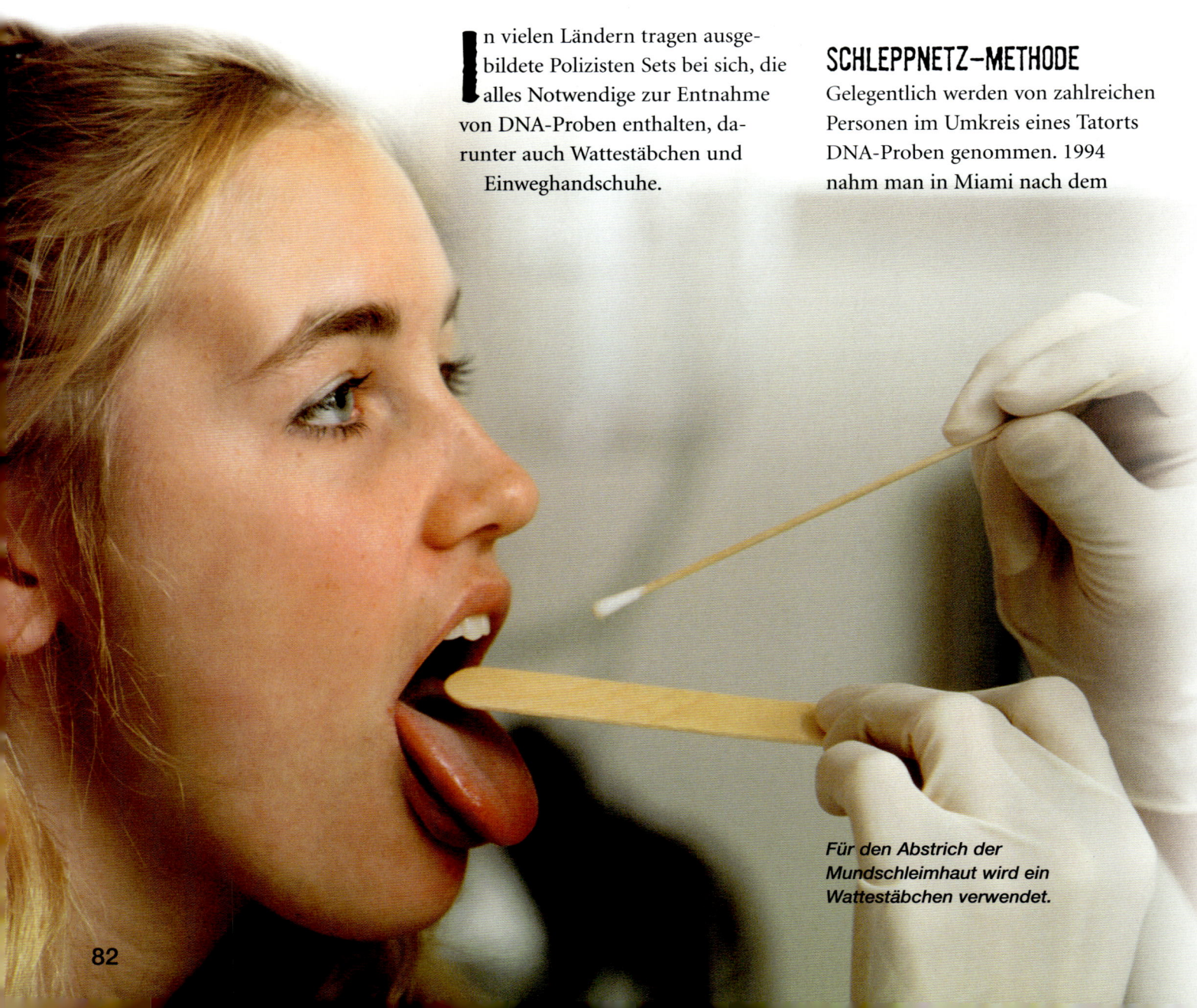

Für den Abstrich der Mundschleimhaut wird ein Wattestäbchen verwendet.

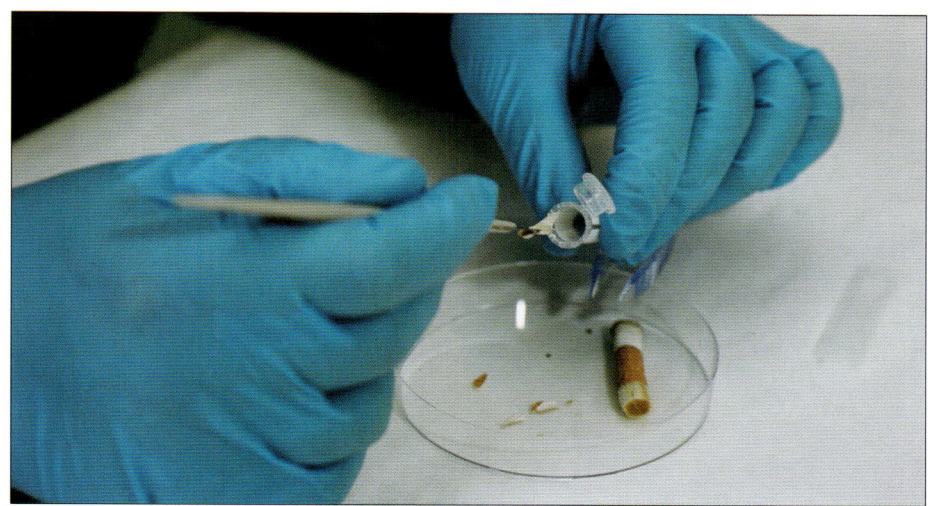

Ein Kriminaltechniker nimmt Speichelspuren von einem Zigarettenstummel ab. Anhand der DNA im Speichel könnte man den Raucher identifizieren.

Mord an sechs Prostituierten 2300 Proben von Männern, und 2003 wurden in Louisiana bei der Suche nach einem Serienmörder 1200 Männer getestet. Zur Ergreifung der Täter führten aber nicht diese Tests, sondern andere Ermittlungen.

2004 ergab eine Studie der Universität von Nebraska in Omaha (USA), dass nur bei einer von 18 Ermittlungen mithilfe dieser Schleppnetz-Methode ein Täter gefasst werden konnte. Manchmal ergeben sich aber unerwartete Verbindungen zu anderen Verbrechen. 2006 wurde Sukhdarshan Singh

wegen Alkohols am Steuer verhaftet. Die Polizei nahm eine DNA-Probe und fand eine Übereinstimmung zu einer Spur, die 18 Jahre zuvor nach einer Vergewaltigung in Wales gesichert worden war. Singh wurde zu viereinhalb Jahren Haft verurteilt.

An einem Tatort ohne Verdächtige sind typische Quellen für DNA Spuren von Blut, Sperma, Speichel, Schweiß, Haare, Knochen und Haut. Letztlich kann jedes biologische Material, das Zellen enthält, DNA liefern. Die Proben werden sorgfältig verwahrt, um sie mit DNA-Datenbanken zu vergleichen.

TERESA CORMACK

Polizisten in Neuseeland nahmen binnen 14 Jahren drei DNA-Untersuchungen in einem Mordfall vor, um den Täter zu ermitteln. Die sechsjährige Teresa Cormack war 1987 ermordet worden. Man schickte DNA-Proben nach England, doch das Material reichte nicht aus. 1990 blieb auch die zweite Testreihe erfolglos. 2001 wurde eine winzige Spermaprobe analysiert. Man nahm Blutproben von Bewohnern der Region und fand eine Übereinstimmung: Jules Mikus. 14 Jahre lang verwahrte Haare wurden zu einer Untersuchung der mtDNA in die USA geschickt, die diese Übereinstimmung bestätigte. Mikus wurde 2002 schuldig gesprochen.

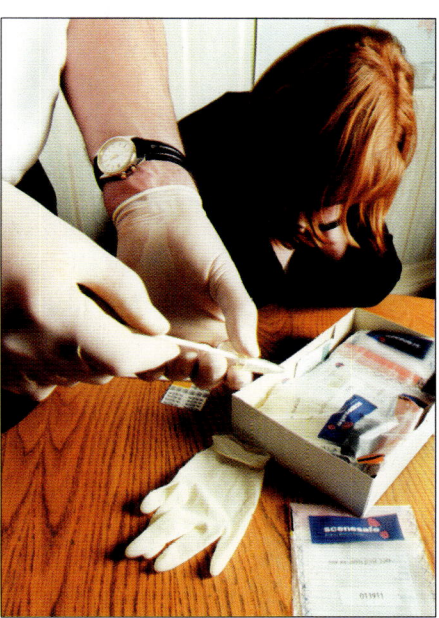

Ein Polizist benutzt ein vorbereitetes Set zur Entnahme einer DNA-Probe.

BIN LADENS DNA

2002 berichtete der amerikanische Fernsehsender CBS, das FBI besäße DNA-Proben von Osama Bin Laden und vergleiche diese mit Gewebe- und Körperteilen auf den Schlachtfeldern Afghanistans. Vermutlich stammte die Probe von seinen Haaren. Nach Berichten über Bin Ladens Tod öffnete ein Kommando unter kanadischer Führung in der Tora-Bora-Region 23 Gräber von El-Kaida-Kämpfern. Den Toten wurden DNA-Proben zur Identifizierung entnommen, doch der Terroristenführer befand sich nicht unter ihnen.

Vervielfältigung von DNA

Für manche Analysen ist mehr DNA erforderlich, als in einer kleinen Probe enthalten ist. In solchen Fällen müssen Wissenschaftler identische Kopien des Materials herstellen.

Als Polymerase-Kettenreaktion (PCR) bezeichnet man ein Verfahren zum Vervielfältigen von DNA, das es ermöglicht, Millionen identischer Kopien zu erhalten. Das Verfahren, das 1983 von Kary Mullis entwickelt wurde (siehe Kasten), wird heute für fast alle DNA-Profile verwendet.

PCR, umgangssprachlich auch „Molekular-Fotokopie" genannt, vervielfältigt Teile eines DNA-Strangs, etwa ein einzelnes Gen, den Teil eines Gens oder eine nicht codierte Sequenz. Das Verfahren ermöglicht es, selbst mit winzigen DNA-Spuren vom Tatort umfassende Analysen durchzuführen.

In dem Verfahren wird zum Kopieren das Enzym Polymerase verwendet. Die DNA-Probe wird in einem Reagenzglas mit Salzwasser, Polymerase, den vier Basen und Primern (zwei DNA-Fragmenten, die sich an den Seiten einer Zielsequenz anlagern) vermischt. Dann wird die Mischung erhitzt, um die

KARY MULLIS

Kary Mullis, der Erfinder der PCR, wurde 1944 in Lenoir (North Carolina, USA) geboren. Er erwarb einen naturwissenschaftlichen Abschluss am Georgia Institute of Technology und einen Doktortitel in Biochemie an der University of California in Berkeley. Mullis trat 1979 eine Stelle als DNA-Chemiker bei der Cetus Corporation an. Die Idee für die PCR kam ihm 1983 auf einer langen Autobahnfahrt. 1993 erhielt er für seine Erfindung den Nobelpreis. Heute arbeitet er als Wissenschaftler im Kinderkrankenhaus und Forschungsinstitut von Oakland, Kalifornien. In der Fachzeitschrift *Scientific American* stellt Mullis die PCR ganz einfach dar. „Aus einem einzigen Molekül von Erbmaterial kann man mit der PCR an einem Nachmittag 100 Milliarden identische Moleküle erzeugen. Dazu braucht man nur ein Reagenzglas, einige gewöhnliche Zutaten und eine Hitzequelle."

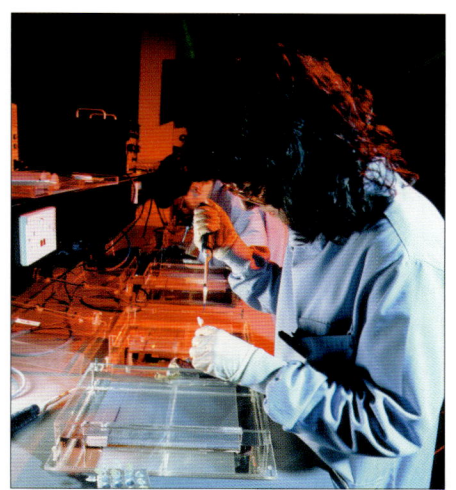

Eine Forensikerin trennt DNA-Fragmente in Stränge auf.

Mit der Polymerase-Kettenreaktion können Wissenschaftler in etwa zwei Stunden Millionen identischer Kopien erzeugen.

Unter UV-Licht wird die Sequenz der Basenpaare der DNA sichtbar gemacht.

beiden Stränge der Doppelhelix zu trennen. Beim Abkühlen lagern sich die Primer an die entsprechenden Sequenzen an, sodass die Polymerase aus den Primern neue ergänzungsfähige Stränge bildet. Durch wiederholtes Erhitzen und Abkühlen wird die DNA exponentiell vervielfältigt.

DER GREEN-RIVER-KILLER

Gary Ridgway war ein Serienmörder, der zwischen 1982 und 1998 48 Frauen ermordete. Viele warf er in den Green River bei Seattle (Washington). Bei seiner Verhaftung nahm ihm die Polizei eine DNA-Probe ab, doch die bei den Opfern gefundenen Spermaspuren reichten für Vergleiche nicht aus. Nach Einführung der PCR konnte man 2001 forensische Untersuchungen der vervielfältigten DNA durchführen und Ridgway als Täter identifizieren. Er gestand mehr Morde, als je ein Täter in der Geschichte der USA verübt hatte, und wurde zu lebenslanger Haft unter Ausschluss vorzeitiger Entlassung verurteilt.

DNA-Vergleiche

Beim Vergleich von DNA-Proben werden zunächst Stoffe wie Chloroform und eine Phenolmischung eingesetzt, um die DNA von den anderen Substanzen im Zellkern zu trennen.

Die DNA-Probe wird dann mittels PCR vervielfältigt. Die DNA-Fragmente werden mit einem fluoreszierenden Mittel eingefärbt. Die doppelstrangigen Fragmente werden mit Chemikalien in einzelne Stränge getrennt und durch Elektrophorese der Länge nach geteilt. Dabei wird elektrischer Strom durch die Probe geleitet. Die elektrisch geladenen Teilchen bewirken, dass sich die Fragmente in einzelne Bänder trennen.

WIEDERHOLUNGSSEQUENZEN

Forensiker prüfen dann, ob sich Basensequenzen auf diesen Bändern wiederholen. Dabei unterscheiden sie zwischen Variable Number of Tandem Repeats (VNTRs), die Hunderte von Basenpaaren lang sein können, und Short Tandem Repeats (STRs), die meist drei bis sieben Basenpaare lang sind.

SPITZENPROFIL

Ein Laserstrahl bringt die eingefärbten Fragmente zum Leuchten, die Lichtblitze werden mit einem Detektor aufgezeichnet. Dann werden DNA vom Tatort und vom Verdächtigen nebeneinander dargestellt, und ein Forensiker vergleicht die beiden Profile. Ein Treffer liegt vor, wenn das Profil der Spitzen übereinstimmt.

SCHNELLERE DNA-ANALYSE

Rund drei Stunden sind nötig, um durch Polymerase-Kettenreaktion ausreichend DNA für eine Analyse zu gewinnen. Mit einem neuen, an der Universität Michigan entwickelten Verfahren lässt sich die Zeit auf 40 Minuten reduzieren. Die DNA-Mischung muss auf 95 °C erhitzt, dann auf 50 bis 60 °C abgekühlt und erneut auf 72 °C erhitzt werden, damit die PCR stattfinden kann. Um ausreichend DNA zu gewinnen, wird dieser Vorgang 30- bis 40-mal wiederholt. Das neue Verfahren hält die DNA-Mischung durch Konvektion einige Minuten in ständiger, kreisförmiger Bewegung. Dazu wird sie in einen Plexiglasbehälter zwischen zwei Scheiben gegeben, die auf konstanter Temperatur gehalten werden: 95 °C unten und 50 bis 60 °C oben.

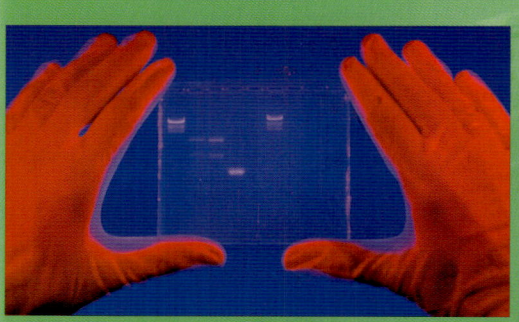

Ein Roboterarm erfasst eine Schale mit Bakterienkolonien, die menschliche DNA-Fragmente klonen. Ein Bild aus dem Human Genome Project.

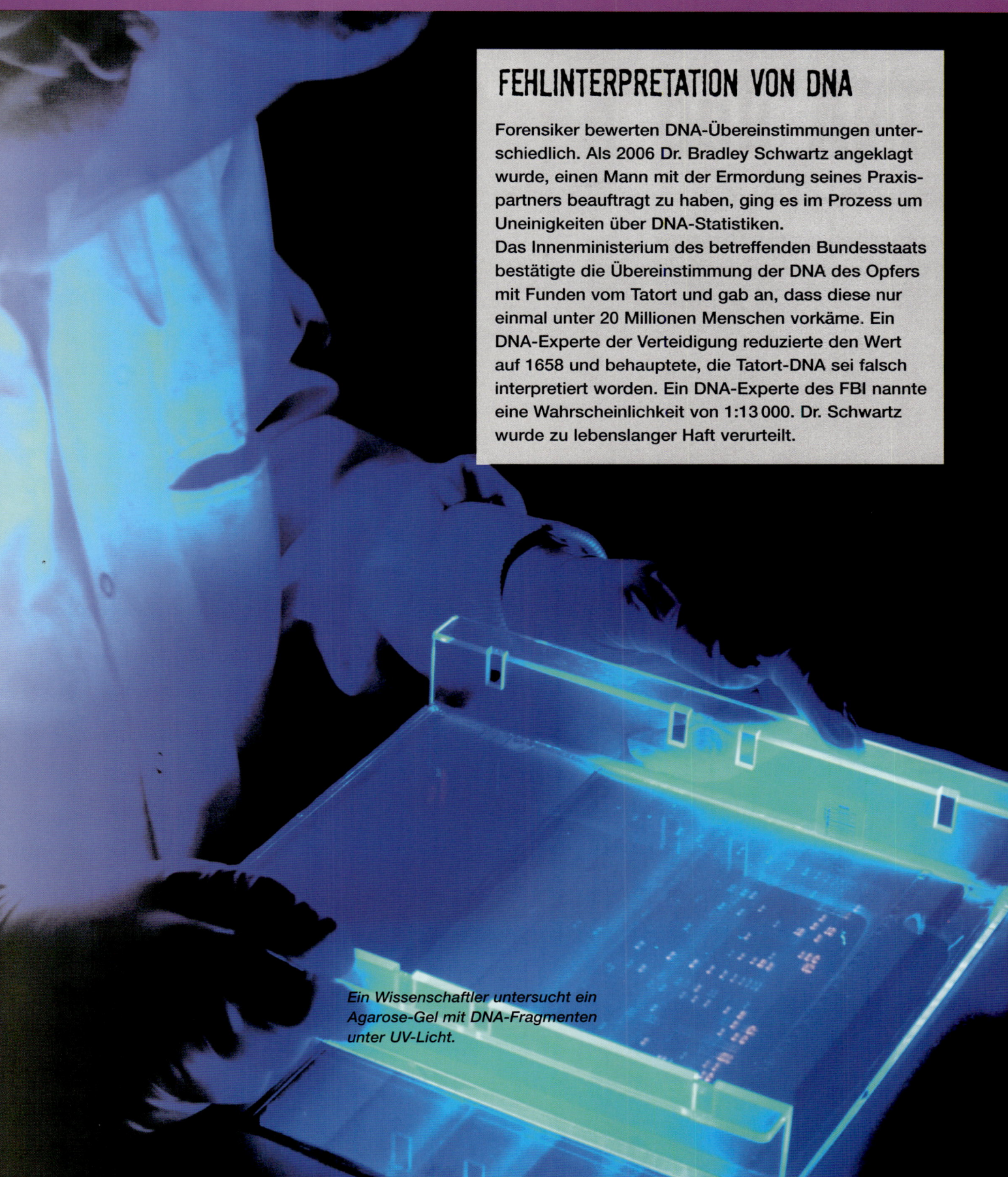

FEHLINTERPRETATION VON DNA

Forensiker bewerten DNA-Übereinstimmungen unterschiedlich. Als 2006 Dr. Bradley Schwartz angeklagt
wurde, einen Mann mit der Ermordung seines Praxis-
partners beauftragt zu haben, ging es im Prozess um
Uneinigkeiten über DNA-Statistiken.

Das Innenministerium des betreffenden Bundesstaats
bestätigte die Übereinstimmung der DNA des Opfers
mit Funden vom Tatort und gab an, dass diese nur
einmal unter 20 Millionen Menschen vorkäme. Ein
DNA-Experte der Verteidigung reduzierte den Wert
auf 1658 und behauptete, die Tatort-DNA sei falsch
interpretiert worden. Ein DNA-Experte des FBI nannte
eine Wahrscheinlichkeit von 1:13 000. Dr. Schwartz
wurde zu lebenslanger Haft verurteilt.

*Ein Wissenschaftler untersucht ein
Agarose-Gel mit DNA-Fragmenten
unter UV-Licht.*

DNA und Abstammung

Michael Little, 53, kam im März 2003 auf einer englischen Autobahn ums Leben, als jemand einen Ziegelstein auf die Motorhaube seines Lkws warf.

Craig Harman war der erste Täter der Welt, der 2003 durch eine Verwandtschaftssuche gefunden wurde.

Ein Forensiker bereitet ein Agarose-Elektrophorese-Gel vor, das zur DNA-Trennung benötigt wird.

ie Polizei fand DNA-Spuren auf dem Stein und glich sie mit der Datenbank ab. Sie fanden keinen Treffer, da der Täter, Craig Harman, bisher nicht aktenkundig war.

Allerdings besitzen Personen, die miteinander verwandt sind, ähnliche DNA. Durch eine erneute Suche, die dies berücksichtigte, konnten 25 Personen ermittelt werden. Der Probe am nächsten kam die DNA eines Verwandten von Harman. Die Polizei nahm eine Probe von Harman und stellte eine vollständige Übereinstimmung fest. Harman plädierte auf Totschlag. Er war der erste Täter, der durch eine Verwandtschaftsanalyse ermittelt wurde.

SPÄTE AUFKLÄRUNG

1973 wurden in Wales drei 16-jährige Mädchen ermordet. 30 Jahre später konnten Forensiker den Fall aufklären. Sandra Newton wurde in Briton Ferry getötet, ihre Freundinnen Pauline Floyd und Geraldine Hughes wurden drei Monate später

ermordet. Beim Abgleich von DNA des Verdächtigen fanden die Ermittler keinen Treffer.

Der Forensiker Jonathan Whitaker beschloss, im zweiten Durchgang nach einem Verwandten des Täters zu suchen. Dieser erste britische Fall einer Verwandtschaftssuche führte zu mehr als 100 Männern, die mit dem Täter hätten verwandt sein können. In Verbindung mit anderem Beweismaterial deutete die DNA auf einen bereits verstorbenen Mann hin. Seine Angehörigen waren bereit, DNA-Proben abzuliefern, deren Ergebnisse 2002 zur Exhumierung des Toten führten. DNA-Tests seiner Überreste wiesen ihn als Täter aus.

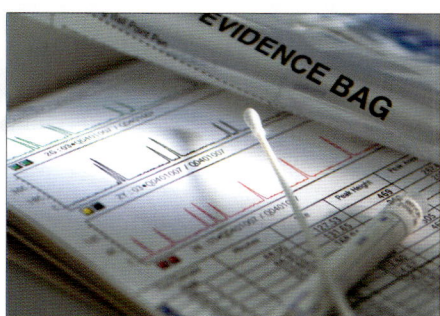

DESMOND APPLEBEE

Der erste Fall, der in Australien durch DNA-Beweismaterial gelöst wurde, ereignete sich 1989. Desmond Applebee konnten anhand einer Blutprobe, deren DNA mit der auf der Unterwäsche eines seiner Opfer übereinstimmte, drei Fälle von Vergewaltigung nachgewiesen werden. Sachverständigen zufolge lag die Wahrscheinlichkeit eines Irrtums bei 1:165 Millionen. Applebee hatte zunächst bestritten, am Tatort gewesen zu sein. Angesichts dieser Fakten behauptete er dann, die Frau sei einverstanden gewesen.

Ein Wattestäbchen mit einer DNA-Probe vom Tatort liegt auf Ergebnissen genetischer Tests. Durch Verwandtschaftsanalysen konnte die Zahl der erfolgreichen Suchläufe erheblich gesteigert werden.

DNA-DATENBANKEN UND DATENSCHUTZ

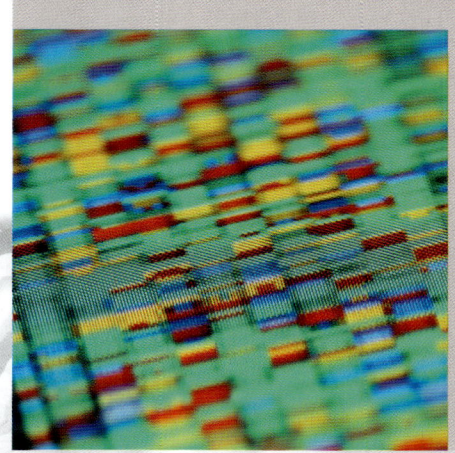

Die österreichische DNA-Datenbank wurde 1997 im Institut für Rechtsmedizin der Universität Innsbruck eingerichtet. Der österreichischen Regierung ist der Datenschutz ein wichtiges Anliegen. Wenn die Polizei Proben zur Analyse ans Labor schickt, werden keine personenbezogenen Daten mitgeliefert. Die Proberöhrchen sind mit Strichcodes versehen, die dazugehörigen Personendaten werden im Innenministerium verwahrt. Der Strichcode ist die einzige Verbindung zwischen dem DNA-Profil und den persönlichen Informationen. Während der gesamten Analysen im Labor ist die Probe nur anhand ihres Strichcodes zu identifizieren. Die Testergebnisse werden mit einem abgesicherten Übermittlungsverfahren ans Ministerium gesandt.

Entlastung durch DNA

DNA-Analysen haben nicht nur zur Überführung von Kriminellen beigetragen, sondern auch zahlreiche Justizirrtümer aufgedeckt und unschuldig Inhaftierten die Freiheit zurückgegeben.

Weil mehrere Unschuldige zum Tode verurteilt worden waren, wandelte George Ryan, Gouverneur von Illinois, im Jahr 2003 alle 156 Todesurteile in lebenslange Haftstrafen um. „Durch unser Rechtssystem geistert das Gespenst des Justizirrtums", erklärte er.

Bis 2007 waren in den USA fast 200 Häftlinge aufgrund neuer DNA-Analysen freigelassen worden.

In Kanada wurde 1984 Guy Paul Morin aufgrund von Haar- und Faserspuren wegen Mordes an der neunjährigen Christine Jessop verurteilt. Der Sachverständige hatte angegeben, dass ein beim Opfer gefundenes Haar von Morin stammen könne und dass Faserspuren auf ihrer Kleidung und ihrer Tasche aus seinem Auto kämen. 1995 wurde er aber durch DNA-Tests entlastet, und der ermittelnde Experte bemerkte in seinem Bericht, das Gericht habe sich „von fehlerhafter Wissenschaft blenden lassen".

Steven Avery war der erste Angeklagte der Welt, der aufgrund einer DNA-Probe verurteilt wurde,

> **„Durch unser Rechtssystem geistert das Gespenst des Justizirrtums."**

Nachdem zum Tode verurteilte Häftlinge durch DNA-Proben entlastet worden waren, wandelte George Ryan, Gouverneur des US-Staates Illinois, alle Todesurteile in lebenslängliche Haftstrafen um.

AFTER INNOCENCE

Der Film *After Innocence* thematisiert die wahre Geschichte von Häftlingen, die durch DNA-Analysen entlastet wurden. Die Dokumentation begleitete sieben Männer auf ihrem Weg zurück in die Gesellschaft. Außerdem wurden Barry Scheck (Foto) und Peter Neufeld vorgestellt, die Gründer des „Innocent Project", das zur Entlastung von Häftlingen durch DNA-Proben beigetragen hatte. Eine Zeitschrift bezeichnete den Film als „bemerkenswerte Story über Unrecht, Mut und Durchhaltevermögen".

obwohl er zuvor unschuldig im Gefängnis gesessen hatte und durch eine andere DNA-Probe entlastet worden war. Er hatte 17 Jahre wegen sexueller Gewalt gegen eine Frau in Haft gesessen. Nach Einführung der DNA-Tests konnten am Tatort gefundene Haare einem anderen Häftling zugeordnet werden. Avery wurde 2003 freigesprochen, und der Staat Wisconsin verabschiedete den Avery-Act zur Vermeidung unrechtmäßiger Verurteilungen. Am selben Tag, dem 31. Oktober, wurde Teresa Halberg vermisst. Später fand man ihre Leiche – und in ihrem Auto Blutspuren, die zweifelsfrei von Avery stammten. Im März 2007 wurde Avery wegen dieses Mordes zu lebenslanger Haft verurteilt.

In Angola (Louisiana, USA) befindet sich eines der weltgrößten Zuchthäuser mit mehr als 5000 Insassen.

DER PREIS DER FREIHEIT

2007 wurden dem 59-jährigen William Gregory aus Kentucky 3,9 Millionen Dollar Schadenersatz zuerkannt. Zuvor hatte er nach einem Verfahren gegen den Forensiker, der für die falsche Analyse verantwortlich war, bereits 700 000 Dollar vom Staat erhalten. Gregory war 1993 wegen vollendeter und versuchter Vergewaltigung schuldig gesprochen worden. Er verbrachte sieben Jahre in Haft, bevor im Jahr 2000 durch DNA-Tests an einem am Tatort gefundenen Haar seine Unschuld nachgewiesen werden konnte.

Lab-on-a-chip

Eine der jüngsten Neuerungen im Bereich der DNA-Analyse ist ein winziges, tragbares Labor, mit dessen Hilfe Proben noch am Tatort binnen kurzer Zeit untersucht werden können.

Die einfachen, kostengünstigen und transportablen Geräte erleichtern die Durchführung von DNA-Analysen.

Eine Modellversion, die an der Universität von Michigan entwickelt wurde, ist mit einem Chip aus Glas und Silikon ausgestattet. Es kostet wesentlich weniger als konventionelle Testmethoden, ist aber ebenso zuverlässig und einfacher in der Handhabung. Alle Bestandteile sind in einem einzigen Chip untergebracht, der Systeme zum Messen und Mischen mikroskopisch kleiner DNA-Proben mit Reagenzien enthält. Er verfügt über eine Reaktionskammer mit Temperaturregelung, in der DNA-Moleküle durch Elektrophorese nach Größe getrennt werden. Die Ergebnisse werden mit einem integrierten Detektor angezeigt.

Ein anderes Modell wurde von der NASA in Auftrag gegeben und am California Institute of Technology entwickelt. Ursprünglich war es für Blutuntersuchungen an Astronauten im Weltraum vorgesehen, die vorher wegen der Größe der üblichen Geräte nicht möglich waren. Es lässt sich aber auch für DNA-Tests verwenden.

Lab-on-a-chip-Technologie wird an amerikanischen und britischen Universitäten gelehrt und soll als Bachelor-Studiengang am neuen forensischen Forschungszentrum der Universität von Teesside im englischen Middlesborough angeboten werden. Sie war eines der Hauptthemen einer Expertenkonferenz, die am 8. Juni 2005 anlässlich der Eröffnung des Zentrums veranstaltet wurde.

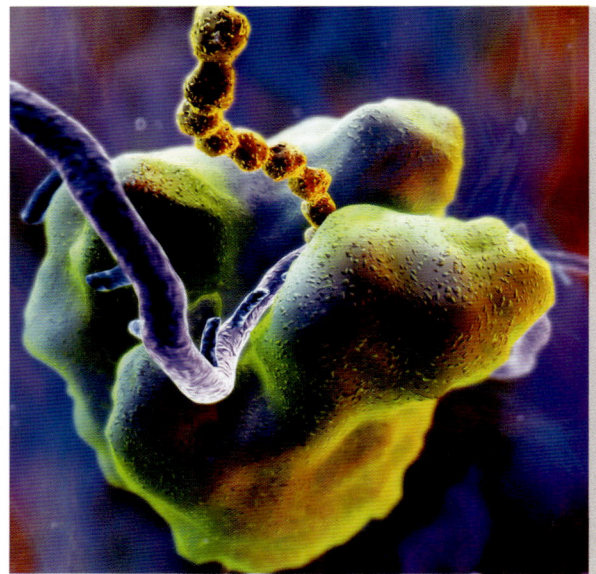

DNAboost

Mithilfe einer neuen, 2006 vom britischen Forensic Science Service (FSS) entwickelten Technik könnten Tausende alter, ungelöster Fälle neu aufgerollt werden. Man geht davon aus, dass das computergestützte Analysesystem die Aufklärungsrate des FSS um mehr als 15 Prozent steigern wird. Künftig soll es auch für neue Fälle eingesetzt werden. Das Verfahren mit dem Namen DNAboost ermöglicht auch die Analyse qualitativ oder mengenmäßig geringwertiger DNA-Proben. Selbst gemischte Proben, die DNA von mehr als einer Person enthalten, können damit getestet werden. Bislang war es Forensikern nicht möglich, die DNA verschiedener Personen innerhalb einer Probe zu trennen.

Das Lab-on-a-chip braucht für DNA-Tests keine Laborausstattung, sondern nur einen einzigen Siliziumchip.

DNA UND KRIMIAUTOREN

Viele Spezialisten aus aller Welt, die mit DNA zu tun haben, durchlaufen jährlich eine Ausbildung an einem Privatinstitut, das von der berühmten Krimiautorin Patricia Cornwell ins Leben gerufen wurde. Nachdem sie mehrere Jahre in einem forensischen Labor in Virginia (USA) gearbeitet hatte, stellte sie 1,5 Millionen Dollar bereit. Mit zusätzlichen Mitteln vom Staat konnte 1999 bei Richmond das Virginia Institute of Forensic Science and Medicine eröffnet werden. Es ist eine private Non-Profit-Einrichtung, in der bisher etwa 3000 Personen an Aus- und Weiterbildungsmaßnahmen teilgenommen haben.

Blick durch ein Elektronenmikroskop auf einen Teil eines Mikrochips zur DNA-Analyse

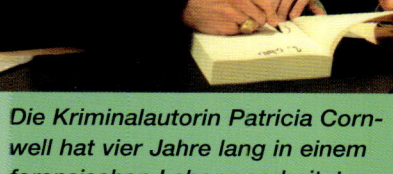

Die Kriminalautorin Patricia Cornwell hat vier Jahre lang in einem forensischen Labor gearbeitet.

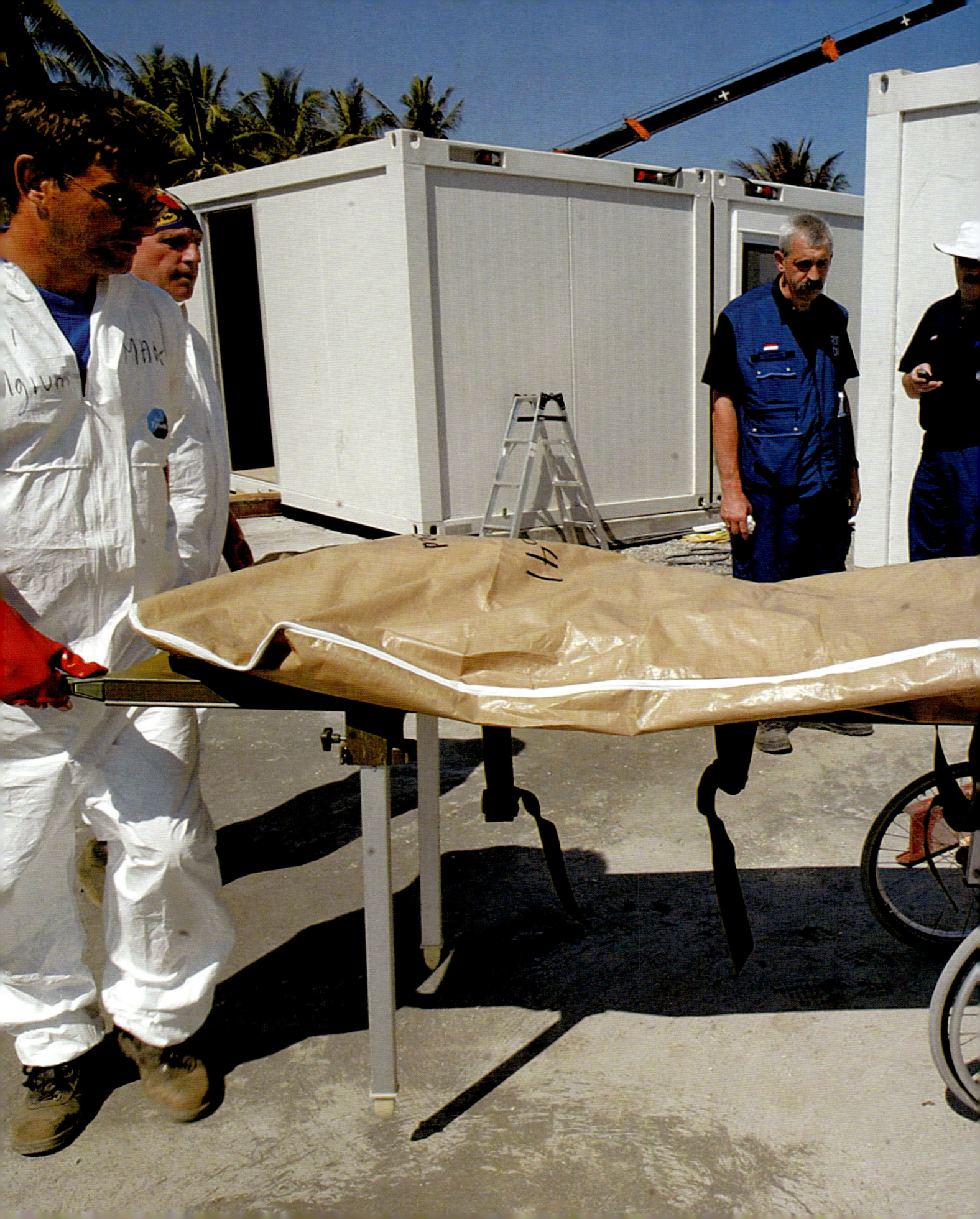

Kapitel sechs

Identifizierung von Leichen

EINE LEICHE IST HÄUFIG NICHT ZU IDENTIFIZIEREN, WEIL SIE OHNE AUSWEISPAPIERE GEFUNDEN WIRD. Bei großen Unglücksfällen wie Naturkatastrophen oder Terroranschlägen lassen sich die Opfer und deren amtliche Dokumente einander nicht mehr zuordnen.

DNA-Tests sind heutzutage die Standardmethode zur Identifizierung. Aber wenn der Körper nahezu vollständig zerstört wurde, stoßen die Ermittler damit an ihre Grenzen. Der Terroranschlag auf das World Trade Center 2001 führte dazu, dass rund 20 000 Leichenteile zugeordnet werden mussten. Erst Ende Februar 2005 schloss man diese Arbeiten ab. 1585 der 2749 Leichen waren identifiziert worden. Den Familien der verbleibenden Opfer musste man mitteilen, dass die DNA-Prüfungsmöglichkeiten für bessere Resultate leider nicht ausreichten. Die DNA-Proben waren teilweise zerstört oder zu gering.

Auch bei der Tsunami-Katastrophe in Südostasien im Jahr 2004, bei der mehr als 200 000 Menschen ihr Leben verloren, konnten nicht alle Opfer identifiziert werden. Obwohl DNA-Proben schnellstmöglich genommen wurden, waren sie teilweise zerstört oder verunreinigt, sodass nur fünf Prozent der Opfer hierdurch identifiziert werden konnten. Man musste sich auf Untersuchungen von Gebissen und Fingerabdrücken beschränken. Die meisten der etwa 1500 Opfer des Hurrikan Katrina im Jahr 2005 konnten dagegen über DNA-Tests oder andere forensische Methoden sowie mittels persönlicher Gegenstände identifiziert werden.

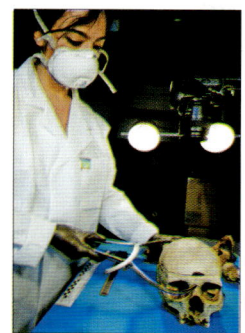

Vermessung eines Schädels. Genaue Maße sind für Gesichtsrekonstruktionen zur Identifizierung erforderlich.

Ein Mitarbeiter der New York Port Authority bei der Beweisaufnahme in den Trümmern des World Trade Center nach den Terroranschlägen vom 11. September 2001.

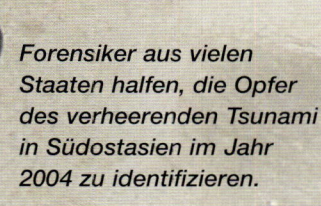

Forensiker aus vielen Staaten halfen, die Opfer des verheerenden Tsunami in Südostasien im Jahr 2004 zu identifizieren.

97

Unbekannte Opfer

Die Identifizierung von Tötungsopfern ist meist dann relativ einfach, wenn sie zu Hause oder in der Nähe vertrauter Personen getötet wurden oder wenn sie – wie im Fall von Entführungsopfern – bereits behördlich bekannt waren.

Dennoch wird die Aufklärung von Verbrechen häufig erschwert, wenn die sterblichen Überreste zu einem unbekannten Opfer gehören. Der Identifizierungsprozess kann sich über einen langen Zeitraum hinziehen, und bei manchen Leichen gelingt er nie.

Forensische Untersuchungen umfassen DNA-Tests, zahnmedizinische Befunde, Fingerabdrücke, Gegenstände wie Schmuck oder Kleidung, persönliche Merkmale wie Geburts-

male, Tattoos und Narben. Die Beschreibung des Opfers und oft auch eine Rekonstruktionszeichnung werden an die Medien gegeben. Gelegentlich wird auch eine Rekonstruktion des Gesichts erstellt.

FEHLENDE MERKMALE

Oftmals gibt es keine sichtbaren Anhaltspunkte zur Identifizierung. Die Überreste sind alt, von Tieren zerfressen oder durch Witterungseinflüsse zersetzt, wodurch die

Identifikation erschwert wird. Kriminelle versuchen auch, die Identifizierungsmerkmale ihrer Opfer durch Feuer oder Säure zu zerstören. In Extremfällen wird die Leiche durch Abtrennen der Finger, Hände oder sogar des Schädels bis zur Unkenntlichkeit verstümmelt.

In seltenen Fällen lässt sich sogar ein lebendes Opfer nicht identifizieren, etwa Säuglinge oder Kleinkinder, im Koma liegende Opfer oder solche mit Gedächtnisverlust.

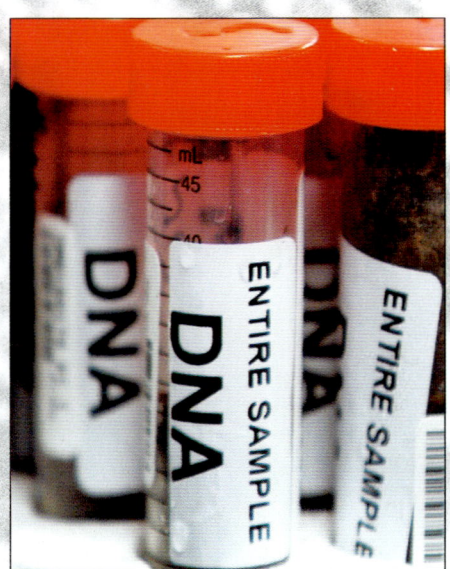

Die New Yorker Gerichtsmedizin bewahrt DNA-Proben von Angehörigen der Opfer des 11. September auf.

FALSCHE ZUORDNUNG

Die Angelegenheit scheint eindeutig, wenn Angehörige oder Bekannte eine Leiche identifizieren. Aber auch das ist mitunter trügerisch. Die Leiche ist vielleicht entstellt, oder der Angehörige ist emotional nicht in der Lage, sich den Leichnam sorgfältig anzusehen, oder er hat das Opfer seit Jahren nicht gesehen.

Manche Verbrechen werden begangen, um einer Leiche eine falsche Identität zuzuweisen. So ermordete 2001 in Amerika Joseph Kalady, der wegen Betrugs angeklagt war, einen Mann namens William White. Dann beauftragte er seinen Bruder Michael, White als Kalady zu identifizieren, um dem Gerichtsverfahren zu entgehen. White wurde jedoch anhand seiner Fingerabdrücke identifiziert und Kalady wegen Mordes angeklagt. Er starb 2003 noch vor seinem Prozess im Gefängnis.

IDENTIFIZIERUNG VON KRIEGSOPFERN

2002 untersuchte ein internationales Expertenteam sechs Monate lang vor Ort die Überreste der Opfer des Kosovo-Konflikts, bei dem schätzungsweise mindestens 10 000 Menschen getötet wurden oder seither als vermisst gelten. Das Team umfasste 80 Pathologen, Anthropologen, Pathologieassistenten, Verbindungsoffiziere und Computerexperten aus Amerika, Asien und Europa.

Die Untersuchungen erstreckten sich auf etwa 100 Leichenfundorte und mehr als 1250 Leichenteile, wobei das Team Exhumierungen, Obduktionen und Identifikationen vornahm, bevor die sterblichen Überreste den Angehörigen übergeben wurden.

Ähnliche Untersuchungen fanden bereits nach den Konflikten in Kroatien und Bosnien-Herzegowina statt. Allein in Bosnien waren Ende 2005 noch über 15 000 Personen als vermisst gemeldet.

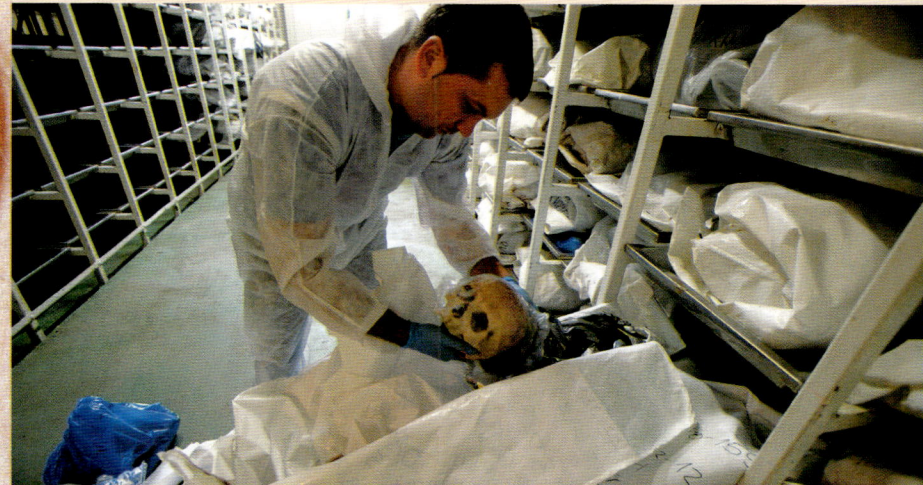

Ein forensischer Anthropologe der Internationalen Kommission für vermisste Personen (ICMP) untersucht Leichenteile in Bosnien-Herzegowina.

In seltenen Fällen werden auch lebende Opfer nicht identifiziert.

Ein unveränderliches Merkmal wie dieses Muttermal kann bei der Identifizierung von Opfern eine große Hilfe sein.

Beispiele für Identifizierungen

Ermittler setzen häufig eine Vielzahl von Untersuchungen ein, um eine eindeutige Identifizierung vornehmen zu können. So auch im Fall der brutalen Ermordung der jungen Engländerin Lucie Blackman in Tokio 2001.

D ie Leiche der 22-jährigen Frau wurde in einer Höhle süd-westlich der Stadt ausgegraben. Der Körper war in acht Teile zerlegt und der Kopf einbetoniert worden.

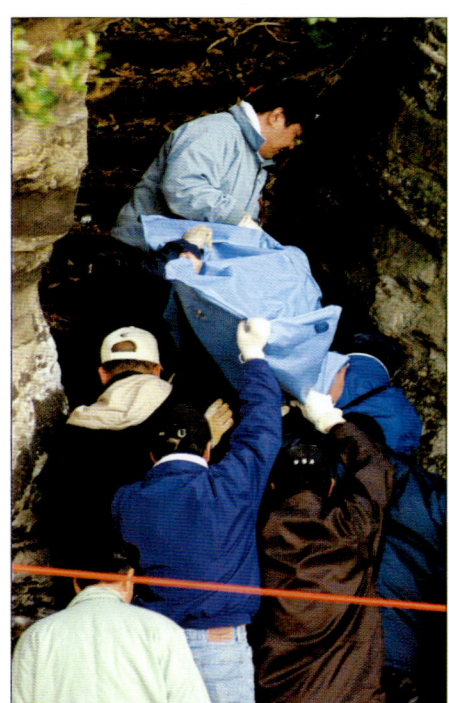

Am 9. Februar 2001 holten Beamte der Polizei die Überreste von Lucie Blackmans Körper aus einer Höhle in Misaka City. Nach ihrer Identifizierung wurde der Geschäftsmann Joji Obara mit ihrem Tod in Verbindung gebracht.

Lucie wurde anhand zahnmedizinischer Befunde identifiziert. Joji Obara, ein der jungen Frau bekannter Geschäftsmann, der in der Nähe des Tatorts wohnte, wurde verhaftet. Aber der Mord konnte ihm nicht nachgewiesen werden. Wegen anderer Verbrechen wurde er dennoch zu lebenslanger Haft verurteilt.

„TORSO BOY" ADAM

Bei einem Fall in London wurde der Torso eines fünf-jährigen Jungen ohne Kopf und Gliedmaßen in der Themse gefunden. Die Polizei nannte ihn Adam.

Seine Knochen wurden einer DNA-Analyse unterzogen, um Rückschlüsse auf die Ernährung und somit die Herkunft des Kindes

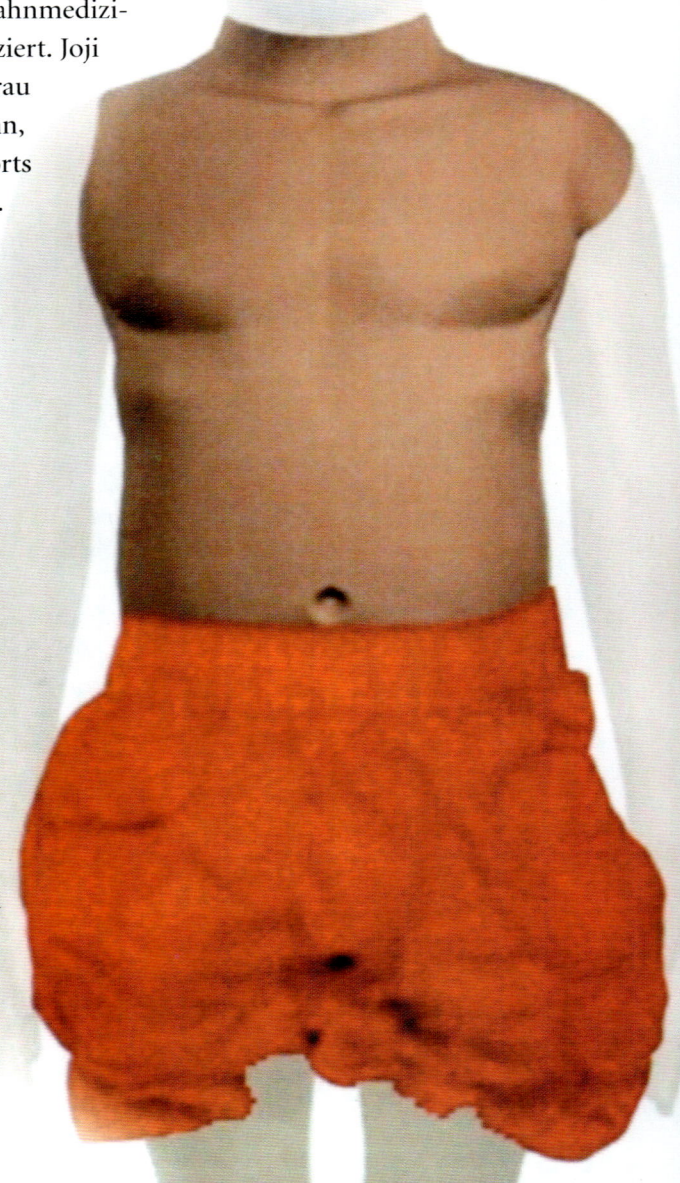

ziehen zu können. Man ermittelte, dass das Kind sehr wahrscheinlich aus Nigeria stammte. Ein forensisches Team arbeitete zweieinhalb Wochen vor Ort, um Proben zu sammeln. Den Ergebnissen zufolge musste Adam aus dem Westen des afrikanischen Landes stammen.

Bestimmte Pollen im Magen des Kindes wiesen darauf hin, dass der Junge noch lebte, als er nach London kam, und die Polizei sucht nach einem kriminellen Netzwerk von Menschenhändlern.

Pollen im Magen des Jungen bewiesen, dass er noch lebte, als er nach London kam.

Die Londoner Polizei veröffentlichte 2001 diese Computerdarstellung von Adam, dem „Torso boy".

ADOLF HITLER

Die Identifizierung der Leiche Adolf Hitlers nach seinem Selbstmord 1945 gab lange Zeit Rätsel auf. Sowjetische Truppen fanden seinen Körper, der von Helfern verbrannt worden war, aber die sowjetische Regierung hielt dies geheim.

Erst im Jahr 1995 enthüllte ein pensionierter sowjetischer Nachrichtenoffizier, dass Hitlers Zahnarzt damals die Leiche identifiziert hatte. „Anfangs war er geschockt", berichtete General Leonid Siomonchuk, der bei der Identifizierung anwesend war. „Dann sagte er, Hitler ist tot!"

ANASTASIA

1991 fand man in einem Grab in Russland Knochen, die zwei Jahre später als die Überreste von Zar Nikolaus II., der Zarin und dreien ihrer fünf Kinder identifiziert wurden, allesamt 1918 von einem Exekutionskommando der Roten Armee erschossen.

Zar Nikolaus II. 1913 mit seiner Familie (von links nach rechts): Olga, Maria, Zarin Alexandra, Anastasia, Alexej und Tatjana

DNA-Vergleiche mit Prinz Philip, Herzog von Edinburgh, der ein Großneffe der Zarin ist, bestätigten die Identität der Personen. Diese Entdeckung widerlegte letztendlich auch die Ansprüche der US-Emigrantin Anna Anderson Manahan. 30 Jahre lang, bis zu ihrem Tod im Jahr 1984, hatte sie behauptet, die jüngste, dem Exekutionskommando entkommene Zarentochter Anastasia zu sein.

Fingerabdrücke von Opfern

Fingerabdrücke eines unbekannten Opfers zuzuordnen ist schwierig, wenn die Abdrücke der verstorbenen Person nicht gespeichert sind. So ist es hilfreich, wenn Angehörige persönliche Gegenstände des Opfers bringen können, auf denen die Abdrücke vorhanden sind.

Schwierigkeiten bei der Zuordnung von Fingerabdrücken entstehen häufig durch die Zersetzung der Haut. Ein FBI-Agent gab bei einer Aussage vor Gericht im Jahr 2004 zu einem Mord aus dem Jahr 1976 an, dass der Körper schon stark verwest war, wodurch die Hände zusammengeschrumpft und die Finger geschlossen waren. Ein Pathologe musste die Hände abtrennen und sie in Spezialbehältern ins FBI-Labor schicken, wo die Abdrücke gesichert wurden.

Die Technologie ermöglicht es, schon am Tatort mit der Suche nach der Identität des Opfers zu beginnen. Die Garda Síochána, die irische Polizei, verfügt über ein Laborfahrzeug, in dem man vor Ort Fingerabdrücke einscannen kann.

Während es umfangreiche Datenbanken mit Fingerabdrücken von Straftätern gibt, muss man bei Opfern, die nie straffällig geworden sind, auf andere Quellen zurückgreifen. Auf biometrischen Ausweiskarten, die in Sicherheitsbereichen verwendet werden, sind Fingerabdrücke gespeichert. Die Zahl von Datenbanken mit Identitätsnachweisen steigt rapide an. In den USA werden Fingerabdrücke ausländischer Besucher bereits elektronisch erfasst, und ab 2008 werden auf allen neuen europäischen Pässen die Fingerabdrücke gespeichert sein.

In den USA werden Fingerabdrücke ausländischer Besucher bereits elektronisch gescannt.

DIE SCHWARZE DAHLIE

Am 15. Januar 1947 wurde in Los Angeles die nackte Leiche einer jungen Frau gefunden. Sie war in zwei Teile gehackt und verstümmelt worden. Die Ermittler wussten nicht, um wen es sich handelte. Fingerabdrücke wurden genommen und zum FBI nach Washington geschickt. Die dortige Datenbank umfasste damals bereits 104 Millionen Fingerabdrücke, überwiegend von Straftätern. In diesem Fall konnte man die Abdrücke der 22-jährigen Elizabeth Short zuordnen. Zweimal waren ihre Abdrücke registriert worden: Als sie sich um einen Job bei einer Militäreinheit bewarb und als sie wegen eines Bagatellvergehens verhaftet worden war. Freunde hatten ihr den Spitznamen „Schwarze Dahlie" gegeben, weil sie ihr schwarzes Haar zu einer blumenartigen Frisur kämmte und häufig schwarze Kleidung trug.

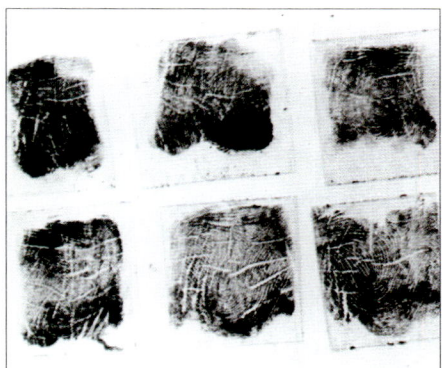

Diese Fingerabdrücke von der Leiche der „Schwarzen Dahlie" identifizierten sie als Elizabeth Short.

LIVESCAN FÜR DIE TOTEN

Im Jahr 2006 demonstrierte die Universität von Leicester in Zusammenarbeit mit der dortigen Polizei und dem Institut für Rechtsmedizin der Universität Hamburg den Gebrauch des ersten elektronischen Handgeräts zur Erfassung von Fingerabdrücken Toter. Livescan-Systeme haben sich zu hoch entwickelten, technisch ausgereiften und komplexen Systemen mit Schnittstellen zu vielen Datenbanken entwickelt.

In Großbritannien wurde das Livescan-System 2007 allen Polizeieinheiten zur Verfügung gestellt. Thüringen führte 2002 als erstes deutsches Bundesland elektronische Erfassungssysteme für Fingerabdrücke ein.

Ein amerikanischer Beamter prüft die Fingerabdrücke einer Touristin, die von Kanada aus in die USA einreist.

Dentalidentifizierung

Zahnmedizinische Befunde können bei der Identifizierung eines Menschen hilfreich sein. Zähne sind extrem hart und fast unzerstörbar. Sie überdauern Jahre unter der Erde ebenso wie im Wasser und überstehen sogar Feuer.

Das Gebiss ist aufgrund von Abnutzung, Füllungen und Zahnstellung einzigartig. Zahnärzte machen routinemäßig Aufzeichnungen über die Beschaffenheit des Gebisses ihrer Patienten. Wenn Fingerabdrücke nicht zur Verfügung stehen, ist der Vergleich

Röntgenbilder von Zähnen und Kiefern ermöglichen einen schnellen Vergleich zu Zwecken der Identifizierung.

Ein zahnmedizinischer Abgleich ist der sicherste Weg zur Identifizierung, wenn keine Fingerabdrücke zur Verfügung stehen.

zahnmedizinischer Befunde, die es von den meisten Menschen irgendwo gibt, der sicherste Weg zur Identifizierung. Der Zugriff auf eine zahnmedizinische Datenbank ist außerdem kostengünstiger als ein DNA-Test.

Zur Identifizierung von Opfern wird eine exakte Zahnuntersuchung vorgenommen, die auch Röntgenaufnahmen von Zähnen und Kieferknochen umfassen sollte. Forensische Odontologen können verschiedene Aspekte zahnmedizinischer Befunde vergleichen, wie die Anzahl der Zähne, Löcher und Füllungen in den Zähnen, Brücken, Implantate, Zahnzwischenräume und spezielle Bissformen wie Überbiss oder Überlappung von Zähnen. Außerdem ermöglichen die zur Zahnbehandlung eingesetzten Materialien und Methoden Rückschlüsse darauf, in welchem Land die Behandlung vorgenommen wurde.

DENTALIDENTIFIZIERUNG IN DER GESCHICHTE

Der römische Kaiser Nero identifizierte seine Mutter Agrippina, die er im Jahr 59 n. Chr. ermordet hatte, anhand ihrer Zähne. William der Eroberer pflegte mit seinen schiefen Zähnen in die Wachssiegel auf seinen Briefen zu beißen, um sie eindeutig zu kennzeichnen. Der erste aufgezeichnete Fall einer Dentalidentifizierung war die von Sir John Talbot, der in der Schlacht von Castillon 1453 am Ende des Hundertjährigen Krieges ums Leben gekommen war.

Sir John Talbot fiel am 17. Juli 1453 in der Schlacht bei Castillon gegen Ende des Hundertjährigen Krieges.

Der amerikanische Soldat Paul Revere war problemlos in der Lage, seinen Freund Dr. Joseph Warren zehn Monate nach dessen Beerdigung zu identifizieren. Warren war bei der Schlacht um Bunker Hill im Amerikanischen Unabhängigkeitskrieg 1775 gefallen. Die Identifizierung war einfach, weil Revere das künstliche Gebiss für Warren hergestellt hatte.

Die ersten Katastrophenopfer, die anhand ihrer Zähne identifiziert wurden, kamen 1881 bei einem verheerenden Feuer mit etwa 400 Toten im Wiener Ringtheater ums Leben.

GRENZEN DER DENTALIDENTIFIZIERUNG

Trotz der Beständigkeit von Zähnen und der Verfügbarkeit zahnmedizinischer Befunde gibt es einige Probleme bei dieser Identifizierungsmethode. Bisweilen lassen sich nur Teile oder gar keine Befunde finden, oder es gelingt nicht, das Gebiss vollständig zu rekonstruieren. Sogar die Verbesserung der Zahngesundheit steht der Identifizierung im Weg, denn dadurch haben die Menschen heutzutage definitiv weniger Löcher und weniger Implantate im Gebiss. Darüber hinaus unterliegen medizinische Befunde meist strengen Datenschutzregeln, wodurch die Untersuchungen zumindest verzögert werden können.

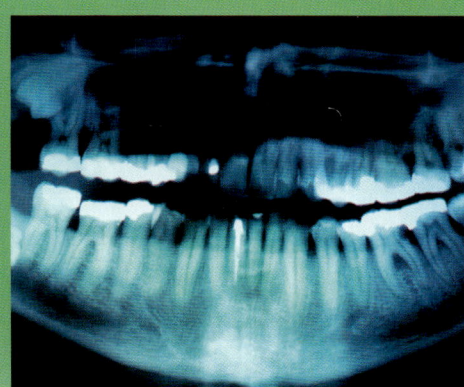

Zahnfüllungen helfen bei der Identifizierung. Die weißen Bereiche auf diesem Röntgenbild vom Gebiss eines 45-jährigen Mannes zeigen Zähne mit Füllungen.

Dentalidentifizierungsfälle

Forensische Odontologen ermöglichen die Identifizierung von Toten, deren Körper weitestgehend zerstört wurde. Ein Beispiel hierfür war die Entdeckung der skelettierten Überreste von Chandra Levy, die im Mai 2002 in einem Park in Washington gefunden wurden.

Ein Polizist riegelt den Bereich um den Fundort der sterblichen Überreste von Chandra Levy ab.

Sie war schon seit über einem Jahr tot, sodass die Überreste anhand von zahnmedizinischen Befunden, die ihre Familie zur Verfügung stellte, identifiziert werden mussten. Sie war eine ehemalige Praktikantin der US-Regierung, deren Affäre mit dem kalifornischen Abgeordneten Gary Condit dessen Karriere ruinierte. Der Mordfall ist bis heute ungeklärt.

Bombenanschläge von Terroristen erfordern fast immer eine zahnmedizinische oder DNA-Identifizierung. Bei den Explosionen in der Londoner U-Bahn und einem Bus am 7. Juli 2005 entstanden Identifizierungsprobleme dadurch, dass die Leichen erheblich zerstört und die Teile durcheinandergewirbelt wurden. Die Kriminaltechniker

benötigten Wochen, um die Opfer zu identifizieren. Auch beim Tod von Ausländern ist die Identifizierung anhand der Zähne erschwert, weil zahnmedizinische Befunde erst aus dem Heimatland der Toten beschafft werden müssen. Dies war in Neapel (Italien) am 26. Mai 2006 der Fall, als der Körper eines Mannes mit einem Küchenmesser in der Brust unter dem Einstiegsloch eines Gullys gefunden wurde. Der Körper war weitgehend zersetzt, aber drei Tage später wurde der Mann aufgrund zahnmedizinischer Befunde als Lewis Brooks Miskell, kanadischer Diplomat in Wien, identifiziert, der Anfang März kurz nach Antritt eines Italienurlaubs verschwunden war. Der Mord ist bis heute ungeklärt.

HELENA RANTA

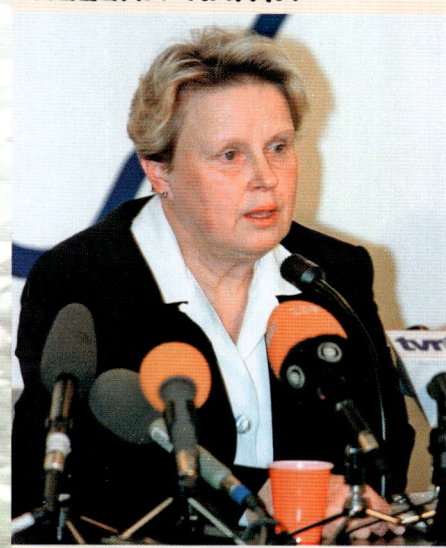

Die Finnin Helena Ranta ist eine renommierte forensische Odontologin. Sie arbeitet am Institut für Rechtsmedizin der Universität Helsinki und war beteiligt an der Identifizierung von Zar Nikolaus II. und seiner Familie, kümmerte sich um Opfer von Saddam Hussein, identifizierte Tsunami-Opfer in Südostasien und sagte in der Gerichtsverhandlung gegen den ehemaligen serbischen Präsidenten Slobodan Milosevic aus. Während ihrer Arbeit in Bosnien-Herzegowina musste sie dem Feuer von Heckenschützen ausweichen und forderte einmal US-Streitkräfte an, die mit ihren Panzern ihre Arbeitsgruppe schützen sollten. Nichts konnte sie daran hindern, ihre Arbeit durchzuführen, auch keine Morddrohungen. „Ich schlafe nachts trotzdem gut", sagte sie. „Wenn es Drohungen gibt, so gibt es auch Möglichkeiten, damit umzugehen."

ZAHNABDRÜCKE VON KINDERN

Zahnabdrücke von Kindern gelten in zahlreichen US-Staaten als anerkannte Möglichkeit, entführte Kinder zu identifizieren. Das Anfertigen derartiger

Abdrücke ist daher Bestandteil von CHIP (Child Identification Program), einer Identifizierungsinitiative für Kinder, die außerdem die DNA und Fingerabdrücke umfasst. Dr. Tesini hat ein System erfunden, das mit Plastikscheiben arbeitet. Die Scheibe wird erwärmt, bis sie formbar ist, dann beißt das Kind in die Scheibe und hinterlässt den Abdruck seines Gebisses. Nach dem Abkühlen ist der Abdruck gesichert. Allein im Staat Massachusetts haben 1500 Zahnärzte freiwillig an diesem Programm teilgenommen.

Die Schauspielerin Jamie Lee Curtis setzte sich für ein Kinderidentifizierungsprogramm ein.

Hautmerkmale

Einige der charakteristischsten Merkmale zur Identifizierung finden sich auf der menschlichen Haut. Muttermale, Narben und Tätowierungen sind leicht zu erkennen – man denke nur an das rote Feuermal auf der Stirn des ehemaligen sowjetischen Staatschefs Michail Gorbatschow.

D ie Leiche von König Harold soll nach der Schlacht von Hastings an Tätowierungen oberhalb seines Herzens identifiziert worden sein. „Edith" und „England" waren angeblich dort zu lesen.

TÄTOWIERUNGEN

Tätowierungen werden mittlerweile als Körperverzierung anerkannt. Ihre Dauerhaftigkeit und große Beliebtheit unter Kriminellen schätzt auch die Polizei. Besonders nützlich sind Namen oder Slogans, die von Bandenmitgliedern verwendet werden. Bei der Identifizierung einer Leiche versuchen die Ermittler, Tätowierungen eventuell sogar einem bestimmten Tätowierer zuzuordnen. Manchmal werden Hautpigmente entnommen und analysiert, um die Herkunft der Tätowierung zu ermitteln. Auch Piercings sind hilfreich zur Identifizierung.

„SCARFACE"

Rechtsmediziner machen sich auch Narben zunutze. Der Spitzname des Verbrechers Al Capone war „Scarface" (Narbengesicht), weil seine Wange einst bei einer Auseinandersetzung mit einem Messer aufgeschlitzt worden war. Muttermale bieten besonders gute Identifizierungsmöglichkeiten, weil sie von unregelmäßiger Struktur sind, und auch Hautfehler wie Leberflecken wurden schon zur Identifizierung herangezogen.

NATASCHA KAMPUSCH

Ein verzweifeltes Mädchen kam am 23. August 2006 in Wien auf einen älteren Herrn zugelaufen und sagte, sie sei entkommen, nachdem sie entführt und gefangen gehalten worden war. Sie gab ihren Namen mit Natascha

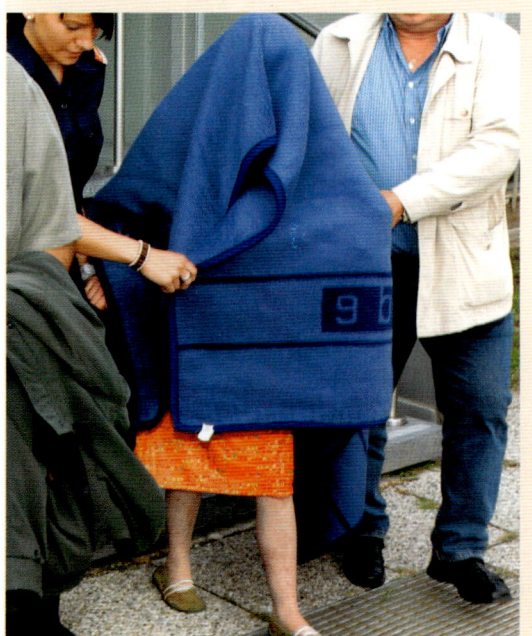

Kampusch an. Dies wurde von ihrer Familie bestätigt, die sie anhand einer Narbe am Arm identifizierte. Mit der Identifizierung wurde eines von Österreichs größten kriminologischen Rätseln gelüftet. Wenige Stunden nach Nataschas Flucht nahm sich der Mann, der sie gekidnappt und acht Jahre lang gefangen gehalten hatte, das Leben, indem er sich vor einen Zug warf.

Gesicht und Oberkörper mit einer Decke verhüllt, wird Natascha Kampusch am Tag ihrer Flucht von Polizisten eskortiert.

Die Leiche von König Harold soll nach der Schlacht bei Hastings durch die Tattoos „Edith" und „England" identifiziert worden sein.

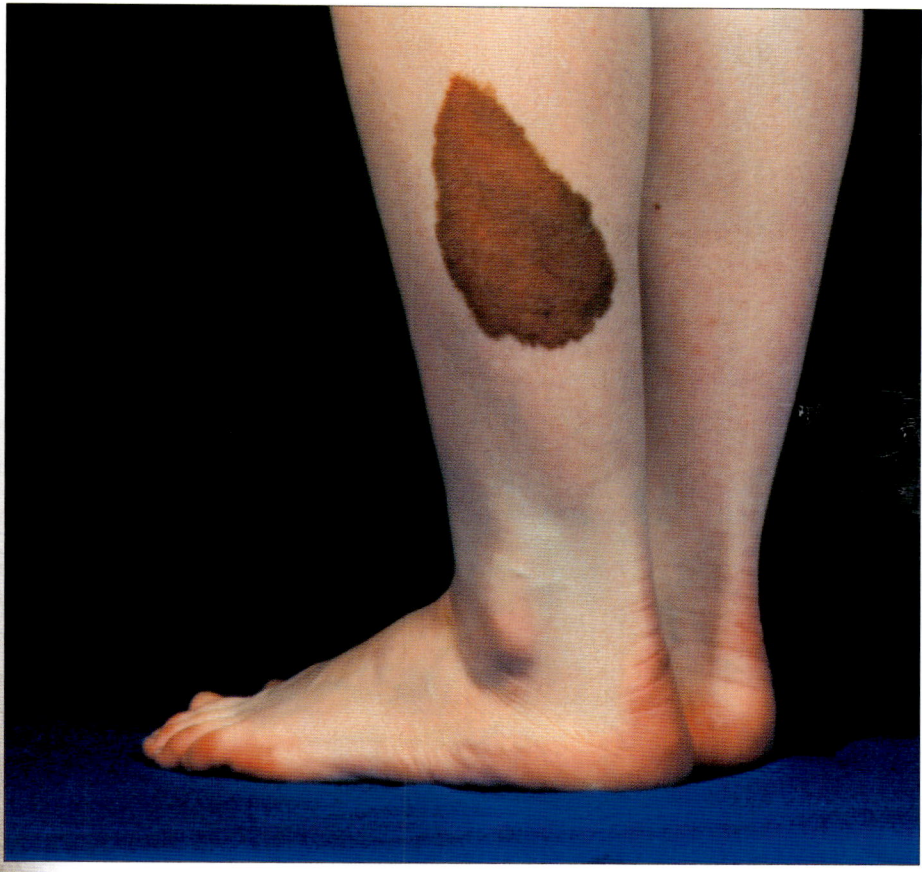

Geburtsmale wie dieser lange Pigmentfleck an der Wade einer jungen Frau erleichtern die Identifizierung. Solche Male weisen stets unterschiedliche Formen auf. Muttermale sind von sehr feinen Blutgefäßen durchzogen, Feuermale sind kräftig rot.

Ausgeprägte Narben wie diese auf dem Oberarm eines Mannes sind ein ausgezeichnetes Merkmal zur Identifizierung.

DER ARM IM HAI

Der von Fischern in Australien am 25. April 1935 gefangene Tigerhai war eine Attraktion, insbesondere, weil gerade der Nationalfeiertag gefeiert wurde. Aus der Begeisterung wurde schnell Angst, als das Tier plötzlich um sich schlug und einen tätowierten menschlichen Arm ausspuckte. Die Suche nach dem Rest des Körpers blieb ergebnislos. Die Fingerabdrücke wurden als die von James Smith, einem Bauarbeiter, identifiziert, und seine Frau erkannte darüber hinaus den Arm mit der Tätowierung, die zwei kämpfende Boxer zeigte.
Nach der Identifizierung untersuchte ein forensischer Pathologe den Arm und kam zu dem Schluss, dass dieser eher abgehackt als von dem Hai abgebissen worden war. Das wies auf einen Mord hin, denn James Smith war in der Drogenszene bekannt. Die Ermittlungen wurden eingestellt, da einem alten Gesetz zufolge ein Mord auch einen toten Körper erfordert und „ein Körperglied kein ganzer Körper ist".

Merkmale im Körperinneren

Informationen zur Identifizierung verbergen sich auch im Inneren des Körpers. Das Opfer könnte eine Krankheit, einen Unfall oder eine Operation gehabt haben, die durch eine Obduktion ans Tageslicht kommen.

● ●

Der Nachweis von Krankheiten hat schon oft zur Identifizierung beigetragen. Durch Krankheit zerstörte Knochen sind ein guter Indikator, sodass Identifizierungen auch anhand von Osteoporose und Knochenmissbildungen während der Kindheit, wie Skoliose und Rachitis, möglich werden.

Eindeutige Hinweise sind Implantate wie Herzschrittmacher und künstliche Hüften. Implantate weisen Seriennummern auf, die einem bestimmten Patienten zugeordnet sind.

2004 wurde in Florida der Körper einer 35-jährigen Bankkauffrau in einem Koffer, einbetoniert im Fundament eines Hauses eines Schönheitschirurgen, gefunden. Die Frau wurde anhand der Seriennummern ihrer Brustimplantate identifiziert. In einem anderen Fall in Florida wurde 2007 ein 73-jähriger Mann durch eine Knochenschiene in seinem Bein identifiziert.

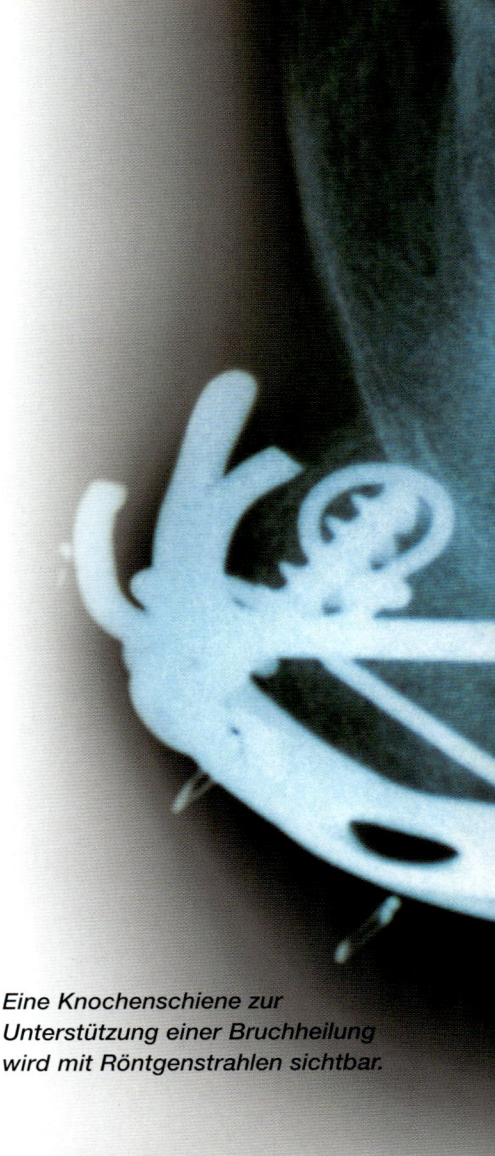

Eine Knochenschiene zur Unterstützung einer Bruchheilung wird mit Röntgenstrahlen sichtbar.

Implantate wie Herzschrittmacher tragen Seriennummern, über die die Herkunft zurückverfolgt werden kann.

NOFRETETE

Im Jahr 2003 wurde im ägyptischen Luxor eine Mumie ausgegraben, bei der es sich möglicherweise um die Königin Nofretete handelt. Das Team unter der Leitung von Dr. Joann Fletcher arbeitete mit Röntgenstrahlen, die ein weibliches Becken sowie eine Lendenwirbelverkrümmung erkennen ließen. Die Knochenelemente wurden verbunden, und es stellte sich heraus, dass es sich um eine Erwachsene handelte.

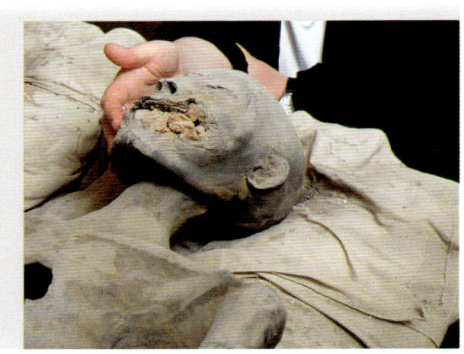

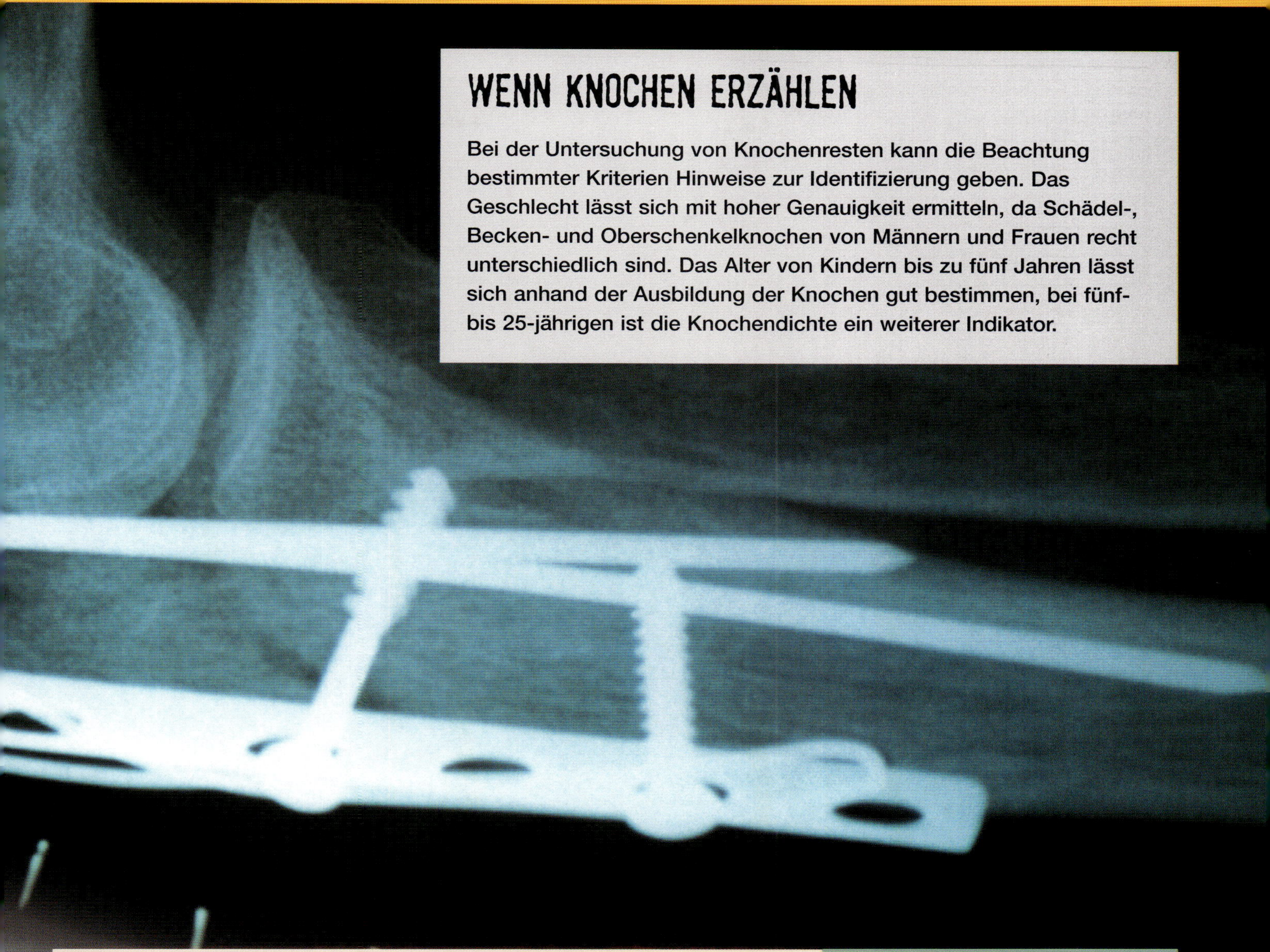

WENN KNOCHEN ERZÄHLEN

Bei der Untersuchung von Knochenresten kann die Beachtung bestimmter Kriterien Hinweise zur Identifizierung geben. Das Geschlecht lässt sich mit hoher Genauigkeit ermitteln, da Schädel-, Becken- und Oberschenkelknochen von Männern und Frauen recht unterschiedlich sind. Das Alter von Kindern bis zu fünf Jahren lässt sich anhand der Ausbildung der Knochen gut bestimmen, bei fünf- bis 25-jährigen ist die Knochendichte ein weiterer Indikator.

FRÜHE IDENTIFIZIERUNGEN

Als der Forscher David Livingstone 1873 in Afrika starb, wurde sein Körper einbalsamiert, 1500 Kilometer weit zum Meer und von dort nach England transportiert. Dort wurde er anhand eines gebrochenen Schulterknochens, Folge einer Begegnung mit einem Löwen, identifiziert. Moderne Technik lässt auch einen Blick in die Vergangenheit zu. Als die französische Königin Marie Antoinette hingerichtet wurde, warf man ihren Sohn Louis Charles ins Gefängnis, wo er 1795 an Tuberkulose starb. Später nahmen verschiedene Leute für sich in Anspruch, Louis zu sein. Da aber sein Herz konserviert worden war, konnte man im Jahr 2000 mtDNA-Tests vornehmen. Das Ergebnis wurde mit einer Locke von Marie Antoinette verglichen, wodurch sich nachweisen ließ, dass Louis tatsächlich im Gefängnis gestorben war.

Gesichtsrekonstruktion

Wenn nur der Schädel eines anonymen Verbrechensopfers gefunden wird, werden gelegentlich forensische Anthropologen hinzugezogen, die versuchen, das Gesicht aus Lehm zu rekonstruieren. Dies ist eine komplizierte Prozedur, die sehr viel Präzision erfordert.

Zu rekonstruieren, wie ein Gesicht ausgesehen hat, ist äußerst schwierig, aber der Schädel gibt Hinweise auf Form und Konturen. Es gibt 20 bis 35 verschiedene Gewebetiefen im Gesicht, und der forensische Anthropologe muss die Werte für Altersgruppe und Geschlecht berücksichtigen.

Die Arbeit beginnt mit kleinen Holzstäbchen, die am Schädel oder einem Abdruck befestigt werden. Die Länge muss der Gewebetiefe an der jeweiligen Stelle entsprechen. Lehmstränge, die „Muskeln", werden in der durch die Stäbchenlänge vorgegebene Tiefe aufgetragen. Dann füllt der Skulpteur die Aussparungen auf, glättet den Lehm, entfernt die Holzstäbchen und beginnt mit dem Modellieren von Nase (der schwierigste Teil, da die Nase kaum Knochen aufweist), Augen, Mund, Ohren, Kinn und Wangen. In die Augenhöhlen werden Glasaugen gelegt, um dem Gesicht ein realistisches Aussehen zu geben.

Der Anthropologe muss mehrere Ansätze machen, um die charakteristischen Gesichtsmerkmale und den Ausdruck zu gestalten. Darüber hinaus ist der gefundene Schädel häufig nicht vollständig, sodass zunächst dessen Strukturen rekonstruiert werden müssen.

Eine forensische Anthropologin arbeitet am Modell eines Schädels. Mit derartigen Modellen wird versucht, das Aussehen eines Toten zu rekonstruieren und so zu dessen Identifizierung beizutragen.

GESICHTSREKONSTRUKTION AM COMPUTER

Digitale Rekonstruktion ist das neueste Werkzeug bei der Identifizierung von Verbrechensopfern. Der Schädel wird gescannt, und ein Computerprogramm baut einen digitalen Schädel auf, der am Bildschirm bearbeitet werden kann. Der Computerfachmann wählt dann einen computertomografischen (CT) 3D-Scan einer geeigneten Person aus, deren Alter und ethnische Zugehörigkeit in etwa zu dem Schädel passen. Wenn dieser Scan und der des Opferschädels überlagert werden, tastet das Programm die Daten ab und justiert die Gesichtstiefen, bis die Gesichtsstruktur der des Opfers weitestgehend entspricht. Haare und Augen werden nach Erfahrungswerten eingeschätzt und hinzugefügt, um ein lebensnahes Bild zu erhalten. Die Computerrekonstruktion bietet den Vorteil, die Betrachtung aus beliebigen Blickwinkeln zu ermöglichen, aber die Grenzen entsprechen denen der Rekonstruktion mit Lehm.

Der Schädel gibt Hinweise auf Form und Kontur des Gesichts, wichtig für die Rekonstruktion.

Der forensische Anthropologe arbeitet mit Modellierwerkzeug, um die Gesichtsmuskulatur nachzubilden.

Ein Schädel, bei dem fehlende Fragmente ersetzt wurden. Anthropologen vervollständigen Schädelfragmente, um eine Gesichtsrekonstruktion zu ermöglichen.

FOTOÜBERLAGERUNG

Die Technik der Fotoüberlagerung wird genutzt, wenn es einen Vermissten gibt, der möglicherweise zu den gefundenen Überresten passt. Dazu wird der Schädel auf Klarsichtfolie fotografiert und dieses Bild dann mit einem Foto der vermissten Person überlagert. Übereinstimmungen der Zähne sowie charakteristischer Knochenstrukturen, wie die Augenbrauenbögen, sind dabei erkennbar. Durch Computertechnologie sind diese Prozesse erheblich vereinfacht worden.

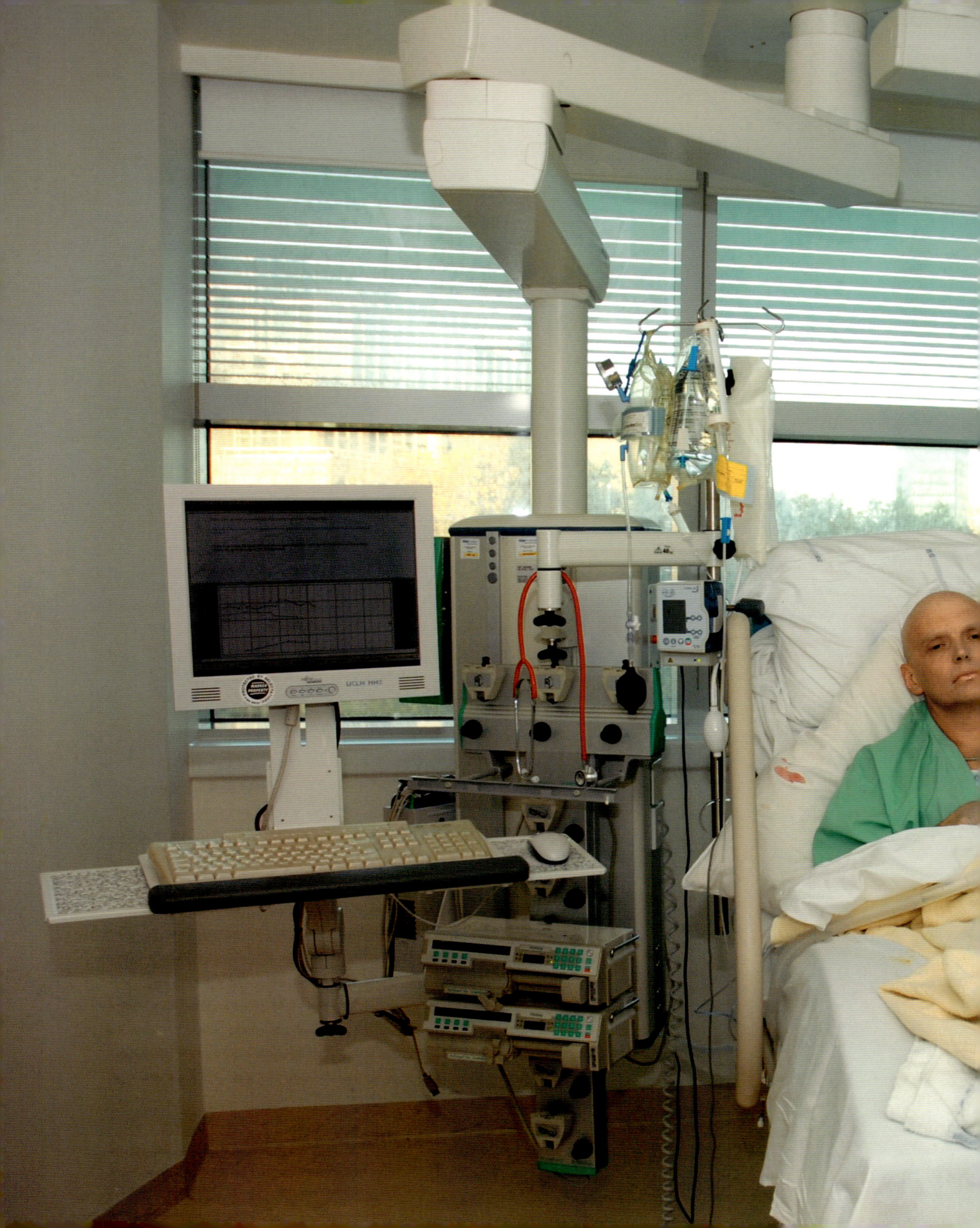

Kapitel 7

Todesursachen

. . . .

MAN UNTERSCHEIDET TÖTUNGSDELIKTE, SELBSTMORDE, UNFÄLLE UND NATÜRLICHE TODESURSACHEN. NUR TÖTUNGSDELIKTE STELLEN EINE KRIMINELLE HANDLUNG DAR.

Bei einem brutalen Übergriff liegt der Fall oft klar, aber häufig sind die Sachverhalte nicht so eindeutig. In Deutschland muss jede Leiche von einem Arzt untersucht werden; dabei wird auch festgestellt, ob eine unnatürliche Todesursache vorliegt. In einem solchen Fall, wie auch bei unbekannten Toten,

Polizeibeamte bergen 39 Leichen der Mitglieder der Sekte „Heaven's Gate", die 1997 in Kalifornien einen Massenselbstmord begingen.

muss die Kriminalpolizei informiert werden. In den USA haben die zuständigen Gerichtsmediziner oder Leichenbeschauer die Aufgabe, die Todesursache festzustellen und zu entscheiden, ob ein Verbrechen vorliegt. Das ist abhängig von der Aussage des Pathologen, der normalerweise prüft, ob die Umstände auf ein Tötungsdelikt hinweisen.

Ergibt eine forensische Untersuchung, dass ein Schädelbruch die Todesursache ist, gilt es zu klären, wie der Bruch entstanden ist. Ein Schlag mit einem Hammer wäre ein Tötungsdelikt, das polizeiliche Ermittlungen in Gang setzt. Beweismittel wie eine Waffe, Blutspuren oder Einbruchspuren erleichtern diese Entscheidung. Bei möglichem Fremdverschulden und unklarer Todesursache oder unklarem Todeszeitpunkt wird eine Obduktion richterlich angeordnet.

Als Alexander Litwinenko 2006 in London mit Polonium vergiftet wurde, waren die Ärzte anfangs der Meinung, die Ursache würde sich niemals klären lassen.

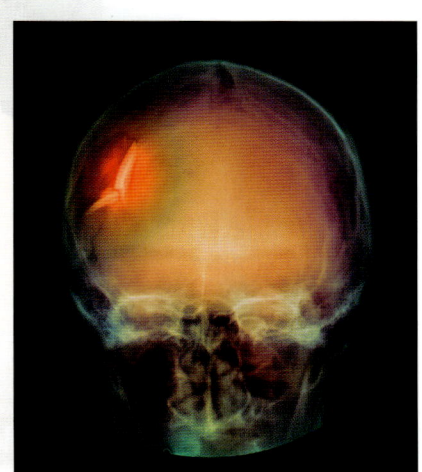

Die farbige Röntgenaufnahme zeigt oben links einen Schädelbruch. Ein Forensiker würde erkennen, dass er von einem Schlag mit einem stumpfen Gegenstand herrührt.

Forensische Pathologie

Ein Rechtsmediziner kann der wichtigste Sachverständige bei einer kriminalistischen Untersuchung sein, weil er Kenntnisse in mehreren medizinischen Disziplinen vorweisen kann.

Das fängt bereits am Tatort an, wo der Pathologe schon bei der Beweisaufnahme vor Ort einen ersten Eindruck sowohl vom Geschehen als auch von der Todesart gewinnen kann.

MYSTERIÖSE VERGIFTUNG

Ein solcher Fall lag vor, als im Jahr 2006 in einem Hotelbungalow auf der Insel Korfu die Leichen von zwei britischen Kindern neben ihrem komatösen Vater und seiner Lebensgefährtin gefunden wurden. Der zuständige Pathologe vermutete zunächst, es handele es sich um eine starke Vergiftung. Dennoch wurde kein Gift gefunden. Anzeichen eines

Einbruchs oder eines Fremdverschuldens waren nicht zu entdecken. Untersuchungen ergaben, dass sie an einer Kohlenmonoxidvergiftung gestorben waren, hervorgerufen durch einen defekten Wasserboiler.

Im Labor arbeitet der Pathologe mit weiteren Spezialisten zusammen, wie beispielsweise einem Toxikologen, wenn eine Vergiftung vorzuliegen scheint, oder einem forensischen Odontologen, falls eine Identifizierung vorgenommen werden muss. Forensische Pathologen nehmen auch eine Obduktion vor, wenn ein zunächst unerklärlicher Todesfall vorliegt.

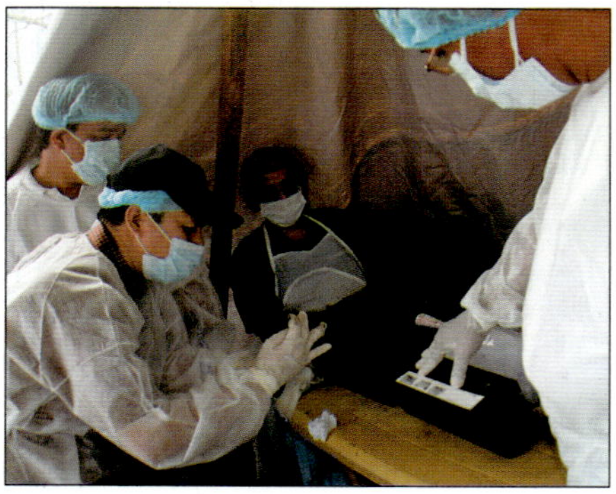

Rechtsmediziner bei der Identifizierung der Opfer einer Schlammlawine auf den Philippinen im Jahr 2006

WERKZEUGE DES PATHOLOGEN

Pathologen arbeiten auf drei Hauptgebieten. Für jedes benötigen sie eine andere Ausrüstung:

Tatort: Asservierungsset mit sterilen Röhrchen, Behälter und Tupfern sowie atmungsaktive manipulationssichere Beutel, die für die Sicherstellung biologischer Spuren verwendet werden. Außerdem Schutzkleidung und anderes Polizeimaterial wie Leichensäcke.

Labor: Ein Pathologe arbeitet an einem gerichtsmedizinischen Institut. Hier steht ihm die erforderliche Ausrüstung, vom Elektronenmikroskop über Reagenzgläser bis hin zu komplexen Analysegeräten, zur Verfügung. Manche Aufgaben erfordern die Zusammenarbeit mit Spezialisten anderer Fachbereiche.

Obduktionsraum: Hier hat der Pathologe, unterstützt von Assistenten, die besten Untersuchungsbedingungen. Da das Leichenschauhaus ein „Krankenhaus für Tote" darstellt, finden sich hier Werkzeuge wie Skalpell, Knochenschere, Schädelmeißel und Handsäge.

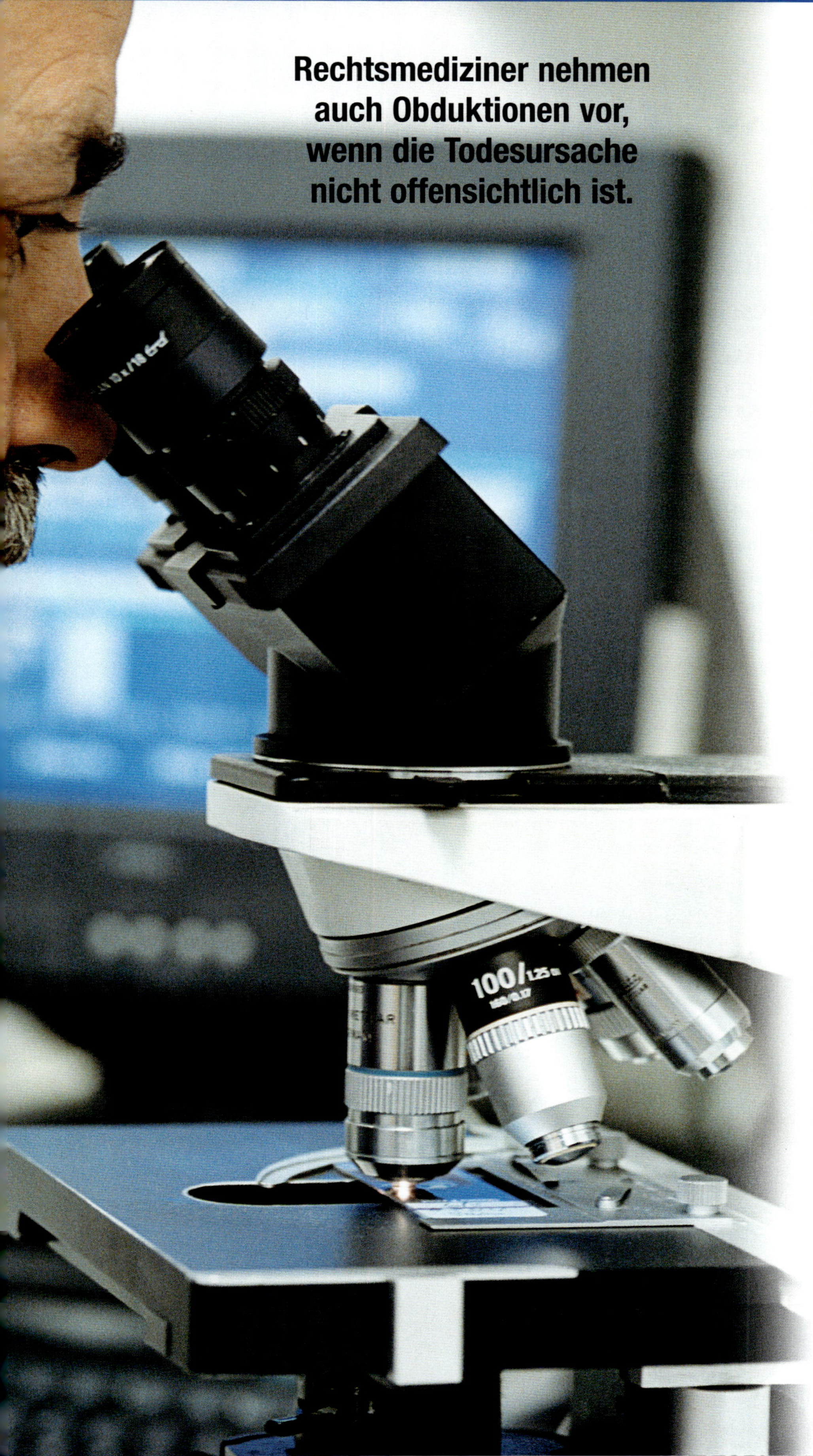

Rechtsmediziner nehmen auch Obduktionen vor, wenn die Todesursache nicht offensichtlich ist.

DER WAHRE SHERLOCK HOLMES

Als Sir Arthur Conan Doyle 1877 Medizinstudent in Edinburgh war, war er von einem seiner Professoren, Dr. Joseph Bell (siehe Bild oben), einem Pionier auf dem Gebiet der forensischen Pathologie, überaus beeindruckt. Er wurde dessen Assistent und war gefesselt von Bells scharfem Blick für Details. Bell analysierte häufig die Bewegungen und den Akzent fremder Menschen und zog daraus Rückschlüsse auf ihre Herkunft und ihren Beruf. Als Doyle später seine berühmte Detektivfigur Sherlock Holmes erfand, dachte er dabei vermutlich an Bell.

Ein Pathologe untersucht mit einem Mikroskop eine Probe auf Beweise.

119

Die Obduktion

Eine Obduktion wird durchgeführt, um die Todesursache zu ermitteln. Sie umfasst mehr als nur das Öffnen der Leiche.

Ein Fotograf ist bei der Autopsie anwesend, um den Körper, der im Obduktionsraum untersucht wird, zu fotografieren. Die ersten Fotos zeigen den Körper in der Bekleidung, in der er gefunden wurde.

Bevor der Körper seziert wird, werden Größe, Gewicht, Alter, Geschlecht sowie Haut- und Augenfarbe bestimmt. Der Pathologe sucht dann auf der Kleidung nach Spuren, auf der Haut nach Hinweisen, nimmt Proben von den Haaren und schneidet etwas von den Fingernägeln ab. Er nimmt Abstriche aus dem Mund, dem Darm und den Geschlechtsorganen. Gegebenenfalls werden auch Röntgenaufnahmen gemacht, weil sie Aufschluss über Tiefe und Form von Schnittwunden geben oder auch den Verlauf von Schussverletzungen zeigen.

Die Sektion folgt einem Routineablauf. Zunächst werden die Hauptorgane wie Herz und Lungen entnommen und gewogen. Danach erfolgt eine Untersuchung des Bauchraums, bei der Proben aus dem Magen entnommen werden. Dann wird der Schädel geöffnet. Abschließend wird der Körper wieder zugenäht und zur Bestattung freigegeben.

CHRIS PENN

Als der Schauspieler Chris Penn am 24. Januar 2006 unerwartet verstarb, erbrachte eine Obduktion kein eindeutiges Ergebnis zur Todesursache. Es gab auch keinerlei Hinweise auf ein Verbrechen oder einen Selbstmord. So ordnete ein Gerichtsmediziner aus Los Angeles eine toxikologische Untersuchung an. Als man deren Ergebnisse mit denen der Obduktion verglich, fand man heraus, dass Penn eine Herzvergrößerung hatte, die zusammen mit einem Mix aus verschiedenen Medikamenten zum Tode geführt hatte.

Chris Penn starb einen Tag vor der Uraufführung seines letzten Films „The Darwin Awards".

Der Obduktionsraum eines Krankenhauses ist mit Waagen ausgestattet, um die wichtigsten Organe wiegen zu können.

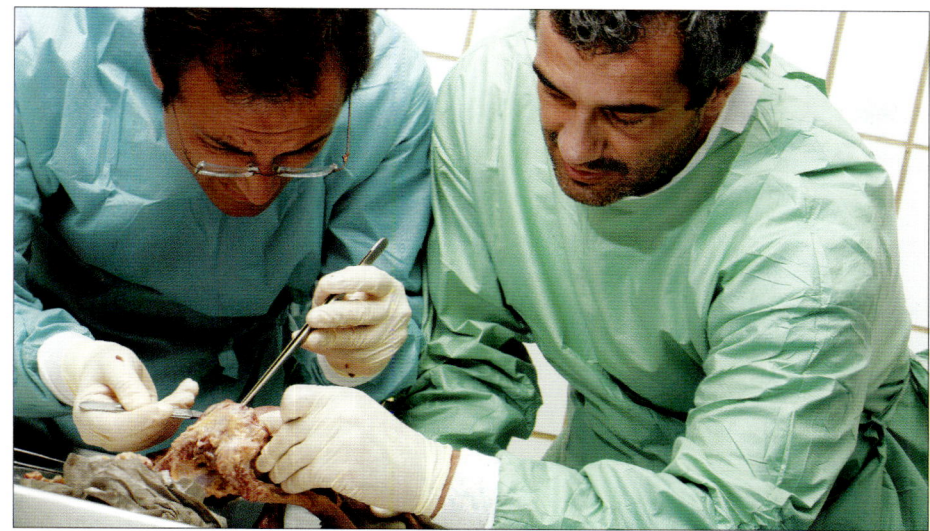

Bei einer Obduktion wird mit Latex-Handschuhen gearbeitet. Hier wird ein Schulterknochen entnommen. Gegebenenfalls sind neben dem Pathologen weitere Personen anwesend, etwa ein Polizeibeamter oder ein Untersuchungsbeamter, der eventuell Material auf oder an dem Körper untersucht.

Vor der Sektion misst und wiegt der Pathologe den Leichnam.

OBDUKTION IM ISLAM

Der islamische Glaube gestattet eine Obduktion nur aus wichtigen Gründen und mit Einverständnis der Angehörigen. Der Körper soll schnellstmöglich und ohne Schnittwunden oder andere Verletzungen begraben werden. Im April 2007 erlaubte die Regierung der Malediven erstmals die Obduktion eines Muslims. Es handelte sich um Hussein Salah, einen oppositionellen Aktivisten. Seine Partei beschuldigte die Polizei, ihn zu Tode geprügelt zu haben. Salah war kurze Zeit zuvor aus der Haft entlassen worden, nachdem eine Anklage wegen Drogendelikten fallen gelassen worden war. Der Körper Salahs wurde für die Autopsie nach Sri Lanka ausgeflogen. Der Obduktion zufolge ertrank Salah. Die Verletzungen der Nase, des Gesichts und des linken Beines seien im Wasser entstanden. Manche Menschenrechtsorganisationen zweifeln den Befund jedoch an.

Sektion des Körpers

Die Sektion beginnt immer mit einem Einschnitt im Brustbereich, aber die Schnittführung ist unterschiedlich, je nachdem, ob eine natürliche Todesursache vermutet wird oder nicht.

Bei natürlicher Todesursache wird ein einfacher vertikaler Schnitt vom Kehlkopf bis zum Schambein geführt, um die Organe zur Untersuchung zu entnehmen. Bei Verdacht auf Tod durch ein Verbrechen wird der Schnitt in T- oder Y- Form durchgeführt, um besseren Zugang zur Bauchhöhle zu haben.

Rippen und Schlüsselbein werden abgetrennt, die Brustplatte wird abgehoben. Dann werden Proben der Körperflüssigkeiten zur Analyse entnommen. Drogen und Medikamente lassen sich in ihnen gut nachweisen.

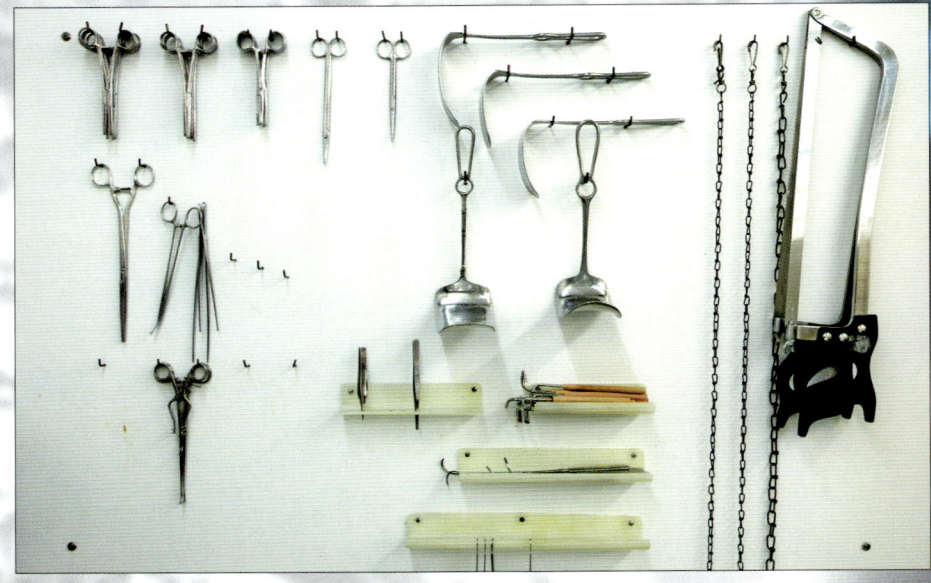

Einige Instrumente für eine Obduktion

Die Hauptorgane sowie Luft- und Speiseröhre können zusammen oder einzeln entnommen werden. Die Organe werden gewogen, dann Proben für mikroskopische Untersuchungen entnommen. Magen- und Darminhalt werden inspiziert und Proben entnommen.

Um den Schädel aufsägen und das Gehirn freilegen zu können, müssen die Haare mitsamt der Kopfhaut entfernt werden. Der Pathologe sieht sich das Gehirn zunächst im Schädel an, bevor er es entnimmt und Gewebescheibchen abtrennt, die anschließend unter dem Mikroskop untersucht werden.

VERSCHIEDENE OBDUKTIONEN

Wenn die Todesursache unklar ist, wird eine gerichtsmedizinische Obduktion notwendig. Dabei muss der Todesursache nicht unbedingt ein Verbrechen zugrunde liegen. In den USA wird diese Art von Obduktion nur von ausgebildeten forensischen Pathologen durchgeführt, in seltenen Fällen von Krankenhauspathologen mit einer Ausbildung zum Leichenbeschauer.

Eine klinische Obduktion, die man auch als Krankenhausobduktion bezeichnet, wird zur Bestätigung einer bereits vermuteten Todesursache vorgenommen, etwa bei einer Krebserkrankung oder einem Schlaganfall. Klinische Autopsien dienen auch wissenschaftlichen Zwecken, beispielsweise der Überprüfung der Effizienz eingesetzter Medikamente oder dem Studium von Krankheitsverläufen.

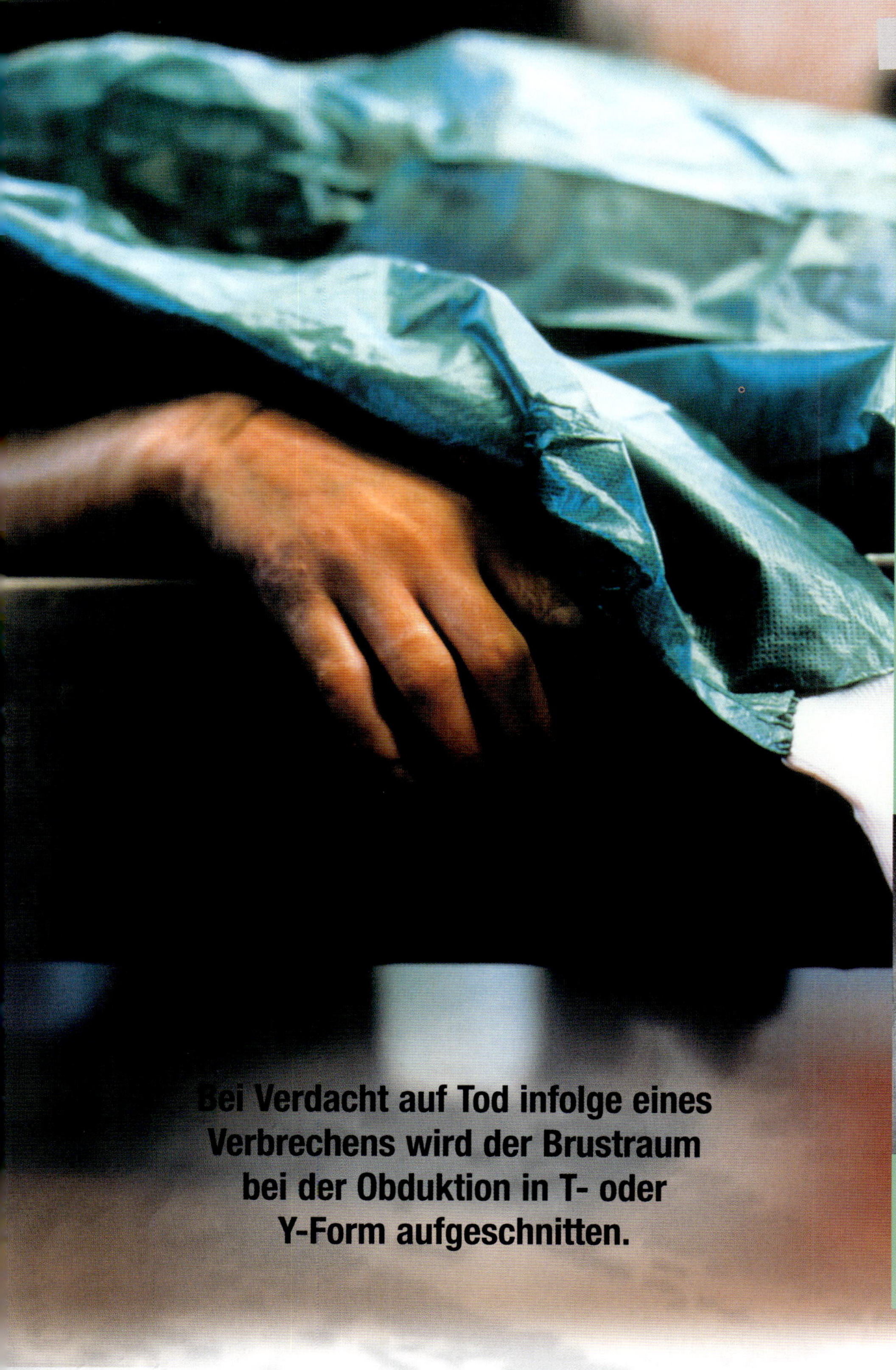

Ein Leiche auf dem Obduktionstisch. Die Frau starb zwei Tage zuvor.

ERSTE OBDUKTIONEN

Etwa 300 Jahre v. Chr. führte der griechische Anatom Herophilus Sektionen durch, um die Anatomie zu studieren. Ein Jahrhundert später begann der Arzt Erasistratus von Chios damit, Autopsien einzusetzen, um Krankheitsverläufe zu verstehen. Im späten 15. Jahrhundert veröffentlichte der italienische Arzt Antonio Benivieni das erste Buch über anatomische Pathologie. Der französische Arzt Marie François Bichat führte über 600 Obduktionen durch. Sir William Osler zeigte sich im späten 19. Jahrhundert als Fürsprecher der Obduktion. Er schrieb, es müsse „eines der höchsten Ziele des Arztes" sein, Krankheiten durch Untersuchen der Todesursache künftig zu vermeiden und zu heilen.

Marie François Bichat (1771–1802) arbeitete an einem Armenkrankenhaus in Paris und war Begründer der Histologie, der Wissenschaft von den biologischen Geweben.

Bei Verdacht auf Tod infolge eines Verbrechens wird der Brustraum bei der Obduktion in T- oder Y-Form aufgeschnitten.

125

Spurenhinweise

Spuren sind auch dann von großem Wert, wenn es darum geht, die Todesursache eines Opfers festzustellen.

Wenn Spuren von Arsen in der Suppe gefunden werden, so erklärt das den Tod des Opfers, deutet darüber hinaus aber auch auf den Ehepartner als möglichen Täter hin. In anderen Fällen findet man die Ursache des Todes, nicht aber den Schuldigen. Als der frühere russische Agent Alexander Litwinenko 2006 in London starb, fanden die Pathologen Spuren von Polonium 210, einer radioaktiven Substanz. Dennoch konnte man über eine Verstrickung der russischen Regierung oder des Geheimdienstes nur spekulieren.

Obduktionen ergeben mitunter Beweise, die Vermutungen zur Todesursache korrigieren. 2005 erlag in Florida ein knapp 50-jähriger Mann augenscheinlich einem Herzanfall. Die Obduktion ergab jedoch, dass er eine Überdosis Kokain und Schmerzmittel eingenommen hatte.

Auch Tötungsdelikte können anhand von Drogen nachgewiesen werden. Im Jahr 2006 brachte Daniela do Prado ihre Tochter mit Krämpfen in ein Krankenhaus in São Paulo und behauptete, das Kind hätte verdorbene Milch getrunken. Als das Kind am nächsten Tag starb, entdeckten die Ärzte einen weißen Belag auf seiner Zunge. Tests ergaben, dass es sich um Kokain handelte. Kokainspuren konnten auch in der Trinkflasche nachgewiesen werden. Die Mutter wurde des Mordes angeklagt.

MARILYN MONROE

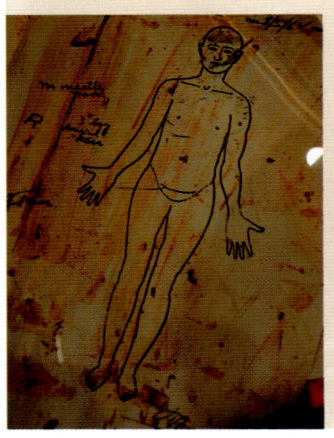

Marilyn Monroe starb am 4. August 1962. Die Obduktion wurde von Dr. Thomas Noguchi durchgeführt. Der zuständige Untersuchungsrichter äußerte anschließend in einer Stellungnahme, die Todesursache sei eine Überdosis Barbiturate gewesen. In ihrer Leber fanden sich Spuren von Pentobarbital (Schlaftabletten) und in ihrem Blut Chloralhydrat (ebenfalls ein Schlafmittel). Er bezeichnete Marilyns Todesursache als „aller Wahrscheinlichkeit nach Selbstmord". Dennoch sind viele Leute der Meinung, ihr Tod wäre ein Versehen gewesen. Verschwörungstheoretiker glauben noch heute an Mord.
Bei der Obduktion wurde ein Y-Schnitt vorgenommen. Eine Blutprobe wurde entnommen; Leber, Nieren, Magen und Darminhalt wurden für weitere Untersuchungen sichergestellt.

Diese Skizze war Bestandteil des Untersuchungsberichts zum Tod von Marilyn Monroe. Der Bericht war Teil einer Ausstellung über den Star im Hollywood Museum.

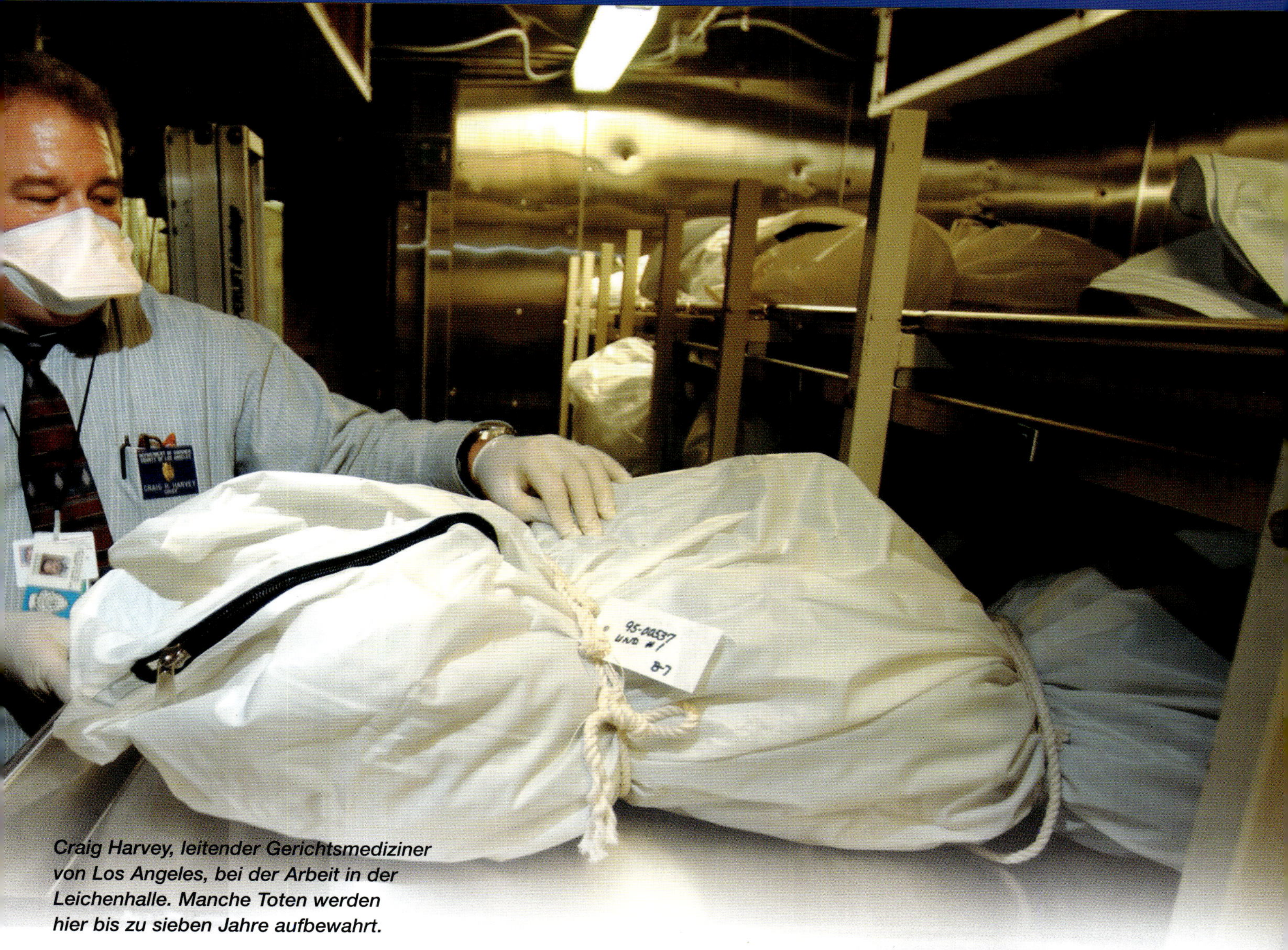

Craig Harvey, leitender Gerichtsmediziner von Los Angeles, bei der Arbeit in der Leichenhalle. Manche Toten werden hier bis zu sieben Jahre aufbewahrt.

ÜBERTRAGUNG VON HAAREN

Forensische Forschungen in Australien haben ergeben, dass am Tatort gefundene Haare nicht unbedingt ein Indiz darstellen müssen, da sie zahlreiche Male von einem Ort zum nächsten übertragen worden sein können. Josephine Dachs untersuchte während ihrer Arbeit beim australischen Bundeskriminalamt, wie intensiv Haare an unterschiedlichen Materialien haften.

Dachs fand heraus, dass Haare ganz leicht übertragen werden: im Auto, bei Berührungen mit einer Person oder sogar beim Wäschewaschen. Für die Untersuchungen verfolgte sie die Übertragung und Verteilung loser Haare bei Alltagsaktivitäten. Viele Haare gingen während der ersten Stunde verloren, aber etliche hafteten sehr lang, ehe sie abfielen.

Bezirksuntersuchungsrichter Dr. Lakshmanan Sathyavagiswaran legte 1995 bei der Mordverhandlung gegen O. J. Simpson Beweise vor.

127

Fälle aus der Geschichte

Wurde der ägyptische Pharao Tutanchamun, der um 1350 v. Chr. starb, ermordet? Seit sein Leichnam 1922 von Howard Carter exhumiert wurde, versuchen Wissenschaftler immer wieder, diese Frage zu klären.

Ein Forschungsteam der Universität Liverpool machte 1968 Röntgenbilder der Mumie und entdeckte ein Knochenstück in der Schädeldecke. Professor Harrison, der die Untersuchung leitete, sagte: „Das könnte bedeuten, dass Tutanchamun an einer Gehirnblutung gestorben ist, verursacht durch einen Schlag auf den Kopf mit einem stumpfen Gegenstand."

2005 zeichnete ein Team unter der Leitung des Archäologen Zahi Hawass einen 15-minütigen CT-Scan von der Mumie auf, bei dem 1700 Aufnahmen gemacht wurden. Diese Bilder ergaben keinerlei Hinweise auf einen Schlag auf den Kopf, sondern nur ein Loch im Schädel, das von der Einbalsamierung stammte. Es wurde jedoch ein Bruch des linken Beines festgestellt, und der entstandene Wundbrand war wohl auch die Todesursache.

NAPOLEON

Neuere Untersuchungen haben ergeben, dass Napoleon Bonaparte wahrscheinlich ermordet wurde. Er starb 1821 in der Verbannung auf St. Helena. Die ursprüngliche Diagnose war Tod durch Magenkrebs.

Im Jahr 2000 wurde der neue Beweis dem französischen Senat

Napoleon Bonaparte (1769–1821) wurde 1815 in der Schlacht bei Waterloo besiegt und nach St. Helena ins Exil geschickt.

Der ägyptische Archäologe Zahi Hawass untersucht eine der zahlreichen zu identifizierenden Mumien.

von einem Dutzend französischer Toxikologen, Rechtsmedizinern und Krebsspezialisten unterbreitet. Napoleons Kammerdiener hatte eine Locke des Kaisers aufbewahrt, und forensische Tests beim FBI und in anderen Laboratorien fanden einen extrem erhöhten Arsengehalt. Sie entdeckten außerdem, dass das Arsen über einen Zeitraum von etwa vier Monaten hinweg aufgenommen worden war.

MIT ARSEN VERGIFTET?

Die Theorie vom Krebstod Napoleons war schon vorher angezweifelt worden, denn der Imperator war bei seinem Tod stark übergewichtig. Sein 1840 nach Paris überführter Leichnam war erstaunlich gut erhalten, was symptomatisch für eine Arsenvergiftung ist. Als Mordverdächtige gelten Lowe, Gouverneur der Insel, sowie Charles Tristan. Er hatte von einer Affäre seiner Frau mit dem Kaiser erfahren.

WAS IST EIN CORONER?

Ein Coroner ist ein unabhängiger Justizbeamter, ausgebildet für die Leichenschau. Er ist nicht notwendigerweise Gerichtsmediziner oder Arzt. In den USA werden Coroner ernannt oder gewählt, aber immer mehr Gerichte setzen sich dafür ein, dass ein Coroner unbedingt ein Arzt sein muss. Ist er das nicht, so kann ein Arzt zur Unterstützung herangezogen werden.

Gregory A. Dohi, ein Vertreter der Staatsanwaltschaft Los Angeles, (links) befragt Jeffrey Gutstadt, Bediensteter der Rechtsmedizin, zu Geschossen, die im Mordprozess um den Schauspieler Robert Blake eine Rolle spielen. Blake wurde freigesprochen.

UNGEKLÄRTE TODESURSACHE

Nicht immer ist es möglich, die Todesursache eindeutig zu ermitteln. Wenn eine entsprechende Untersuchung ergebnislos verläuft, gehen die meisten US-Staaten so vor, wie es z. B. in Michigan üblich ist. Der Rechtsmediziner muss im Bericht schreiben: „Basierend auf einer Autopsie, einem toxikologischen Befund und eingehenden Untersuchungen der Umstände, lässt sich die Todesursache nicht mit absoluter Gewissheit bestimmen." Unklare Todesursachen werden als „plötzlicher Tod" bezeichnet, wenn es Zeugen, aber trotzdem keine Erklärung gibt.

Tod ohne Straftat

Die genaue Kenntnis der Todesursache ist bei einem Tötungsdelikt ausgesprochen wichtig. Wenn ein Mord nicht erkannt wird, bleibt der Mörder straffrei und kann wieder töten.

Andererseits kann, wenn eine natürliche Todesursache vorliegt und fälschlicherweise ein Mord vermutet wird, sehr viel Arbeit der Polizei umsonst sein. So geschehen im Fall des Fallschirmspringers Stephen Hilder, der bei einem Sprung zu Tode kam. Die Polizei verhaftete zwei Verdächtige und suchte zehn Monate lang nach einem Mörder, den es nicht gab.

Todesursachen ohne kriminellen Hintergrund gibt es viele: hohes Alter, schwere Krankheiten, Unfälle oder eine Überdosis Drogen.

Untersuchungen werden immer dann durchgeführt, wenn der Tod unerwartet eintrat oder die Ursache unklar ist.

Von allen Todesfällen ohne kriminellen Hintergrund sind Selbstmorde am schwierigsten aufzuklären. Daher sind bei den entsprechenden Untersuchungen Skepsis und Sorgfalt notwendig.

TODESURSACHEN

Bei Tötungsdelikten kann die Todesursache – etwa eine Kugel im Kopf – relativ offensichtlich sein, aber bei natürlichen Todesursachen ist es generell sehr schwierig, die wahren Hintergründe zu finden. Die Ursache mag vielleicht ein Herzanfall sein, der aber zahlreiche Auslöser haben kann, vielleicht übertriebenes Joggen, vielleicht auch ein Überfall. Nachforschungen haben ergeben, dass Ärzte beim Ausstellen von Totenscheinen dazu neigen, oft einen Herzinfarkt anzugeben, wenn die genaue Todesursache nicht bestimmt werden kann. Beim Tod von älteren Menschen entspricht das auch häufig den Tatsachen. Herzerkrankungen sind in den Industrienationen die häufigste Todesursache.

SELBSTVERNACHLÄSSIGUNG

Als der englische Lotto-Millionär Philip Alan Kitchen 2002 in seiner Wohnung tot aufgefunden wurde, ergab eine Untersuchung die seltene Todesursache „Selbstvernachlässigung", obwohl Kitchen eigentlich an einer Lungenentzündung gestorben war.

Kitchen hatte drei Jahre zuvor in einer Lotterie umgerechnet 5,7 Millionen Euro gewonnen. Der ehemalige Zimmermann trank schon seit Jahren viel Alkohol und hatte in den Wochen vor seinem Tod kaum vernünftig gegessen. Der Pathologe fand auf Kitchens Beinen und im Rückenbereich Brandverletzungen ersten Grades, die Blasen gebildet hatten, weil Kitchen offensichtlich seit Monaten kaum noch vom Sofa aufgestanden war.

Rechts: Der britische Fallschirmspringer Stephen Hilder (oben links im Bild, in Schwarz) zusammen mit Mitgliedern der „Army Parachute Association", einem Fallschirmspringerklub der britischen Armee. Hilder kam bei einem Sprung ums Leben. Die Hintergründe blieben ungeklärt.

ANFECHTUNG EINER OBDUKTION

Nach der Autopsie des Franzosen Henri Paul, dem Fahrer des Autos, in dem Prinzessin Diana, Dodi Al Fayed und Paul selbst in Paris ums Leben gekommen waren, wurde der Befund angezweifelt. Mohammed Al Fayed, der Vater Dodis, focht das Untersuchungsergebnis an, das dem Fahrer Trunkenheit attestierte. Er glaubte an einen Mordanschlag und behauptete, die Blutproben wären ausgetauscht oder vom falschen Körper genommen worden. Im Jahr 2006 wurden die ursprünglichen Untersuchungsergebnisse allerdings von den französischen Behörden durch DNA-Tests bestätigt.

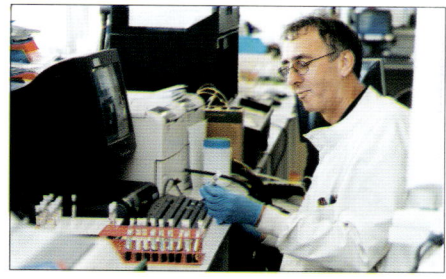

Ein Mitarbeiter der Gerichtsmedizin bei der Untersuchung von Blutproben zur Bestimmung der Todesursache

Selbstmord

Bei Selbstmord kommt es häufig zu Fehldiagnosen. Gibt es Ungereimtheiten, steht im Totenschein gelegentlich „ungeklärte Todesursache".

• •

Angehörige unternehmen manchmal den Versuch, einen Selbstmord zu vertuschen, eventuell aus religiösen Gründen oder um die Auszahlung einer Lebensversicherung nicht zu gefährden. Mörder dagegen versuchen häufig, ihre Verbrechen zu verschleiern, indem sie den Mord als Selbstmord tarnen.

EIGENES VERSCHULDEN

Trotz derartiger Schwierigkeiten werden in den USA jährlich mehr als 30 000 Selbstmorde registriert. Etwa ein Viertel aller Selbstmörder hinterlässt einen Abschiedsbrief. Bei Standardmethoden für Selbstmord können sich die Pathologen relativ sicher sein. Trat der Tod beispielsweise durch das Einatmen von Kohlenmonoxid über das Auspuffrohr eines Autos ein und sind keinerlei Anzeichen eines Kampfes zu finden, ist der Fall verhältnismäßig eindeutig. Dann handelt es sich in der Regel um Selbstmord; wie auch bei Tod durch Erhängen, obwohl dabei Verletzungen am Körper doch Verdachtsmomente

darstellen. Tod durch Erschießen, die häufigste Selbstmord-Methode in den USA, kann aufgrund der Lage des Einschusslochs und des Einschusswinkels nachgewiesen werden (siehe Kasten unten).

Autoabgase werden häufig für Selbstmorde genutzt. Wäre das Anbringen eines Schlauches am Auspuffrohr schwieriger, könnte dies vielleicht manchen Selbstmord verhindern.

JAMES SABOW

Familienmitglieder fechten häufig die Gerichtsentscheidung an, wenn es sich um Selbstmord gehandelt haben soll. James Sabow, Oberst der US-Marines, wurde 1991 tot auf einem Fliegerhorst in Kalifornien gefunden. Eine Kugel aus einem Jagdgewehr hatte ihn in den Kopf getroffen.
Der Bericht des Gerichtsmediziners und die Ergebnisse dreier militärischer Untersuchungen bezeichneten den Fall als Selbstmord. Sabows Bruder war überzeugt, dass ein Mord vorlag. Im Jahr 2005 bestätigte der Spurenexperte Dr. Burnett den Verdacht. Die Verteilung der Blutspritzer und das Fehlen von Schmauchspuren an den Händen Sabows deuteten darauf hin, dass er ermordet wurde.
Bis heute spekuliert die US-Presse über die Todesursache des Obersts.

Obwohl der Tod Prom[inenter]
häufig natürliche Ursachen [hat,]
gibt es in so einem Fall imm[er]
Verschwörungstheor[ien]

Oben: *Das Wrack des Porsche, in dem James Dean starb, widerlegte die Theorie, dass er gar nicht schnell genug gefahren war, um bei einem Unfall getötet zu werden.*

VERSCHWÖRUNGSTHEORIEN

Obwohl der Tod Prominenter nur selten kriminelle Ursachen hat, werden trotzdem oft Verschwörungstheorien entwickelt. Viele glauben noch heute, dass der Selbstmord von Marilyn Monroe ein Mord war, der inszeniert wurde, um ihre Affären mit Präsident John F. Kennedy und seinem Bruder Robert zu vertuschen. Auch hinter dem Drogentod von Kurt Cobain, Leadsänger der Gruppe Nirvana, wurde ein Mord vermutet.

Selbst Unfälle rufen manchmal Verschwörungstheoretiker auf den Plan. Manche behaupten, am Schaden des Porsche, in dem der Schauspieler James Dean starb, sei zu erkennen, dass er für einen tödlichen Unfall gar nicht schnell genug gefahren war.

Fans trauern vor dem Haus, in dem der Sänger Kurt Cobain starb.

2005 zeigt der italienische Staats-
anwalt Pietro Grasso bearbeitete
Fotos des Mafiabosses Bernardo
Provenzano. Ein Jahr später – nach
40 Jahren Versteckspiel mit der
Polizei – wurde der Mafioso gefasst
und zu lebenslanger Haft verurteilt.

Kapitel acht

Schritte der Ermittlung

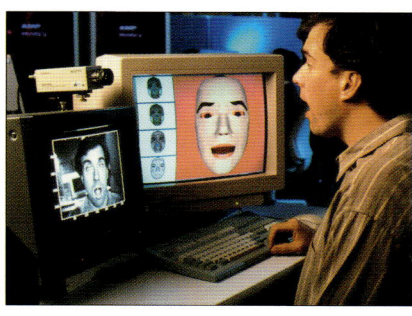

AS VORRANGIGE ZIEL JEDER STRAFVERFOLGUNG IST ES, TÄTER ZU ÜBERFÜHREN UND BEWEISE FÜR IHR RECHTSWIDRIGES VERHALTEN ZU SICHERN. Dazu werten die Ermittler Beweismaterial und Spuren aus, die der Täter am Tatort oder Opfer hinterlassen hat. Manchmal werden zuerst die Viedeobänder von Überwachungskameras überprüft, um das Gesicht eines Verdächtigen zu entdecken. In

Ein Experte arbeitet mit einem Programm, das individuelle Ausdrucksmerkmale aufzeichnet.

anderen Fällen erstellt ein Zeichner eine Phantomzeichnung. Verbrechen „ohne Gesicht" müssen eventuell anhand von Spuren gelöst werden.

Zu Beginn der Ermittlung wird niemand vom Verdacht ausgeschlossen, nicht einmal die Person, die die Tat gemeldet hat. Alle Hinweise werden hinterfragt, auch anscheinend offensichtliche wie Blutflecken oder der Abschiedsbrief eines Selbstmörders, denn vor Gericht werden nur stichhaltige Schlussfolgerungen anerkannt. Ein Forensiker kann Analyseergebnisse präsentieren, die auf einen bestimmten Verdächtigen hindeuten; die Urteilsfindung ist aber Sache des Gerichts.

Rechtsmediziner tragen eine große Verantwortung, denn ihre Gutachten können einen Menschen lebenslang hinter Gitter bringen. Schon aus diesem Grund müssen sich Forensiker vor Gericht auf die Darlegung der Fakten beschränken und die Interpretation den Anwälten und dem Gericht überlassen. Schließlich könnte das Haar eines Mordopfers Monate vor der Tat an der Jacke eines Verdächtigen hängen geblieben sein,

oder die Mordwaffe wurde einem Verdächtigen von einer anderen Person – dem Täter – gestohlen.

Überwachungskameras besitzen abschreckende Wirkung und können manchmal auch beim Lösen von Fällen hilfreich sein.

Phantombilder

Obwohl es längst Computerprogramme zur Erstellung von Phantombildern gibt, wird auch heute noch mit dem Stift gezeichnet.

Nach dem Bombenanschlag von 1995 in Oklahoma City, bei dem 158 Menschen ums Leben kamen, befragte FBI-Zeichner Raymond Rozycki mehrere Stunden lang einen Zeugen. Um eine Zeichnung zu erstellen, zeigte Rozycki dem Zeugen den „Gesichtskatalog" des FBI, in dem sich Fotos einzelner Elemente – von der Gesichtsform bis zu Merkmalen wie Augen, Wangen, Kinn, Ohren und Haare befinden. Der Katalog umfasst 25 Kategorien mit je 16 Fotos. Die Elemente wurden ausgewählt und zusammengesetzt, dann arbeitete Rozycki Details aus. Der Zeuge beschrieb den Mann, der den Wagen mit der Bombe gemietet hatte. Anhand der Zeichnung konnte Timothy McVeigh identifiziert werden.

ÜBERWACHUNGSKAMERAS

Gelegentlich erstellen Zeichner auch Phantombilder anhand der Aufzeichnungen von Überwachungskameras, etwa wenn deren Bilder unscharf sind oder viele Personen zeigen. Am Tag nach dem Selbstmordanschlag nahe dem amerikanischen Konsulat in Karatschi (Pakistan) im März 2006 erstellte ein Zeichner ein Phantombild anhand von Kameraaufnahmen und Augenzeugenberichten.

Timothy McVeigh 1995 auf dem Weg zur Gerichtsverhandlung in Oklahoma City

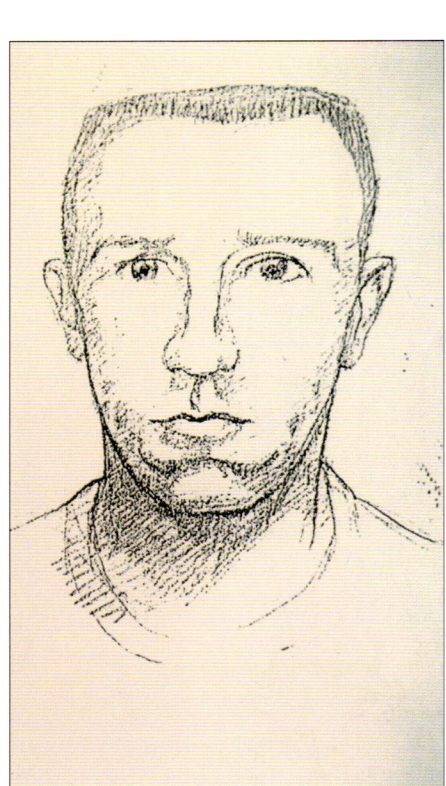

Das Phantombild des FBI-Zeichners Rozycki zeigt eine beeindruckende Ähnlichkeit mit Timothy McVeigh.

KÜNSTLICHE ALTERUNG

Selbst Personen, die seit Jahren gesucht werden, können durch „künstliche Alterung" gefunden werden. Mithilfe von Fotos und Kenntnissen über altersbedingte Veränderungen skizziert der Zeichner, wie die Person aussehen könnte – wie bei diesem bearbeiteten Bild von Elvis Presley.
Geschwister können das Einschätzen altersbedingter Gesichtsveränderungen erleichtern. In diesem Fall kann der Bildexperte ein aktuelles Foto des Bruders oder der Schwester mit einem alten Foto der gesuchten Person digital überlagern und verschmelzen, um eine Vorstellung zu gewinnen, wie die gesuchte Person im Alter aussieht.

Mit Unterstützung des Zeugen konnte der FBI-Zeichner ein Phantombild des Bombenattentäters erstellen.

MELISSA DRING

Die britische Polizeizeichnerin Melissa Dring kam als Tochter des Porträtmalers William Dring zur Welt. Nach dem Studium an der Kunsthochschule in Winchester und der Royal Academy hat sie sich besonders mit der Psychologie der Gesichtsidentifikation beschäftigt. Die Akademie des FBI lud sie zu einem Seminar für Polizeizeichner ein. Seitdem gibt sie Kurse an der Polizeischule in Durham.
Unter ihren Arbeiten findet sich ein Porträt der Schriftstellerin Jane Austen, wie sie als erwachsene Frau ausgesehen haben könnte. Als Grundlage dienten Skizzen, die Cassandra, Janes Schwester, hinterlassen hatte, sowie Beschreibungen der Autorin.

E-FIT-Programme

Zum Erstellen von Phantombildern wird vorwiegend mit „Photofit" gearbeitet. Dabei wählt ein Zeuge verschiedene Gesichtsmerkmale aus, die wie ein Puzzle zusammengesetzt werden.

E-FIT-Programme sind die computergestützten Versionen der früheren Systeme zur Erstellung von Phantombildern. Sie

Detective Chief Inspector Stuart Mace spricht mit Journalisten, nachdem er Phantombilder eines Verdächtigen präsentiert hat, der 2002 in London eine 19-jährige Frau anschoss, als er ihr das Handy stehlen wollte.

verfügen über Datenbanken, in denen Hunderte von Gesichtsmerkmalen abgespeichert sind, die nach den Angaben der Zeugen kombiniert werden. Verwendet werden sie von Polizeibehörden wie Scotland Yard oder FBI, aber auch bei Fernsehsendungen, in denen Zuschauer zur Mithilfe aufgerufen werden.

Die Polizei von Nordrhein-Westfalen benutzt ein vergleichbares System namens ISIS (Interaktives System zur Identifizierung von Straftätern). Das System funktioniert mittels Bildvorlage und Fotomontage und soll eine Erfolgsquote von 25 bis 30 Prozent besitzen.

2005 wurden auf einer Konferenz zur Verbrechensbekämpfung in London neuere E-FIT-Programme vorgestellt. Anhand eines genetischen Algorithmus lässt sich die Bildschirmdarstellung verändern, während der Zeuge seine Beschreibung abgibt. So nimmt das Auswählen von Merkmalen nicht mehr Stunden, sondern nur noch Minuten in Anspruch.

DER STUYVESANT-TOWN-VERGEWALTIGER

Detective Stephen Mancusi, Chefzeichner der New Yorker Polizei, kann eine Reihe von Erfolgen verbuchen. Besonders ungewöhnlich war aber der Fall des sogenannten „Stuyvesant Town Rapist", der im gleichnamigen Wohngebiet vier Frauen vergewaltigt hatte. Das letzte Opfer erinnerte sich an das Gesicht des Täters und erstellte mit Mancusi ein Phantombild, das gedruckt und in der Stadt verteilt wurde. Eine Mitarbeiterin der Staatsanwaltschaft sah zufällig eines der Bilder und erkannte sofort ihren Halbbruder Anthony Mane. Er wurde verhaftet und zu 40 Jahren Haft verurteilt.

Oben: *Ein Verbrechensopfer (links) erstellt mit einem Polizeibeamten am Computer ein Phantombild.*

Auf das Gesicht des Mannes wird ein Netzwerk aus Konturlinien gelegt, die spezifische Punkte verbinden und vergleichen.

TERESA REDMON

Als Teresa Redmon 1994 ihre Arbeit als Zeichnerin bei der Kentucky State Police aufnahm, erstellte sie Phantombilder von Verbrechern und Vermissten von Hand. Inzwischen hat die Polizei Software angeschafft. Redmon entschied sich für E-FIT, weil es speziell für die Ermittlungsarbeit entwickelt wurde und über die größte Datenbank von Frisuren, Gesichtszügen und anderen Merkmalen verfügt.

Die ersten 14 E-FIT-Montagen, die sie erstellte, führten zu zehn Verhaftungen. Insgesamt liegt ihre Erfolgsquote bei 80 Prozent. Heute ist sie mit ihrem E-FIT-Programm und ihrem Laptop im ganzen Land unterwegs, um Staats- und Bundespolizei zu unterstützen.

Überwachungskameras

Die Bilder von Überwachungskameras mögen unscharf und wackelig sein, dennoch leisten sie wertvolle Dienste beim Identifizieren von Tätern und halten die letzten Bewegungen von Opfern fest.

● ●

Ein Sicherheitsmitarbeiter beobachtet die Monitore, auf denen die Bilder der Überwachungskameras zu sehen sind.

VANDALISMUS

Überwachungskameras in Thailand zeichneten auf, wie ein betrunkener Mann aus der Schweiz Porträts von König Bhumibol Adulyadej mit schwarzer Farbe besprühte. Im März 2007 wurde der 57-jährige Täter deshalb zu zehn Jahren Haft verurteilt. Er war zunächst auf die Philippinen geflohen, gestand aber, da seine Tat aufgezeichnet worden war. Das Urteil hätte auf 75 Jahre lauten können, fiel aber wegen des Geständnisses milder aus. Der Mann lebte bereits zehn Jahre in Thailand, und der 79-jährige König hatte in der Schweiz studiert. Im April wurde der Schweizer vom König begnadigt und ausgewiesen.

Moderne Technik ermöglicht es, Fotos von Verdächtigen mit unscharfen Schnappschüssen zu vergleichen, indem Fixpunkte miteinander abgeglichen werden.

Auch beim Auffinden vermisster Personen und zur vorbeugenden Überwachung, etwa zum Entdecken von Hooligans in einer Menschenmenge, sind Überwachungskameras nützlich.

DIE POLIZEI IM BLICK

Weltweit gibt es etwa 25 Millionen Überwachungskameras. 2007 nahm Großbritannien mit 4,2 Millionen Kameras die erste Stelle ein – ein Großstadtbewohner wird rund 300-mal am Tag aufgenommen. Manche Leute empfinden dies als Verletzung ihrer Privatsphäre, doch der Association of Chief Police Officers (ACPO) zufolge sollen die Kameras auch unverhältnismäßiges Verhalten von Polizeibeamten überwachen. „Nirgends wird der Einsatz von Überwachungsmaßnahmen strenger reglementiert als bei der Polizei", sagt Graham Gerrard von der ACPO.

In einigen Gebieten Großbritanniens konnte die Verbrechensrate durch Überwachungskameras um 95 Prozent gesenkt werden. In Wakefield (West Yorkshire) führten die 68 Kameras im Stadtzentrum und weitere 80 im Bezirk im ersten Quartal 2006 zu 401 Verhaftungen.

TECHNISCHE PANNEN

Beim Anschlag auf einen Bus am 7. Juli 2005 in London funktionierte die Kamera nicht. Die Polizei fordert daher, dass die Bänder täglich gewechselt und überprüft werden sollen.

Seit 2007 sind alle Londoner Busse mit Überwachungskameras ausgestattet. Sie dienen zur Abschreckung und zur Dokumentation eventueller Verbrechen.

LADENDIEBSTAHL

Überwachungskameras machen es leichter, Ladendiebe zu überführen. Ein berühmter „Fang" war die Schauspielerin Winona Ryder, die 2001 in Beverly Hills beim Stehlen von mehr als 20 Gegenständen im Gesamtwert von 5560 Dollar gefilmt wurde. Ein Mitarbeiter des Unternehmens, der in einem Kellerraum die Kameras bediente, spielte den Film beim Prozess 2002 ab. Man sah die Schauspielerin mit einer roten Tragetasche in die Umkleidekabine gehen – und mit einer viel dickeren Tasche wieder herauskommen. Anhand der Aufnahmen konnte ihr der Diebstahl nachgewiesen werden. Das Urteil sah drei Jahre Bewährung, 480 Stunden gemeinnützige Arbeit, die Erstattung von 2700 Dollar Gerichtskosten und die Bezahlung der gestohlenen Waren vor.

Kommissar Kamera

Überwachungskameras in Geschäften haben oft zu Verhaftungen beigetragen, so im Fall von Paul Agutter, dem „Safeway Poisoner" (Safeway-Vergifter). Der Dozent für Biochemie an der Universität Edinburgh versuchte, seine Frau mit Atropin im Gin Tonic zu vergiften, um seine Geliebte heiraten zu können.

Um von sich abzulenken, injizierte er das Gift in Tonic-Flaschen und stellte sie in Supermarkt-Regale. Eine Kamera im Laden nahm auf, wie er eine Flasche in ein Regal stellte. Er wurde zu zwölf Jahren Haft verurteilt, aber nach sieben Jahren bereits entlassen. Er nahm eine Teilzeitstelle als Universitätsdozent für Philosophie und medizinische Ethik an.

Die Polizei nutzt Kameras auch, um gefährliche Situationen zu überwachen. Der junge Polizist Noel Duke beobachtete im mittelenglischen Doncaster, wie ein Mädchen nachts um 3.15 Uhr allein nach Hause ging. Er benachrichtigte Kollegen, die Überwachungskameras auf den Weg richteten. So konnte Dieter Graw gefasst werden, als er das Mädchen packte und ins Gebüsch zu zerren versuchte. Graw ließ sie los, als sie schrie und sich wehrte. Sekunden später war die Polizei vor Ort. Graw wurde zu vier Jahren Haft verurteilt.

Aufzeichnungen von Überwachungskameras werden vor Gericht als Beweismaterial anerkannt. Der 24-jährige John Laidlaw schoss in London um sich und verletzte zwei Menschen. Kameras nahmen ihn auf, als er durch die U-Bahn-Station Finsbury Park lief und seine Schusswaffe auf die verängstigten Fahrgäste richtete. Das Filmmaterial wurde 2007 beim Prozess vorgelegt. Es genügte für einen Schuldspruch und eine lebenslange Haftstrafe.

Oben: Eine Kamera mitten in der Großstadt. England besitzt die meisten Kameras pro Einwohner, doch die USA holen rasch auf.

Links: Kameras werden oft mit Spiegeln kombiniert, um dem Sicherheitspersonal einen Rundumblick zu ermöglichen.

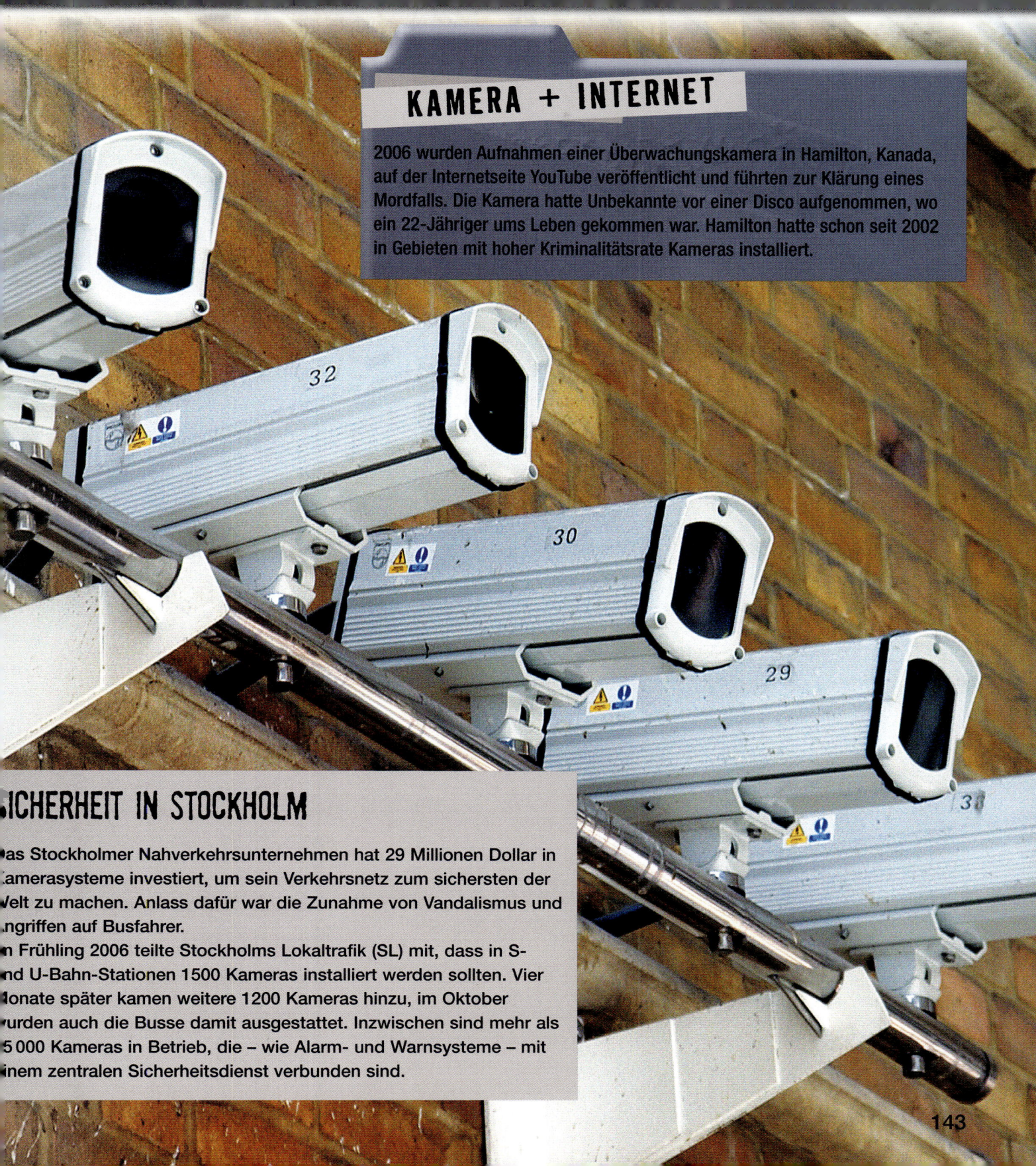

KAMERA + INTERNET

2006 wurden Aufnahmen einer Überwachungskamera in Hamilton, Kanada, auf der Internetseite YouTube veröffentlicht und führten zur Klärung eines Mordfalls. Die Kamera hatte Unbekannte vor einer Disco aufgenommen, wo ein 22-Jähriger ums Leben gekommen war. Hamilton hatte schon seit 2002 in Gebieten mit hoher Kriminalitätsrate Kameras installiert.

SICHERHEIT IN STOCKHOLM

Das Stockholmer Nahverkehrsunternehmen hat 29 Millionen Dollar in Kamerasysteme investiert, um sein Verkehrsnetz zum sichersten der Welt zu machen. Anlass dafür war die Zunahme von Vandalismus und Angriffen auf Busfahrer.

Im Frühling 2006 teilte Stockholms Lokaltrafik (SL) mit, dass in S- und U-Bahn-Stationen 1500 Kameras installiert werden sollten. Vier Monate später kamen weitere 1200 Kameras hinzu, im Oktober wurden auch die Busse damit ausgestattet. Inzwischen sind mehr als 5000 Kameras in Betrieb, die – wie Alarm- und Warnsysteme – mit einem zentralen Sicherheitsdienst verbunden sind.

Die Opfer-Täter-Beziehung

Wenn es für ein Verbrechen keine Tatzeugen gibt, muss die Beziehung zwischen Opfer und Verdächtigem betrachtet werden. Manchmal reicht das nicht aus – etwa wenn ein Unschuldiger mit der Tatwaffe bei einer Leiche angetroffen wird.

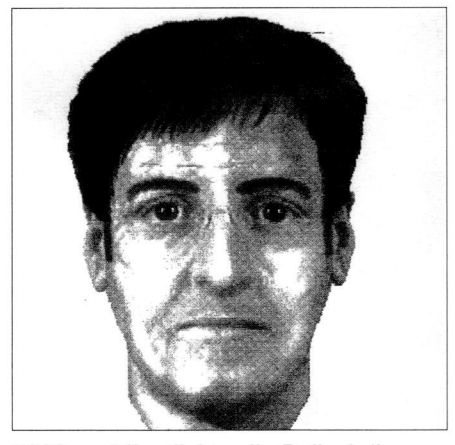

1999 veröffentlichte die Polizei dieses Phantombild des Verdächtigen im Mordfall der Moderatorin Jill Dando.

Normalerweise gibt es aber eine Verbindung zwischen Täter und Opfer, die zur Klärung des Falls führt. Häufig handelt es sich um Spuren, Fingerabdrücke oder DNA. Der Nachweis, dass Haare oder Fasern vom Täter aufs Opfer (oder umgekehrt) gelangt sind, untermauert oft einen Schuldspruch.

Viele Mörder stehen ihren Opfern nahe, sind beispielsweise Lebenspartner. Andere hatten vorher keine Beziehung, wie es bei Entführungen oft der Fall ist. Diese fehlende Beziehung macht es so schwierig, Auftragsmorde aufzuklären. Der Auftraggeber hat ein wasserdichtes Alibi und begeht die Tat nicht selbst. Es kommt aber vor, dass der Beauftragte oder ein Mittelsmann die Polizei informiert, sodass der Anstifter gefasst werden kann.

Wachsamkeit und Glück können sogar Familien wieder zusammenführen. 2004 fand eine Mutter in Philadelphia (Pennsylvania/USA) ihre sechs Jahre zuvor entführte Tochter wieder. Sie sah das Kind auf einer Geburtstagsfeier, verschaffte sich eine Haarprobe und schickte sie in ein DNA-Labor, um die Identifizierung zu bestätigen. Der Entführer konnte so gefasst werden.

VERRÄTERISCHE MORDWAFFE

Wurde die Mordwaffe von einem Verdächtigen berührt, ist dies oft ein klarer Schuldbeweis. Durch ballistische Untersuchungen konnte die Waffe, mit der 2002 in Washington zehn Menschen getötet wurden, mit John Allen Muhammad und Lee Malvo in Verbindung gebracht werden und zu deren Überführung beitragen. Muhammad wurde zum Tode verurteilt, Malvo erhielt mehrfach Lebenslänglich.
Täter bemühen sich meist, die Waffen zu verstecken. Manche werden nie gefunden. So verhielt es sich im Fall des amerikanischen Arztes Sam Sheppard, der 1954 wegen Mordes an seiner Frau verurteilt wurde, weil der Leichenbeschauer die fehlende Waffe als chirurgisches Instrument beschrieb, das praktisch nur von Ärzten verwendet wird.

Viele Mörder stehen ihren Opfern nahe, sind beispielsweise Ehe- oder Lebenspartner.

JILL DANDO

Am 26. April 1999 wurde die BBC-Moderatorin Jill Dando in London an ihrer Haustür erschossen. Über ein Jahr suchte die Polizei nach dem Täter. Im Mai 2000 wurde Barry George verhaftet, der nicht weit von der Moderatorin entfernt wohnte. George kannte Dando nicht, doch Forensiker konnten eine Übereinstimmung zwischen einer Faser seiner Hose mit Material vom Tatort nachweisen. Schmauchspuren im Haar der Toten stimmten mit Spuren überein, die in Georges Jackentasche gefunden wurden. Er wurde 2001 zu lebenslanger Haft verurteilt. Im November 2007 wurde jedoch die Neuverhandlung des Verfahrens angeordnet, nachdem die Schmauchspur zwischenzeitlich als „nicht beweiskräftig" eingestuft worden war.

Ein Polizist bewacht das Haus von Jill Dando, auf dessen Schwelle sie erschossen wurde.

Häusliche Gewalt

In Fällen von häuslicher Gewalt steht der Kriminalpolizei nur wenig Belastungsmaterial zur Verfügung. Die Vorfälle ereignen sich fast immer hinter verschlossenen Türen und ohne Zeugen – außer den Beteiligten.

Weil Lebenspartner normalerweise ständig miteinander Kontakt haben, sind Spuren nicht erforderlich, um Verbindungen zwischen Täter und Tatort oder Opfer herzustellen. Sie können aber Aufschluss über das Ausmaß der Gewalt geben. Als 2004 in Virginia Koffer mit Leichenteilen eines Mannes angeschwemmt wurden, verhaftete die Polizei die Ehefrau des Toten, weil man an ihren Schuhen Spuren menschlichen Gewebes fand.

Oft kann der Täter nur durch forensische Beweise überführt werden. Im Mordprozess gegen den Schauspieler Robert Blake fehlten solche Beweise. Er wurde nicht schuldig gesprochen, obwohl ein Stuntman aussagte, Blake habe ihn gebeten, seine Frau Bonny Lee Bakley „wegzupusten". Man fand die Tote im gemeinsamen Auto, durch die Scheibe erschossen, während Blake in ein Restaurant gegangen war, um nach eigenen Aussagen seine Waffe

zu holen. Die Kriminaltechniker fanden weder die Waffe noch Schmauch- oder Blutspuren auf Blakes Kleidung.

SELBSTVERTEIDIGUNG

Auch fehlende Anzeichen von Selbstverteidigung sind bedeutungsvoll. Frauen geben häufiger an, ihren Mann in Notwehr getötet zu haben, weil er sie missbraucht habe. Dieses Argument benutzte 2001 auch Jane Andrews, ehemalige Garderobiere

FAMILIENSPUREN

Wenn Angehörige einen Toten finden und berühren, können sie Spuren verändern und die Aufklärung erschweren. Nachdem Billie-Jo Jenkins 1997 in Hastings erschlagen worden war, wurde ihr Stiefvater beschuldigt, denn auf seiner Kleidung hatten sich 150 Blutflecke befunden. Die Verteidigung gab aber an, er habe das Mädchen aufgehoben, dabei sei Luft aus ihren Lungen entwichen und habe die Blutsprenkel verursacht. 1998 wurde er des Mordes schuldig gesprochen, nach Berufungsverfahren jedoch 2006 wieder auf freien Fuß gesetzt, weil das Gericht seine Schuld nicht für einwandfrei erwiesen hielt.

Frauen geben in Mordprozessen häufig vor, sich gegen einen gewalttätigen Mann nur verteidigt zu haben.

• • • • • • • • • • • • • • • •

von Sarah Ferguson. Andrews behauptete, ihr Partner sei in das Messer gestürzt, das sie gehalten habe, um sich selbst zu schützen. Die Ermittler fanden hingegen heraus, dass sie ihn zuerst mit einem Cricketschläger niedergeschlagen hatte. Sie wurde zu lebenslanger Haft verurteilt.

KÜCHENMESSER

Auch Susan Polk, die 2002 ihren Mann in Kalifornien erstochen hatte, behauptete, jahrelang misshandelt worden zu sein. Sie gab an, ihr Mann habe sie angegriffen und sie habe ihm das Messer entwunden. Da bei ihr jedoch keine Abwehrspuren zu finden waren, wurde sie zu lebenslanger Haft verurteilt.

Jane Andrews trifft am 24. September in Handschellen im Londoner Gericht ein.

Identifikation durch Zeugen

Zeugen können verunsichert und unzuverlässig sein, aber sie sind wichtig bei vielen Ermittlungen.

Zeugen liefern Personenbeschreibungen, anhand derer Fahndungsbilder erstellt werden. Sie erkennen Gesichter auf Plakaten und in Fernsehsendungen, sie sind zu Gegenüberstellungen bereit oder geben anonyme Hinweise.

Allerdings ist die Gefahr des Irrtums nie ausgeschlossen, und manche Zeugen mögen auch Gründe für eine falsche Identifizierung haben. Darum bemüht man sich stets, Zeugenaussagen durch anderes Beweismaterial zu untermauern. 1994 identifizierte ein 13-jähriges Mädchen Peter Rose aus Kalifornien als den Mann, der sie in eine Gasse geschleift und vergewaltigt hatte. 2004 gab das Mädchen zu, in Wahrheit nicht zu wissen, wer sie angegriffen hatte. Nach zehn Jahren Haft wurde Rose durch ein DNA-Gutachten entlastet.

Zeugen können sich durch Aussagen in Gefahr bringen, einige wurden sogar ermordet. Aus diesem Grund gibt es in vielen Ländern Zeugenschutzprogramme. In den USA wurde ein solches Programm 1970 eingeführt. Seitdem haben mehr als 7500 Zeugen und 9500 Angehörige von Zeugen Schutz, einen neuen Wohnsitz und eine neue Identität erhalten.

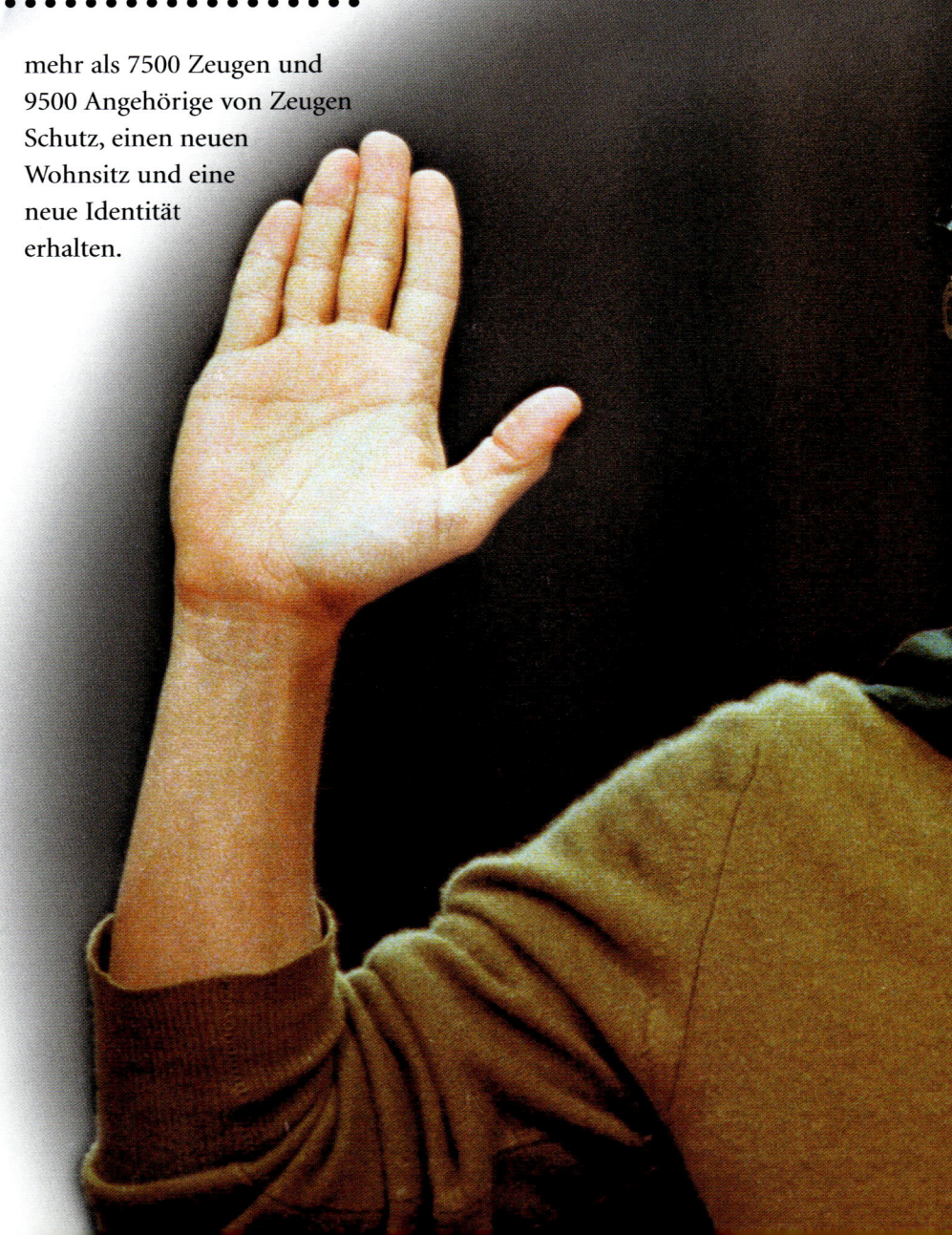

Ein Pilot, der 1988 vor seiner Aussage gegen den panamaischen General Noriega vereidigt wird, trägt eine Kapuze zum Schutz seiner Identität.

ICH WAR SICHER – UND IRRTE MICH

In einem Artikel in der New York Times beschrieb Jennifer Thompson, dass sie sich nach einer Vergewaltigung bei der Identifikation des Täters absolut sicher war. Sie hatte sein Gesicht genau studiert und identifizierte ihn später anhand von Polizeifotos, bei einer Gegenüberstellung und nochmals im Prozess 1986. Daraufhin wurde Ronald Cotton zu lebenslanger Haft verurteilt. Als sich ein anderer Mann namens Bobby Poole der Tat brüstete, stellte die Polizei ihn Jennifer gegenüber. Sie gab an, ihn nie gesehen zu haben. Neun Jahre nach Cottons Verurteilung stellte Jennifer 1995 eine Blutprobe für DNA-Tests zur Verfügung, um die Zweifel endlich auszuräumen. Es stellte sich heraus, dass sie den falschen Mann identifiziert hatte. Poole gestand. Jennifer sagte nach Cottons Freilassung: „Ich muss für immer damit leben, was ich ihm durch meinen Fehler angetan habe."

Manche Zeugen mögen Gründe für eine falsche Identifizierung haben.

IWAN DER SCHRECKLICHE

Als John Demjanjuk 1986 beschuldigt wurde, im Zweiten Weltkrieg im Konzentrationslager Treblinka als SS-Mann „Iwan der Schreckliche" Häftlinge misshandelt zu haben, lieferten die USA ihn an Israel aus. Während seines Prozesses identifizierten ihn fünf Zeugen vor Gericht und sechs weitere anhand von Fotos, obwohl inzwischen 50 Jahre vergangen waren. Selbst ein ehemaliger SS-Mann erkannte ihn. 1988 verurteilte ihn das Gericht in Jerusalem zum Tode, aber der Oberste Gerichtshof entschied trotz der Zeugenaussagen, dass Demjanjuk nur die Tätigkeit als Wächter nachgewiesen werden konnte, nicht aber die Misshandlungen. Er wurde in die Ukraine, aus der er stammte, abgeschoben.

Sachverständige

Kriminaltechniker und Gerichtsmediziner treten vor Gericht nicht als Zeugen, sondern als Sachverständige auf. Aufgrund ihrer Fachkenntnisse können sie Testergebnisse und andere Fakten präsentieren, aber auch Einschätzungen abgeben.

• •

Geschworene lassen sich vom Fachwissen und Selbstvertrauen der Sachverständigen oft beeindrucken.

FEHLER VON SACHVERSTÄNDIGEN

Eine amerikanische Studie hat ergeben, dass falsche forensische Testergebnisse und falsche oder irreführende Sachverständigenaussagen für 88 Prozent der Fehlurteile aufgrund von DNA-Beweisen verantwortlich sind.

Der Psychologie-Professor Jonathan Koehler, Mitautor der Studie, äußerte im August 2005 in der Zeitschrift *National Geographic*, 63 Prozent der falschen Verurteilungen basierten auf Fehlern in den Testverfahren und 27 Prozent auf falschen Sachverständigenaussagen. Er nimmt an, solche Falschaussagen ergäben sich aus der engen Zusammenarbeit von Polizei, Staatsanwaltschaft und Forensikern.

Im Prozess gegen den Heckenschützen Lee Malvo bezeichnete ihn ein psychiatrischer Sachverständiger als unzurechnungsfähig, jedoch ohne Erfolg.

Ein Sachverständiger darf vor Gericht nur Fakten vortragen. Staatsanwaltschaft und Verteidigung können Sachverständige berufen oder Gutachten vorlegen, um ihre jeweiligen Positionen zu stützen. Forensiker, die Fakten und Interpretationen vortragen, treten immer öfter vor Gericht auf. Dennoch wird von Sachverständigen erwartet, dass sie unparteiisch sind und lediglich der Wahrheitsfindung dienen.

KREUZVERHÖR

Forensiker im Zeugenstand geben ihren Namen, ihre Qualifikation und Berufserfahrung an, ehe sie von der Seite, die sie berufen hat, befragt werden. Die Antworten des Sachverständigen basieren auf den Tests und Untersuchungen, die er durchgeführt hat. Im Kreuzverhör versucht die gegnerische Partei, Fakten und Interpretationen zu entkräften, die ihre Position schwächen. Geschworene lassen sich vom Fachwissen und Selbstvertrauen, das ein Sachverständiger im Kreuzverhör an den Tag legt, oft beeindrucken.

Etwa 80 Zeugen wurden 2004 im französischen Auxerre im Prozess gegen den des Serienmordes verdächtigten Emile Louis gehört.

DIE GESCHWORENEN

Dr. Henry C. Lee, ein amerikanischer Forensiker, hat an mehr als 6000 Fällen mitgewirkt und häufig vor Gericht ausgesagt. In einem Fernsehinterview erklärte er, wie er sich den Geschworenen verständlich macht.

„Man darf keine langen Wörter benutzen. Die Geschworenen sind intelligent. Wissenschaftliche Fakten präsentiere ich ihnen in logischer Reihenfolge –

aber nur Fakten, keine Spekulationen. Sie müssen selbst entscheiden. Ich verwende Beispiele aus dem Alltag. Statt den Namen eines Testverfahrens zu nennen, sage ich nur ‚Test'. Wurde eine Kugel im Oberkörper gefunden, benutze ich das Wort ‚Oberkörper' anstelle biologischer oder medizinischer Fachausdrücke."

Dr. Lee zeigt den Geschworenen 1995 im Prozess gegen O. J. Simpson Tusche, um ihnen verwischte Blutspuren zu erklären.

Kapitel neun

Verbrechen ohne Gewalt

MORD UND GEWALT GEGEN MENSCHEN GELTEN ALS SCHRECKLICHE VERBRECHEN, ABER AUCH DURCH ANDERE ILLEGALE HANDLUNGEN KÖNNEN EXISTENZEN GEFÄHRDET WERDEN. BETRUG, FÄLSCHUNG, VERUNTREUUNG UND ÄHNLICHE STRAFTATEN VERFOLGEN MEIST DEN ZWECK, SICH GELD ODER FREMDES EIGENTUM ANZUEIGNEN.

Nach der Havarie des Tankers Prestige im Jahr 2002 vor Spanien entfernt ein Soldat Öl von den Felsen.

Der Schaden, den Verbrechen am Arbeitsplatz in den USA verursachen, wird auf mehr als 650 Milliarden Dollar jährlich geschätzt. 30 Prozent der Betriebsinsolvenzen werden direkt mit Diebstählen von Mitarbeitern in Verbindung gebracht. Die Strafverfolgung ist oft schwierig, weil die Täter ihre Spuren geschickt verwischen.

In aller Welt bemühen sich Polizei und Kriminaltechniker, mit der Entwicklung von Hightech-Vergehen wie Datendiebstahl Schritt zu halten. Mit moderner Computertechnik werden Hacker, Internetbetrüger und illegale Geldgeschäfte bekämpft.

Auch Umweltverbrechen können verheerend sein. Umweltverschmutzung, Brandstiftung oder Handel mit bedrohten Arten sind nur einige der Vergehen, mit denen sich Behörden und kriminaltechnische Labors befassen müssen.

Pässe aus allen Staaten werden gestohlen und gefälscht. In der Interpol-Datenbank sind allein 200 000 gestohlene britische Pässe verzeichnet. Meist werden sie an illegale Einwanderer verkauft.

Wirtschaftskriminalität

1939 prägte der Kriminologe Edwin Sutherland den Begriff „white-collar crime". Er bezeichnet „Verbrechen, die von Personen von hohem gesellschaftlichen Status im Rahmen ihres Berufs begangen werden".

Selbst Mitglieder von Geschäftsführungen können wegen Wirtschaftsverbrechen inhaftiert werden. 1990 wurden vier Mitarbeiter des Getränkeunternehmens Guiness wegen versuchter Börsenmanipulation zu Haftstrafen verurteilt. Ein Jahr später blieb dem Medienfürsten Robert Maxwell ein ähnliches Urteil wegen Veruntreuung von Betriebsrenten nur erspart, weil er vorher starb. Die amerikanische Fernsehmoderatorin und Unternehmerin Martha Stewart wurde 2004 wegen Insiderhandels und Meineids zu einer Haftstrafe verurteilt, 2005 gingen leitende Mitarbeiter des bankrotten Energieunternehmens Enron wegen Betrugs ins Gefängnis. 2007 wurden zwei Führungskräfte der russischen Ölgesellschaft Yukos wegen Veruntreuung von zwölf Milliarden Dollar zu Gefängnisstrafen verurteilt.

Die meisten Wirtschaftsverbrechen sind geringen Umfangs, doch der durchschnittliche Schaden liegt in den USA bei 190 000 Dollar. Den höchsten Anteil daran haben Veruntreuungsdelikte, die relativ leicht aufzudecken sind. Ermittler fassen die Täter oft durch gefälschte Unterschriften auf Schecks oder nachvollziehbare Geldbewegungen.

Rechts: Martha Stewart, Amerikas „Medienhausfrau Nr. 1", beim Verlassen des Gerichts in New York. Sie wurde 2004 wegen Insiderhandels und Meineids zu fünf Monaten Haft verurteilt.

BETRUG PER POST

Betrügerische Postsendungen, die dem Empfänger nur Geld aus der Tasche ziehen sollen, werden direkt ins Haus geschickt. Oft lassen sich die Absender ermitteln. Typisch sind professionell aufgemachte Schreiben, die schnellen Reichtum oder lukrative Heimarbeit versprechen. Auch vorgeblich wohltätige oder religiöse Organisationen wenden sich mit Spendenaufrufen an den Normalbürger. Gelegentlich werden auch Waren gegen Vorkasse angeboten, die nie beim Empfänger eintreffen. Diese Praxis hat vor allem bei Internetgeschäften in letzter Zeit zugenommen.

Verbreitet sind ferner gefälschte Rechnungen. 2007 warnte die Polizei von Toronto die Einwohner vor amtlich aussehenden Schreiben, die eine Steuerschuld einforderten. Die Zahlung sollte per Scheck an Stephen Smith im Consumer Service Bureau erfolgen. Die Polizei wies darauf hin, dass die Regierung niemals Schecks fordert, die auf eine Einzelperson ausgestellt sind.

Der ehemalige Enron-Geschäftsführer Jeff Skilling (Mitte) 2006 in einem Gerichtssaal in Houston (Texas). Er wurde wegen Betrugs zu 24 Jahren Haft verurteilt.

„Medienhausfrau" Martha
Stewart wurde 2004 wegen
Insiderhandels zu einer
Haftstrafe verurteilt.

ERMITTLUNGEN

Kriminaltechniker spielen beim Aufdecken von Wirtschaftsverbrechen eine
wichtige Rolle, etwa durch Analysen fragwürdiger Dokumente oder
Identifikation von Handschriften und Unterschriften. Experten können
manipulierte Dokumente, gefälschte Ausweise oder Kontoauszüge mithilfe
chemischer Tests und spezieller Lichtquellen erkennen und verborgene
Einträge sichtbar machen. Anhand der Reihenfolge von Dokumenten lässt
sich oft auch der Ablauf einer illegalen Geschäftstransaktion
rekonstruieren.

Forensische Untersuchungen, darunter DNA-Profile, können Verbindungen
zwischen Verdächtigen und Dokumenten, Computern und anderer
Büroausstattung herstellen. Auch Überwachungskameras, Computer, PDA-
Palmtops und Mobiltelefone können wichtige Informationen liefern.

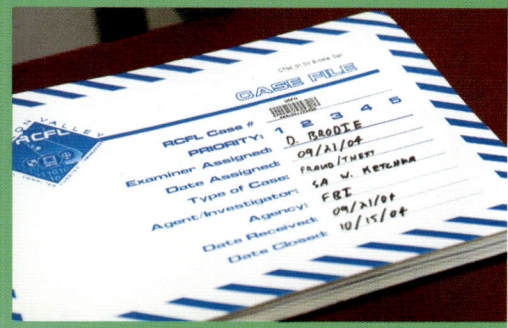

*Eine Akte im kriminaltechnischen Labor in
Menlo Park (Kalifornien), wo Betrug und
ähnliche Vergehen untersucht werden.*

Gefälschte Dokumente

Wirtschaftsbetrug hinterlässt eine Spur von Papieren, die Ermittler sorgfältig untersuchen, um gefälschte Dokumente oder Unterschriften aufzuspüren. Die Beispiele zeigen, dass Betrügereien auf internationaler Ebene stattfinden.

BETRUGSHINWEISE

Bei Betrugsverdacht gibt es drei Möglichkeiten, Beweismaterial zu sichern:

- Papiere und andere Dokumente bleiben so, wie der Verdächtige sie hinterlassen hat. Sie werden aber in Klarsichthüllen verpackt, damit sie untersucht werden können, ohne Spuren zu vernichten.

- Wurde ein Computer verwendet, sollte er bis zur Untersuchung durch einen Experten nicht benutzt werden. Ist das nicht möglich, wird ein Backup der fraglichen Dateien erstellt.

- Über andere Fakten und Ereignisse, etwa verdächtige Gespräche, werden Berichte angefertigt.

John Rigas, ehemaliger Geschäftsführer von Adelphia Communications, äußert sich 2005 vor dem Gericht in New York gegenüber den Medien. Sein Sohn Timothy und er wurden der Veruntreuung überführt. Rigas wurde zu 15 Jahren, sein Sohn zu 20 Jahren Haft verurteilt.

Im Prozess gegen John Rigas und seinen Sohn Timothy wegen betrügerischer Schädigung von Adelphia, der fünftgrößten Fernsehgesellschaft der USA, untersuchten die Ermittler 2004 etwa 1000 Dokumente. Die Täter hatten etwa 100 Millionen Dollar für persönliche Extravaganzen erbeutet und 2,3 Milliarden Dollar Schulden vertuscht. Aufgrund der Überprüfung gefälschter Dokumente konnten sie überführt werden. Timothy wurde zu 20 Jahren, sein Vater zu 15 Jahren Haft verurteilt.

In Israel wurde 2006 der ehemalige Knesset-Abgeordnete Ofer Hugi zu einer Haftstrafe verurteilt, nachdem ihm die Staatsanwaltschaft Betrug und Dokumentenfälschung nachgewiesen hatte. Um sich Regierungsgelder zu verschaffen, hatte er Listen von Studenten und

Lehrkräften an einer technischen Hochschule, die nicht einmal existierte, gefälscht. In Japan wurde 2007 Takafumi Horie, ehemals Leiter der Internetfirma Livedoor, zu zweieinhalb Jahren Gefängnis verurteilt, nachdem aufgeflogen war, dass er Kontounterlagen gefälscht hatte, um Verluste zu vertuschen und stattdessen Profite auszuweisen.

Ein Ermittlungsbeamter stellt einen Computer sicher, damit Experten die Daten auf der Festplatte untersuchen können.

EINREISE NACH KANADA

Obwohl die Unterstützung von Flüchtlingen in Kanada eine lange Tradition hat, werden alle Einreisenden einer Ausweiskontrolle unterzogen. Mitarbeiter der verschiedenen Einwanderungsbehörden wie Citizenship and Immigration Canada (CIC), Canada Border Services Agency (CBSA), Royal Canadian Mounted Police und Canadian Security Intelligence Service nehmen diese Kontrollen vor. Dennoch ist es Einwanderern gelungen, mit falschen Papieren ins Land zu kommen. Der CIC gibt an, es gebe nun „geeignete Systeme und ausgebildetes Personal, um gefälschte Papiere zu entdecken". Ferner werden die Papiere von Flüchtlingen nochmals geprüft, bevor eine Aufenthaltsgenehmigung erteilt wird.

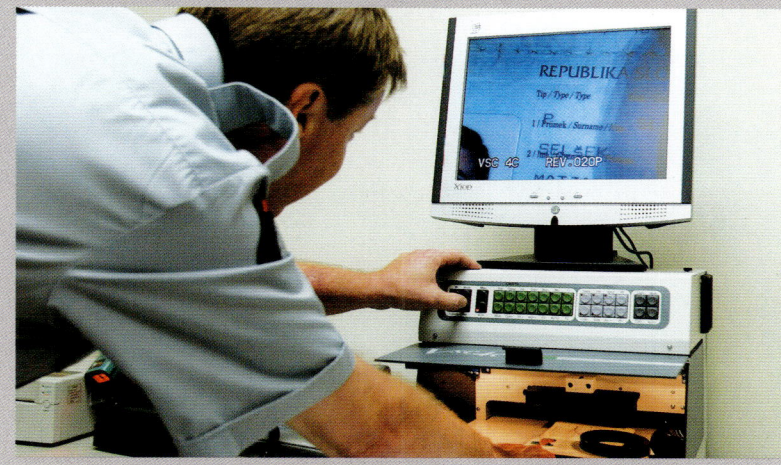

Ein Mitarbeiter der kanadischen Einwanderungsbehörde prüft den Ausweis eines Einreisenden aus der Slowakei.

Computerkriminalität

Das digitale Zeitalter hat einer neuen Form von Computerkriminalität – Cyber Crime genannt – die Tore geöffnet. Gleichzeitig ist ein neues, schnell wachsendes Fachgebiet der Forensik entstanden, um mit den Verbrechern Schritt zu halten.

Die neuen forensischen Experten spezialisieren sich auf kriminelle Aktivitäten, die sich digitaler Daten bedienen, darunter Hacking, Betrug, Veruntreuung, Terrorismus, Softwarepiraterie, Computerviren und Kinderpornografie.

GELÖSCHTE DATEIEN?

Dass Computerdateien schnell und einfach zu handhaben sind, macht Verbrechern die Arbeit leicht – aber auch den Ermittlern, denn von der Festplatte „gelöschte" Dateien lassen sich rekonstruieren. Auch gelöschte

TERRORISMUS UND INTERNET

Für Terrororganisationen wie El-Kaida ist das Internet zu einem wichtigen Hilfsmittel geworden. Sie nutzen E-Mails und verschlüsselte Nachrichten, um Anhänger in aller Welt über Pläne zu informieren oder mit Bildern von Hinrichtungen oder Bombenanschlägen Angst und Schrecken zu verbreiten.

Regierungsstellen sind ständig damit beschäftigt, solche Websites stillzulegen, doch die Terroristen sind ihnen oft einen Schritt voraus und richten neue ein. Dennoch können Experten der Polizei Erfolge verzeichnen. 2004 fanden sie auf einer Website, auf der die Ermordung von Paul Johnson gezeigt wurde, Hinweise, die zur Ergreifung des damaligen El-Kaida-Führers Abdel Aziz al-Muqrin führten.

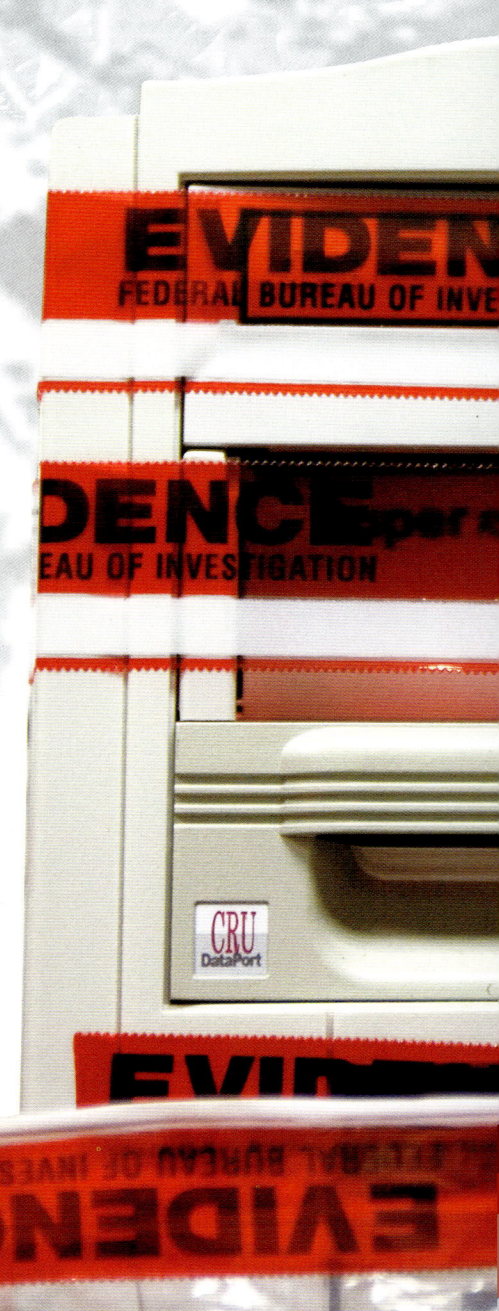

Die Ermordung Paul Johnsons (links) in Saudi-Arabien durch eine Gruppe unter Führung von Aziz al-Muqrin (rechts) wurde auf einer islamistischen Website gezeigt.

E-Mails, verborgene Dateien und Ordner, Internet-Aktivitäten und gestohlene Daten können gefunden werden. Für diese Ermittlungen sind Spezialabteilungen zuständig, die beispielsweise auch Telefonate per Handy rückverfolgen können. In den USA arbeitet das Computer Analysis and Response Team mit dem Department of Defense Computer Forensic Laboratory zusammen. Wenn die Experten beschlagnahmte Computer zerlegen und untersuchen, müssen sie jedes Teil fotografieren und dokumentieren, bevor sie sich mit den Daten auf der Festplatte beschäftigen. Die Dokumentation ist erforderlich, um nachzuweisen, dass das Beweismaterial nicht manipuliert wurde.

SPURLOS

Nur beim Nachvollziehen des Ursprungs falscher Dokumente hat der Übergang von der Schreibmaschine zum Computer den Ermittlern die Arbeit erschwert. Die Typen einer Schreibmaschine sind genauso unverwechselbar wie Fingerabdrücke – was für Textverarbeitungsprogramme nicht gilt.

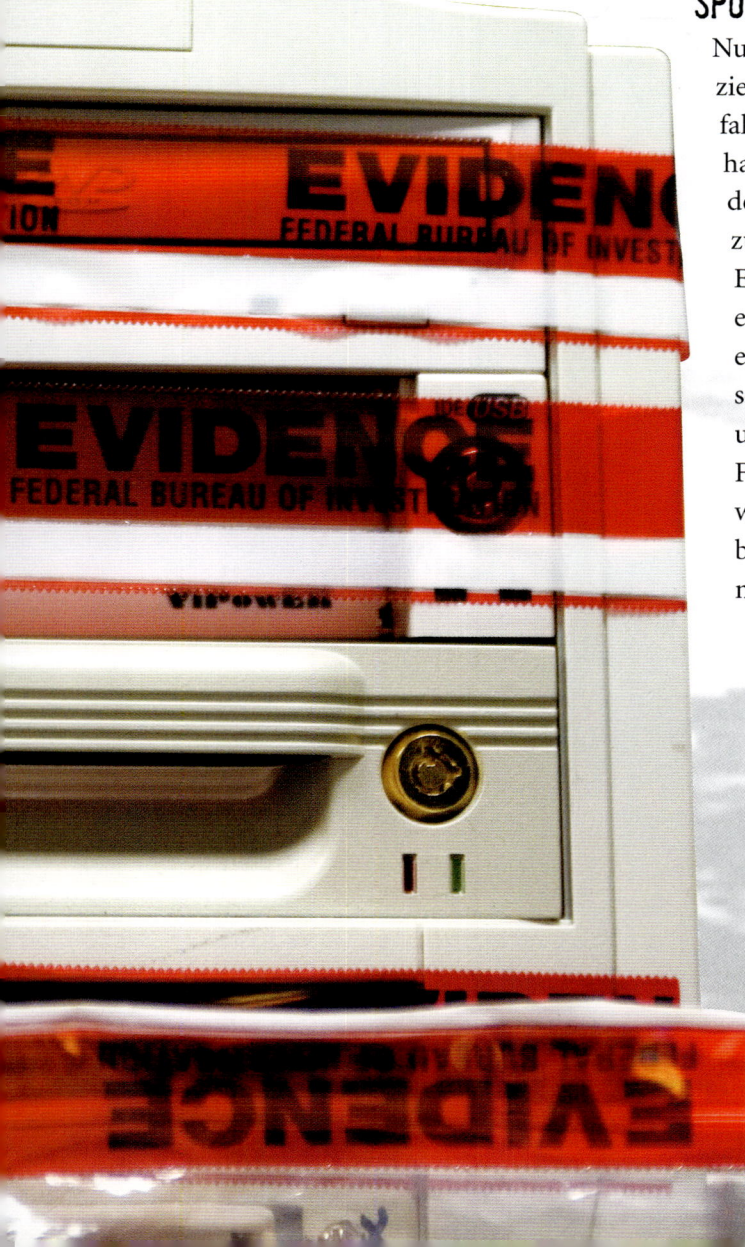

Diese Computer wurden 2005 als Beweismaterial ins Silicon Valley Regional Computer Forensics Laboratory in Menlo Park (Kalifornien) gebracht.

SPYWARE ALS BEWEIS

Bei den Ermittlungen im Mordfall des wohlhabenden amerikanischen Bankiers Robert Kissel in Hongkong stieß der forensische Computerexperte 2003 auf eine Spyware, die Kissel heimlich auf dem Laptop seiner Frau installiert hatte. Nancy Kissel wurde angeklagt, ihren Mann mit Sedativa in einem Milkshake betäubt und dann erschlagen zu haben. Der Polizeibeamte Cheung Chun-kit entdeckte E-Mails an den Liebhaber der Ehefrau und Spuren einer Internetsuche nach „Schlaftabletten". Zudem fand man ihre Fingerabdrücke auf Kästen mit blutiger Kleidung und Bettwäsche. Sie gestand, beschuldigte Kissel aber der sexuellen Gewalt. Dennoch wurde sie 2005 zu einer lebenslänglichen Haftstrafe verurteilt.

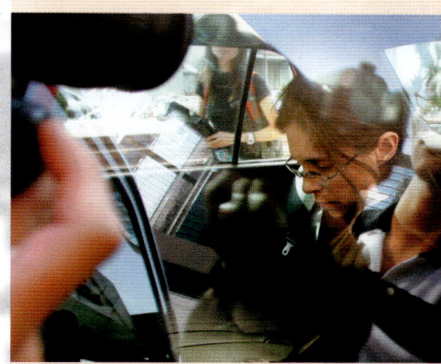

Nancy Kissel wird beim Verlassen des Gerichts in Hongkong am 3. August 2005 von Fotografen umringt.

Hacking

Hacker dringen auf elektronischem Weg in fremde Computer ein. Solche Angriffe können Daten verändern, Firmen Millionen kosten und die nationale Sicherheit gefährden.

Schätzungen zufolge belaufen sich die durch Hacker verursachten Verluste in den USA auf 40 Milliarden Dollar und in England auf 10 Milliarden Pfund pro Jahr. 2006 meldeten 87 Prozent der großen britischen Firmen Sicherheitszwischenfälle, die durchschnittlich 12 000 Pfund kosteten.

Hacker nutzen entweder Sicherheitslücken in der auf Firmen-

Das britische Verteidigungsministerium teilte mit, dass 2006 fünfmal Hacker ins Computernetzwerk eingedrungen seien.

rechnern vorhandenen Software oder installieren eigene Software, um sich Zugang zu verschaffen. So können sie beispielsweise Kundendaten oder Kreditkarteninformationen herunterladen. Einige Hacker bieten sogar an, gegen überhöhte Gebühren die Sicherheitslücke zu schließen. Im Februar 2007 teilte das britische

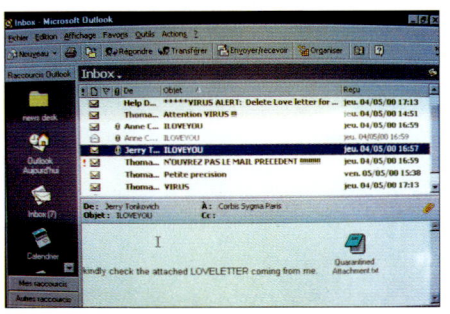

Links: „I Love You" stand im Betreff einer E-Mail, mit der im Jahr 2000 ein Virus in Europa, Nordamerika und Asien verbreitet wurde.

Verteidigungsministerium mit, dass es seit 2002 Hackern mindestens neunmal gelungen sei, ins System einzudringen – davon allein fünfmal im Jahr 2006. Da geschickte Hacker keine Spuren hinterlassen, dürfte die tatsächliche Zahl höher liegen.

Schätzungen zufolge stammen 30 Prozent der Programme zum geheimen Eindringen in Computernetzwerke aus China. Die US-Regierung hat 1997 im Hauptquartier des FBI das National Information Protection Center eingerichtet, um Hackerangriffe sofort zu entdecken.

2004 wurden bei der Hack-In-The-Box Security Conference in Kuala Lumpur (Malaysia) Hacker-Wettbewerbe veranstaltet.

HACKER IN RUSSLAND

Zahlreiche Hackerangriffe in Russland haben nach Ansicht der Regierung einen kriminellen oder geheimdienstlichen Hintergrund. 1994 brachen russische Hacker in die Computer der Firma Citybank ein und stahlen mehr als zehn Millionen Dollar von Kundenkonten. Bis auf 400 000 US-Dollar hat die Bank den Schaden erstattet. Im Jahr 2000 wurde ein Mann aus Litauen verhaftet, der sich Zugang zu den Computern des russischen Sicherheitsdienstes verschafft und angeblich für die CIA und den Staat Litauen spioniert hatte.

GARY MCKINNON

Gary McKinnon, ein ehemaliger Systemadministrator, erwarb sich zweifelhaften Ruhm als Hacker. Er soll sich zwischen 2001 und 2002 Zugang zu 300 Computern eines US-Marinestützpunkts sowie 97 weiteren US-Militär- und NASA-Rechnern verschafft haben – und zwar aus seinem Schlafzimmer in London.

Er wurde wegen Verwendung des Computers für kriminelle Akte verhaftet. Das britische Innenministerium gab an, ihn an die USA auszuliefern. 2007 setzte McKinnon sein Widerspruchsverfahren jedoch fort. Wenn er in den USA der Sabotage der Verteidigungssysteme für schuldig befunden wird, droht ihm eine Haftstrafe von 70 Jahren.

Er bezeichnet sich selbst als „spielenden Computerfreak" und bestreitet jede Absicht, die Sicherheit gefährden zu wollen. Die USA werfen ihm jedoch vor, mehr als 300 Computer außer Betrieb gesetzt zu haben.

Der US-Regierung zufolge entstand durch McKinnons Hackerangriffe ein Schaden von 350 000 Pfund.

Datendiebstahl

Schätzungen aus dem Jahr 2006 zufolge beläuft sich der Schaden, der jährlich durch den Diebstahl persönlicher Daten entsteht, in den USA auf 55 Milliarden Dollar.

KREDIT FÜR FALSCHE DATEN

Bob Sullivan ist einer der führenden amerikanischen Journalisten, die sich mit Datendiebstahl befassen. Seiner Aussage nach werden in den USA gefälschte oder gestohlene Daten am häufigsten für leicht zu erhaltende, produktbezogene Schnellkredite verwendet. „Einzelhändler bieten Interessenten für teure Produkte oft unbürokratisch Kredite an", schreibt er. „Um einen solchen Kredit zu bekommen, braucht man nicht mehr als eine Sozialversicherungsnummer und einen Namen. Nach nur einer Stunde können normale Kunden mit einem nagelneuen Auto im Wert von 30 000 Dollar vom Hof fahren – und Kriminelle ebenso."

Der Diebstahl persönlicher Informationen geschieht meist durch widerrechtliche Aneignung von Ausweispapieren, Briefen, Kreditkarten oder Scheckbüchern. Selbst Rechnungen, Quittungen oder Kontoauszüge, die viele Leute in den Müll werfen, können missbraucht werden. Wer die Daten einer Person stiehlt, kann im Namen seines Opfers Bankkonten eröffnen, Geld von vorhandenen Konten abheben, Kreditkarten, Darlehen und

Hologramme wie auf diesem chinesischen Ausweis verändern je nach Blickwinkel die Farbe und erschweren so Fälschern das Handwerk.

PHISHING

Per E-Mail versuchen Kriminelle, Bürger zur Herausgabe von Passwörtern, PINs und anderen Sicherheitsschlüsseln zu bewegen. Für dieses Verfahren, „Phishing" genannt, versenden die Täter fingierte E-Mails von Banken oder Unternehmen, in denen solche Informationen abgefragt werden.

Auch an Geldautomaten oder Kartenlesern können Zusatzgeräte installiert sein, die Informationen vom Magnetstreifen lesen oder PIN-Nummern aufzeichnen.

Jana Monroe, stellvertretende Leiterin der FBI Cyber Division, stellt 2004 in Los Angeles ein Anti-Piraterie-Siegel und eine Textwarnung vor, die auf urheberrechtlich geschützte Produkte gedruckt werden sollen.

Das FBI beschäftigt sich ständig mit etwa 1600 Fällen von Datendiebstahl. Die sogenannte Cyber Division ist für derartige Verbrechen durch Hacker oder über das Internet zuständig. Experten überwachen verdächtige Aktivitäten, um kriminelle Organisationen aufzuspüren, die persönliche Daten stehlen. Mithilfe einer Suchmaschine namens Choicepoint können sie die Sozialversicherungsnummer des Kriminellen sowie Namen möglicher Verwandter und deren Adressen ermitteln.

Im Januar 2007 wurden der Arbeitsgruppe Anti-Phishing fast 30 000 neue Fälle gemeldet.

staatliche Förderungen sowie Ausweispapiere und andere Dokumente beantragen. Im schlimmsten Fall kann eine falsche Identität zum Begehen von Verbrechen und Terrorakten missbraucht werden.

IDENTIFIZIERUNG VON DATENDIEBEN

Kriminaltechniker haben verschiedene Möglichkeiten, Diebe persönlicher Daten aufzuspüren:

- Setzt der Täter in einem Geschäft mit Überwachungskameras eine gestohlene Kreditkarte ein, lässt er sich anhand der auf dem Beleg ausgedruckten Kaufzeit ermitteln.
- Erhält der Täter gefälschte Schecks, Kreditkarten oder Waren per Post, können Zustelldienste bei der Identifizierung behilflich sein.
- Wird unter falschem Namen eine Kreditkarte beantragt, kann es beim Abgleich mit anderen Daten wie der beruflichen Laufbahn oder der Adresse manchmal zu Unstimmigkeiten kommen.

Missbrauchte Daten

Ein britischer Rentner wurde 2003 fast drei Wochen in einem südafrikanischen Gefängnis festgehalten, nachdem sein Ausweis gestohlen und für Verbrechen missbraucht worden war.

Der 72-jährige Derek Bond machte Urlaub, als das FBI die südafrikanischen Behörden ersuchte, ihn festzunehmen, da er einer der meistgesuchten Verbrecher Amerikas sei. Sie hielten ihn für den flüchtigen Versandhandels-Betrüger Derek Sykes. Bald stellte sich aber heraus, dass Sykes seit 1989 Bonds Identität missbraucht hatte. Das FBI nahm Sykes in Las Vegas fest und entschuldigte sich bei Bond.

KREDITBETRUG

Im größten Fall von Datendiebstahl, der die USA je beschäftigte, stahl Philip Cummings zwischen 2000 und 2002 persönliche Kundeninformationen von 30 000 Opfern in den USA und Kanada und verursachte einen Schaden von elf Millionen Dollar. Cummings war bei einer Firma auf Long Island beschäftigt, die Darlehen der drei größten kommerziellen Kreditunternehmen vermittelte. Er lud die Kredithistorien der Kunden herunter und verkaufte sie an Dritte, von denen einige die Informationen nutzten, um Tausende privater Konten zu plündern und sich durch gefälschte Kreditkartenbelastungen zu bereichern. Ermittler des FBI und der US-Postinspektion verfolgten die Sendungen zu Cummings zurück. Er gestand und wurde zu 14 Jahren Haft verurteilt.

Derek Bond wird während einer Pressekonferenz nach der Haftentlassung in Durban am 26. Februar 2003 von seiner Frau getröstet.

DIEBSTAHL DER EIGENEN DATEN ERKENNEN

Einige Vorfälle deuten darauf hin, dass Daten missbraucht werden:

- Trotz guter finanzieller Situation wird eine Kreditkarte verweigert.
- Es werden Schulden eingefordert, von denen Sie nichts wissen.
- Rechnungen und Kontoauszüge kommen nicht mehr an, weil sie an eine neue Anschrift umgeleitet wurden.
- Die Bank oder das Kreditkartenunternehmen fragt wegen verdächtiger Transaktionen nach.
- Konto oder Kreditkarte weisen Käufe aus, die Sie nicht getätigt haben.

DATENDIEBSTAHL VERMEIDEN

In Australien wird der Schaden durch Datendiebstahl auf mehr als 1,1 Milliarden Dollar jährlich geschätzt. Um dagegen vorzugehen, hat die Regierung Australiens eine Initiative gestartet, um die Bürger über Vorsichtsmaßnahmen zu informieren. Es wird u. a. empfohlen:
• Prüfen Sie Ihre Kreditkartenabrechnungen regelmäßig.
• Tragen Sie persönliche Papiere nur bei sich, wenn es nötig ist.
• Vernichten Sie Dokumente mit persönlichen Daten, werfen Sie sie nicht einfach weg.
• Geben Sie per Telefon, Post oder Internet keine persönlichen Daten heraus.
• Löschen Sie Ihren Namen von Mailinglisten.

Durch Datenmissbrauch entsteht jährlich Schaden in Milliardenhöhe.

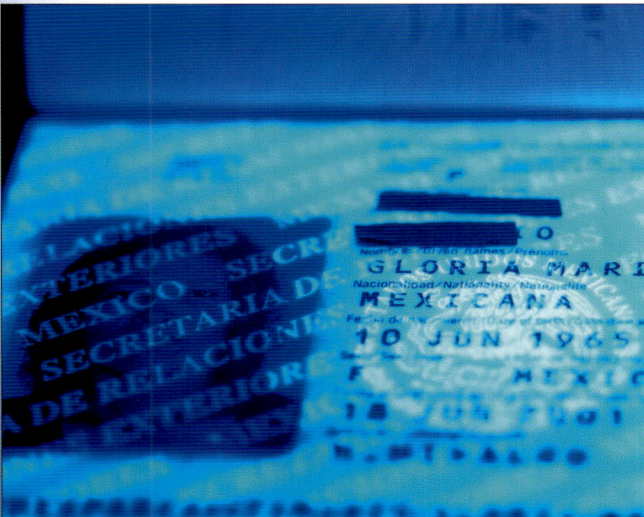

Oben: Unter UV-Licht ist auf dem mexikanischen Pass rechts das weiße, mit fluoreszierender Farbe gedruckte Sicherheitszeichen zu sehen.

Links: Ein Geldautomat mit einer Sicherung gegen Datendiebstahl. Datendiebe platzieren in solchen Automaten gelegentlich eigene Geräte, mit denen sie PIN-Nummern oder Kontodaten der Kunden stehlen.

Umweltkriminalität: Verschmutzung

Umweltvergehen wurden in der Vergangenheit selten erfolgreich verfolgt. Inzwischen gelingt es speziell ausgebildeten Kriminaltechnikern jedoch immer öfter, die Täter auch zu ermitteln.

In Fällen von Umweltverschmutzung gilt es, den „chemischen Fingerabdruck" zu entschlüsseln und zum Ursprung zurückzuverfolgen.

Professor Bob Kalin von der Universität Belfast erklärt, die Umweltsparte der Kriminaltechnik ermittle zunächst, wie und wann die Kontamination stattfand, welches Ausmaß und welche Auswirkungen sie hat und ob versucht wurde, das Vergehen zu vertuschen.

TEMPERATURMESSUNG

Mit moderner Technik lassen sich Verschmutzungen von Wasser, Luft und Boden schnell entdecken und untersuchen. Die britische Umweltbehörde setzt Flugzeuge mit Geräten zur Temperaturmessung ein, um Wasserverschmutzung und illegale Deponien an Land aufzuspüren. Mit solchen Hilfsmitteln und forensischen Techniken konnten bereits illegal abgeladene Abfälle und Gifte und die dahinter stehenden Kriminellen ausfindig gemacht werden.

Illegal abgekippter Müll auf dem Gelände, auf dem 2012 das Londoner Olympiastadion entstehen soll. „Wilde Deponien" gefährden die Umwelt.

ERDBODEN UND UMWELTVERSCHMUTZUNG

Das Centre for Australian Forensic Soil Science (CAFSS) ist das erste offizielle Netzwerk von Kriminaltechnikern, das Forschung, Ausbildung und Dienstleistung im Bereich Bodenkunde in Einklang bringt, um Umweltverschmutzung und -kriminalität zu bekämpfen. Die Kriminaltechniker waren beteiligt, als es darum ging, das Abtragen von Erde von einem Gelände mit historischen Aborigine-Funden und den Diebstahl von Farnen aus einem Naturpark zu verhindern und gegen eine Zementfabrik zu ermitteln, die Umweltgesetze verletzte.

Chemiker, Biologen und Toxikologen gehen gemeinsam auf die Suche nach Umweltschäden und ihren Verursachern.

In Deutschland setzt die Bundesmarine im Rahmen der Amtshilfe für das Bundesverkehrsministerium See-Aufklärungsflugzeuge ein. Sie sind mit speziellen Sensoren zum Aufspüren von Schiffen, die illegal Altöl in die Nord- oder Ostsee ablassen, ausgerüstet.

Firmen müssen für Umweltvergehen teuer bezahlen. Eine Raffinerie in Memphis (Tennessee) wurde wegen Luftverschmutzung zu 2,2 Millionen Dollar Strafe verurteilt. Ermittler der Umweltschutz-

behörde fanden heraus, dass die Williams Refining Company die Bestimmungen für Benzol-Emissionen verletzt hatte. Benzol ist vom US-Kongress als umweltgefährdend eingestuft worden.

Ein Techniker im Schutzanzug begutachtet das Erdreich, nachdem Industriechemikalien ausgelaufen waren.

INDUSTRIEBRACHEN

Industriebrachen in Stadtgebieten werden oft genutzt, um dort neue Wohnungen oder andere Gebäude zu errichten. Bekannte Beispiele sind der Umbau eines ehemaligen Gaswerks in Amsterdam in eine Siedlung mit Kulturzentrum und Park oder das Gelände, auf dem bis 2012 das Londoner Olympiastadion entstehen soll. Der Boden solcher Grundstücke ist jedoch häufig durch Chemikalien belastet. 2007 verabschiedete die EU ein Gesetz, demzufolge die Verursacher ermittelt und zur Zahlung der Sanierungskosten herangezogen werden sollen. Um diesen Prozess zügig und kostengünstig abzuwickeln, werden Techniker eingesetzt, die auf Umweltfragen spezialisiert sind.

Brandstiftung

Brandstiftung wird der Wirtschaftskriminalität zugeordnet, wenn sich der Täter finanzielle Vorteile verschaffen, Versicherungsbetrug verüben oder Firmenakten vernichten will. Die Tat ist deshalb so gravierend, weil dabei Menschen ums Leben kommen können.

In Deutschland gibt es pro Jahr 12 000 vorsätzliche Brandstiftungen.

MOTIVE VON BRANDSTIFTERN

Die australische Psychologin Rebecca Doley hat sich mit Serien-Brandstiftung beschäftigt und mehr als 140 Täter befragt. Ihrer Einschätzung zufolge geht es den meisten weniger um das Feuer als um die anschließenden Wirren. Der Anblick des Chaos, das sie verursacht haben, verleiht ihnen ein Gefühl der Macht, und die Angst vor der Entdeckung hat nur wenig abschreckende Wirkung. „Sie wissen, was sie tun und welche Folgen ihr Handeln hat. Aber sie tun es trotzdem."

Die jährliche Zahl der vorsätzlichen Brandstiftungen in Deutschland, eingeschlossen Brandanschläge auf Autos, beträgt etwa 12 000 Fälle. Hinzu kommen noch einmal fast genauso viele fahrlässige Brandstiftungen. In den USA liegt die Zahl der Brandstiftungen bei 63 000 pro Jahr, der Schaden an gewerblichen Gebäuden beläuft sich auf durchschnittlich 360 000 Dollar. 4000 Personen kommen bei Brandanschlägen in den USA ums Leben, 20 000 werden verletzt.

Obwohl ein Feuer Beweismaterial vernichtet, können Ermittler doch Hinweise auf Brandstiftung entdecken. Findet man den Punkt, an dem der Brand begann, lässt sich feststellen, wie er entstand und sich ausbreitete. Ungeplante Brände breiten sich v-förmig nach oben aus. Gelegte Brände haben manchmal mehrere Anfangspunkte oder breiten sich, wenn der Täter einen Brandbeschleuniger verwendet hat, unnatürlich über den Boden aus. Nicht verbrannte Brandbeschleuniger hinterlassen einen charakteristischen Geruch, Flüssigkeiten erzeugen Spuren auf dem Boden.

Ermittler durchsuchen Asche und verkohlte Reste genauso wie den Tatort eines Verbrechens. Sie tragen Schutzkleidung, suchen Beweismaterial und verpacken es sorgfältig, damit es in Labors untersucht und bei Gericht vorgelegt werden kann. Zu ihren Werkzeugen gehören

Feuerwehrmänner durchsuchen die Reste eines abgebrannten Hauses, um Hinweise zu finden, ob es sich um einen unbeabsichtigten Brand oder Brandstiftung handelt.

Digital- und Videokamera, Notizblock und Stift, Messer, Schraubendreher, Hammer, Brecheisen, Beutel für Beweismaterial sowie Etiketten zum Beschriften.

Durch Brandstiftung kann eine Familie ihren gesamten Besitz verlieren.

FEUER DER ABORIGINES

Wenn die australischen Ureinwohner Feuer legen, stuft die Regierung dies nicht als Brandstiftung ein. Die Aborigines, die vor über 50 000 Jahren nach Australien kamen, setzten Feuer zur Landbewirtschaftung ein, lange bevor die Europäer eintrafen. Die Bedeutung dieser Feuer ist auch daran zu erkennen, dass die Sprache der Aborigines verschiedene Bezeichnungen für die einzelnen Feuerarten hat. Noch heute zünden die Ureinwohner solche Feuer an, auch wenn sie in landwirtschaftlicher Hinsicht nicht mehr sinnvoll oder wünschenswert sind. Gelegentlich kommen dabei auch Gebäude oder Vieh zu Schaden. Die Regierung räumt aber ein, dass den Bränden keine böse Absicht zugrunde liegt, und verhängt für das Entzünden dieser traditionellen Feuer keine Strafen.

Wald- und Buschbrände

Für Brandstiftung in Gebäuden gibt es verschiedene Motive. Leute, die in der Natur Feuer legen, haben meist keine besonderen Absichten oder Bindungen an das Gebiet.

Wenngleich kein gezielter Angriff auf Menschen vorliegt, können durch Flächenbrände Anwohner oder Feuerwehrleute zu Tode kommen.

Die großen Ausmaße solcher Brände erschweren die Ermittlungen. Anhand der Ausbreitung lässt sich aber meist der Ausgangspunkt bestimmen. Waldbrände breiten sich, wie Brände in Gebäuden, v-förmig nach oben aus. Um die Ausbreitungsrichtung des Feuers herauszufinden, betrachten die Ermittler Baumstämme und sogar die Richtung, in die verbranntes Gras sich geneigt hat. Auch die Windrichtung zur Zeit des Brandes wird berücksichtigt.

FEUERWEHRLEUTE ALS BRANDSTIFTER

Manchmal legen sogar Feuerwehrleute oder Mitarbeiter der Forstverwaltung Feuer. Das war 2002 im Pike National Forest der Fall, dem schlimmsten Waldbrand in der Geschichte Colorados. Terry Barton, Mitarbeiterin der Forstverwaltung, verbrannte einen Brief ihres Mannes, der sie verlassen hatte. Das Feuer geriet außer Kontrolle, verwüstete 55 000 Hektar Wald, zerstörte 133 Häuser und verursachte fast 40 Millionen Dollar Schaden. Barton hatte geglaubt, dass das Feuer erloschen sei, und die Brandstelle verlassen. Danach waren die Flammen jedoch wieder aufgelodert und hatten um sich gegriffen. Tamara Meredith, Mitarbeiterin der Feuerwehr in Oregon, legte 1998 im Umpqua National Forest 28 Brände – um bezahlte Überstunden zu leisten. Gefasst wurde sie schließlich durch einen Peilsender an ihrem Dienstwagen. Ermittler überwachten sie und beobachteten, wie sie im Gelände anhielt und ein Feuer legte. Sie wurde zu sechs Jahren Haft, davon drei Jahre auf Bewährung, verurteilt.

Gerichtszeichnung, die Terry Barton und Richter Michael Watanabe während der Verhandlung im Juni 2002 zeigt.

DER BRANDHERD

Wenn der Ausgangspunkt des Feuers gefunden ist, kann nach Fuß- oder Reifenspuren, Streichhölzern oder Brandbeschleunigern gesucht werden. Selbst dann ist es oft schwierig, eine Absicht nachzuweisen. Zudem müssen andere Ursachen wie Blitzschlag oder eine beschädigte Freileitung ausgeschlossen werden.

Manchmal gibt es Zeugen, doch meist haben sie das Geschehen nur aus der Ferne gesehen. 2003 beobachteten Zeugen in den Bergen von Kalifornien, wie die Insassen eines weißen Transporters brennende Gegenstände ins Gebüsch warfen. Dadurch entstand ein Brand, der 993 Häuser vernichtete und sechs Menschen das Leben kostete. Die Täter wurden nicht ermittelt.

**Waldbrände breiten sich,
wie Brände in Gebäuden,
v-förmig aus.**

Oben: Rauchwolken erhoben sich
Ende Oktober 2003 über den
Bergen von San Bernardino in
Kalifornien. Der kräftige Santa-
Ana-Wind fachte die Flammen
an und trieb sie vorwärts.

Links: Brennende Bäume bei
einem Waldbrand in Colorado.
Häufig fällen Feuerwehrleute
Bäume, um die Ausbreitung
des Feuers zu verlangsamen.

BELOHNUNG

Um Flächenbränden vorzubeugen,
hat die Regierung von Florida
Belohnungen für Hinweise aus der
Bevölkerung ausgeschrieben. Die
Waldbrand-Schutzbehörde bittet
Bürger, die Informationen über
Brandstiftung besitzen, um
Meldung an die Forstbehörde. Für
Hinweise, die zu einer Verhaftung
führen, werden zwischen 100 und
5000 Dollar Belohnung gezahlt.

Gefälschte Banknoten wurden zur Zeit der Umstellung von nationalen Währungen auf Euro in größeren Mengen in Umlauf gebracht.

Kapitel zehn

Betrug und Fälschung

● ●

ES WIRD GESCHÄTZT, DASS FÜNF BIS ZEHN PROZENT DES WELTHANDELS AUF GEFÄLSCHTEN PRODUKTEN BERUHT, UND VIELE DAVON FINANZIEREN VERBRECHEN UND TERRORISMUS. Doch selbst raffinierte Fälscher hinterlassen Spuren und Hinweise, die forensische Fachleute durchaus aufdecken können.

Dokumentenexperten untersuchen Papier, Tinte und Druckweise, um Falschgeld, gefälschte Ausweise und andere Dokumente zu erkennen. Mit bloßem Auge, einer Lupe, einem Stereo- oder Infrarotmikroskop nehmen sie Untersuchungen vor, vergleichen Handschriften und Unterschriften. Mit Multispektral-Mikroskopen lässt sich feststellen, ob Manipulationen an Dokumenten vorgenommen wurden.

Die Hitler-Tagebücher sorgten weltweit für Aufsehen, bevor sie als Fälschung erkannt wurden.

Kunstfälschungen können so gut sein, dass Galeristen auf sie hereinfallen. Einer Laboruntersuchung halten sie jedoch nie Stand. Mit forensischen Tests lässt sich das Alter von Papier oder Leinwand ermitteln. Röntgenstrahlen machen moderne Pigmente sichtbar, und Infrarot-Untersuchungen bringen Übermalungen und Retuschen an den Tag.

Trotz der Analysemöglichkeiten wurden immer wieder Fälschungen erfolgreich verkauft, weil sie zunächst auch Experten täuschen konnten. Beispiele sind Fabergé-Eier, Fossilien und die Hitler-Tagebücher.

Experten vergleichen zwei Schriftproben aus zwei Briefen mithilfe einer Computersoftware zur Handschrift-Erkennung.

Falschgeld

Das Fälschen von Geld ist ein uraltes Verbrechen. Da der US-Dollar auf der ganzen Welt verwendet wird, ist er die meistgefälschte Währung.

Mit Computern lassen sich heute auch ohne Ausbildung und Vorkenntnisse gute Farbreproduktionen erstellen.

FALSCHGELD ERKENNEN

An einigen Merkmalen lässt sich echtes Geld von falschem unterscheiden. Bei echten Banknoten

- haben die Seriennummern gleichmäßige Abstände.
- sind die feinen Linien an den Rändern scharf und durchgehend.
- sind einige Linien und Motivelemente ins Papier eingebettet. Bei Falschgeld sind alle Elemente aufs Papier gedruckt.

Der US-Dollar wird weltweit benutzt und deshalb am meisten gefälscht.

Links: Ein Techniker untersucht mit dem RAPACE-System Euro-Banknoten auf ihre Echtheit.

Unten: Spezial-Druckfarbe und eingelegte Streifen fluoreszieren unter UV-Licht rot oder blau und zeigen damit die Echtheit der Banknote an.

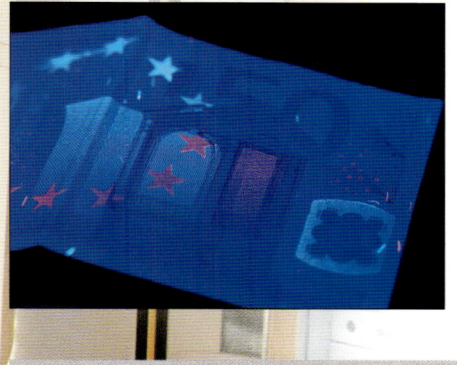

Im Jahr 2006 wurden monatlich etwa 50 000 Euronoten gefälscht. 44 Prozent davon waren 20-Euro-Scheine, 36 Prozent 50-Euro-Scheine. Die Falschgeldabteilung von Europol hat eine Datenbank mit Details über Fälscher eingerichtet, eine andere dokumentiert und überwacht die technische Fortentwicklung der Fälscherei.

Seit hoch auflösende Drucker und Farbkopierer für wenig Geld zu haben sind, hat sich das Falschgeldproblem verschärft. Mit moderner Computertechnik könnten selbst Laien ausgezeichnete Farbreproduktionen herstellen. Eine forensische Untersuchung kann allerdings zeigen, dass der Druck ausschließlich auf der Papieroberfläche liegt. Bei 20-facher Vergrößerung lassen sich oft auch kleine Tonerpartikel außerhalb des Motivbereichs erkennen.

Die Euronoten verfügen über Sicherheitselemente wie Mikrodruck oder UV-sensitive Anteile, ebenso wie in britischen Banknoten ist ein Streifen Silberfolie eingelegt. Das Papier der US-Geldscheine enthält zahlreiche winzige rote und blaue Fasern. Kanadische Banknoten verfügen über einen holografischen Streifen, und in Australien werden nur noch Polymer-Geldscheine mit einem Kunststoffsubstrat hergestellt.

RUSSISCHE FÄLSCHER

Im März 2007 gab Alexander Prokopchuk, Leiter des Interpol-Zentralbüros im russischen Innenministerium, bekannt, dass russische Fälscher sich von US-Dollar auf Euro umstellen. Seinen Angaben zufolge stieg von 2005 bis 2006 die Zahl der beschlagnahmten gefälschten Banknoten von 979 auf 1138, der Gesamtwert lag bei 106 440 Euro. Prokopchuks Schätzungen nach war die Anzahl der gefälschten Rubel innerhalb eines Jahres um 60,6 Prozent gestiegen. 2006 wurden 118 000 Scheine in einem Gesamtwert von 104 Millionen Rubel aus dem Verkehr gezogen – und das, obwohl die russische Zentralbank erst im Jahr 2004 Banknoten in Umlauf gebracht hatte, die zumindest für die nächsten sieben Jahre fälschungssicher sein sollten. Die neuen Rubelscheine enthalten einen hauchdünnen Seidenstreifen, der zunächst einfarbig erscheint. Dreht man den Geldschein aber, sieht man parallele Streifen in Gelb, Rosa und Blau. Russland folgte mit den Banknoten einer Empfehlung von Interpol, alle fünf bis sieben Jahre neue, veränderte Geldscheine in Umlauf zu bringen. Schließlich lernen auch Fälscher schnell dazu.

Fälschung mit globalem Ausmaß

2006 warnten Behörden in den USA, Nordkorea habe die nahezu perfekte Fälschung von 100-Dollar-Scheinen unterstützt – in einer Menge, die die globale Position der US-Währung gefährden könnte.

Weltweit konnte der US Secret Service etwa 50 Millionen gefälschte Dollar beschlagnahmen. Man nimmt aber an, dass weit mehr in Umlauf sind.

Diese sogenannten „Super Dollars" wurden 1989 auf den Philippinen entdeckt und sind inzwischen in mehr als 130 Ländern verbreitet. Über 170 Personen wurden verhaftet, darunter mehrere nordkorea-

nische Diplomaten, die Hunderttausende gefälschter Banknoten bei sich hatten. Im Oktober 2006 verhafteten US-Beamte Sean Garland, einen Anführer der Irish Republican Army, und klagten ihn an, mit Nordkorea konspiriert zu haben, um Millionen gefälschter Dollar in Umlauf zu bringen.

„Schon wenig Falschgeld von hoher Qualität kann viel bewegen",

sagte Daniel Glaser, zuständig für Wirtschaftskriminalität im US-Schatzamt. Er befürchtet, die Leute könnten „das Vertrauen in den Dollar verlieren, und gerade dieses Vertrauen gilt es zu erhalten."

Im Zuge der Ermittlungen wurden 2002 drei Männer inhaftiert, die an der größten je in England aufgedeckten Dollar-Fälschungsaktion beteiligt waren. Damals schätzte

FALSCHGELD-DETEKTOREN

Moderne Technik macht es Fälschern leicht, immer bessere Kopien herzustellen, doch die technischen Werkzeuge der Ermittler halten damit Schritt. In Japan setzen Banken, Geschäfte und Postämter ein kleines Gerät ein, mit dem eine Banknote binnen 0,6 Sekunden mit Licht-, Magnet-, Laser- und UV-Sensoren abgetastet wird.

Die von Matsumura Technology hergestellten Geräte prüfen 76 Punkte auf einem Geldschein und sollen nach Herstellerangaben mit einer Treffsicherheit von 99,999 Prozent gefälschte Dollar, Euro, Yen und andere Währungen erkennen.

Allerdings muss der Detektor ständig aktualisiert werden. „Sobald die Fälscher wissen, dass wir eine Schwachstelle in ihren Produkten entdeckt haben, merzen sie sie aus und drucken neues Falschgeld", sagt Yoshihide Matsumura, Präsident der Firma Matsumura. „Darum meinen wir, dass die Ausrüstung zur Fälschungserkennung öfter aktualisiert werden muss."

Ein Ermittler prüft mit einer Lupe einen US-Dollar auf Echtheit. Ins Papier amerikanischer Geldscheine sind winzige farbige Fasern eingebettet, anhand derer sie sich von Fälschungen unterscheiden lassen. Zudem kommen häufig neue Sicherheitsmerkmale hinzu.

man den Wert der weltweit im Verkehr befindlichen falschen Dollar auf 27 Millionen. Die Ermittlung begann mit der Entdeckung einer falschen 100-Dollar-Note 1999. Nach einer 18-monatigen Operation der britischen National Crime Squad und des US Secret Service konnten David Levin zu neun Jahren, Terence Silcock zu sechs und Mark Adderley zu vier Jahren Haft verurteilt werden. Die drei Männer waren an einem europaweiten Fälscherring beteiligt, dem auch der zuvor erwähnte Sean Garland von der IRA, die russische Mafia und ein ehemaliger KGB-Agent angehörten. Die gefälschten Dollarnoten gelangten über Irland nach Großbritannien. Sie waren von so hoher Qualität, dass selbst Banken getäuscht werden konnten. In Banken in Birmingham und London wurde das Geld gewaschen.

Zum Aufspüren von Falschgeld werden winzige Details an Banknoten untersucht.

Unten: Ein Techniker strahlt Banknoten – hier US-Dollar – aus flachem Winkel an. Falschgeld sieht in diesem Licht anders aus, weil es sich hinsichtlich Papier und Druckfarbe von echtem Geld unterscheidet.

Die Fälschungen waren von so guter Qualität, dass selbst Banken sich täuschen ließen.

Dokumente für Terroristen

Es ist erstaunlich, wie leicht Terroristen offenbar in den Besitz offizieller Dokumente gelangen, mit denen sie reisen und fast überall agieren können. Interpol verfügt über eine Liste von fünf Millionen gestohlener Pässe sowie eine Datenbank mit 13 Millionen gestohlener Pass- oder Seriennummern.

Obwohl die US-Regierung aus Sicherheitsgründen keine Angaben zu verloren oder gestohlen gemeldeten Ausweispapieren macht, ließ sie verlauten, dass 2004 erstmals Einzelheiten zu 330 000 dieser Dokumente an Interpol gegeben wurden.

FALSCHE ANTRÄGE

Weil Pässe und Ausweise in kurzer Zeit ausgestellt werden müssen, können falsche Anträge übersehen werden. Im März 2007 teilte die britische Regierung mit, unter den zwischen Oktober und September 2006 von der Identity and Passport Service ausgestellten 6,6 Millionen Ausweisen seien zwei an Terroristen gegangen. Insgesamt wurde von den 16 500 gefälschten Anträgen in diesem Zeitraum etwa die Hälfte entdeckt und vernichtet.

SÜDAFRIKA–CONNECTION

Es ist schon vorgekommen, dass Beamte echte Pässe illegal an Terroristen verkauft haben. Auf diese Weise gelangten Terroristen in den Besitz südafrikanischer Ausweispapiere, mit denen sie ohne Visum durch Europa reisen können. 2004 hieß es in einem Bericht, kriminelle Vereinigungen mit Zugang zu südafrikanischen Behördenkreisen

MEHR SICHERHEIT FÜR AUSWEISE

Seit 2007 enthalten US-Ausweise biometrische Daten. Dieser elektronische Pass entspricht im Hinblick auf Datensicherheit und Lesbarkeit neuesten Anforderungen. Im selben Jahr wurden neue Scanner in Betrieb genommen, mit denen die Fingerabdrücke, die heute auf Visa verlangt werden, gelesen werden.

Seit Januar 2007 müssen US-Bürger, die nach Kanada, Mexiko, Mittel- und Südamerika, in die Karibik und auf die Bermudas fliegen wollen, einen Pass vorweisen. Studien haben ergeben, dass wegen des neuen Passzwangs weniger Kanadier planen, in die USA zu reisen. Es

wurden auch Befürchtungen laut, dass der Tourismus in Kanada durch die Regelung in Mitleidenschaft gezogen werden könnte.

Auch in Großbritannien werden biometrische Daten auf Ausweisen gespeichert.

verkauften seit Jahren solche echten Dokumente, die man gleich kastenweise in London entdeckt habe.

Auch der amerikanische Führerschein, der in den USA als Haupt-Ausweispapier dient, ist leicht zu erhalten. 2005 verabschiedete der Kongress ein Gesetz, demzufolge nur noch die Personen einen Führerschein erhalten, die nachweisen können, dass sie sich legal im Land aufhalten. Mehrere der Selbstmordattentäter des 11. September hatten sich Führerscheine (Voraussetzung zum Besteigen eines Flugzeugs) beschafft, indem sie in Virginia einen Wohnsitz anmeldeten. Andere Terroristen besaßen gestohlene Pässe aus Saudi-Arabien und Kanada, gefälschte Sozialversicherungsausweise und sogar Sondergenehmigungen für den Gefahrguttransport.

Oben: Ein französischer Zöllner zeigt auf einer Pressekonferenz 2006 in Ajaccio (Malta) gefälschte Ausweispapiere der Europäischen Union, darunter Pässe und Aufenthaltsgenehmigungen. Viele wurden auf Korsika und in Südfrankreich beschlagnahmt, als sie gerade verkauft wurden.

INTERPOL

„Es ist erwiesen, dass bei jedem einzelnen Terroranschlag gefälschte Pässe benutzt wurden", sagt Ron Noble, führender Interpol-Mitarbeiter. „Hätten die Bürger nach dem 11. September erfahren, dass beteiligte Terroristen mit gestohlenen und bei Interpol registrierten Pässen eingereist sind und dass ihr Land diese Listen nicht regelmäßig geprüft hatte, hätte das den Sturz der Regierung nach sich ziehen können."

Links: Ein Mitarbeiter der US-Einwanderungsbehörde am Flughafen von San Francisco zeigt einen gefälschten Ausweis, vergrößert mit einer Spezialkamera. An mehr als 300 Einreisepunkten in die USA werden mit einem System namens DataShare Informationen von Visabesitzern geprüft.

Kunstfälschung

Das Fälschen von Kunst ist seit langer Zeit ein lukratives Geschäft. Selbst Experten von Galerien, Museen und Auktionshäusern erkennen gefälschte „Meisterwerke" nicht immer auf den ersten Blick.

Viele Fälle lassen sich nur durch eine Analyse des Alters und den Vergleich mit echten Werken des Künstlers klären.

Durch Rollen der Leinwand oder Erzeugung von Rissen in der Farbschicht werden Gemälde künstlich gealtert. Mit einem Stereomikroskop lässt sich aber das Alter der Risse feststellen, und Röntgenaufnahmen zeigen an, ob sie durch alle Schichten gehen. Mit UV-Licht lässt sich das Alter von Firnis ermitteln, auch Vorzeichnungen oder übermalte Bereiche sind zu erkennen.

RÖNTGENAUFNAHMEN

Pigmenttypen können die Altersbestimmung erleichtern. Mit einem Rasterelektronenmikroskop (REM) lässt sich beispielsweise das Pigment Chromgelb nachweisen, das sich früher durch Luftverschmutzung schwarz verfärbte. Seit etwa 30 Jahren wird die Verfärbung durch eine Beschichtung verhindert.

Keramiken sind schwierig zu kopieren. Um Stücke zu datieren, wird mithilfe von Thermolumineszenz die Strahlung gemessen, die der Ton seit dem Brand absorbiert hat.

Kopien von Metallfiguren sind leicht zu gießen, doch mit einem REM können moderne von älteren Materialien unterschieden werden. Auch Röntgentechnik kann zur Datierung eingesetzt werden.

Rechts: Fälschung eines Gemäldes von Lucas Cranach dem Älteren unter UV-Licht, das die Fluoreszenz bewirkt. Die dunklen Bereiche wurden retuschiert.

Oben: Ein Techniker am Doerner-Institut in München am Infrarotscanner, mit dem die Cranach-Fälschung nachgewiesen wurde.

LASER UND PORZELLAN

Eine Forensikerin in Australien entlarvt Porzellanfälschungen, indem sie sie mithilfe von Laser zu ihrem Entstehungsort zurückverfolgt. Emma Bartle vom Forensischen Institut der Universität Perth hat eine wissenschaftliche Methode zur Echtheitsprüfung an Porzellan und Keramik entwickelt.

Bartle zufolge sind gefälschte chinesische Ming- und japanische Imari-Keramik in Südostasien ein Millionengeschäft. „Die modernen Fälschungen sind raffiniert und detailgetreu", erklärt sie. „Die Zeiten, in denen ein ausgebildeter Fachmann eine Fälschung mit bloßem Auge erkennen kann, sind längst vorbei." Mit Laser wird die chemische Zusammensetzung des Porzellans analysiert, die Aufschluss über die Herkunft des Tons gibt. „Jedes Tonlager weist eine einzigartige Zusammensetzung bestimmter Spurenelemente wie Strontium und Lanthanum auf", sagt sie.

UV-Licht dient zur Altersbestimmung von Firnis und macht Retuschen sichtbar.

COMPUTER-ANALYSE

Professor Hany Farid und seine Kollegen vom Dartmouth College in Hanover (USA) haben eine Bildanalyse-Software zur Aufdeckung von Fälschungen entwickelt. Die Technik klassifiziert Gemälde und Zeichnungen durch eine digitale Analyse des Stils des jeweiligen Künstlers. Hochauflösende, digitale Scans zerlegen das Bild in „wavelets" – einfache Elemente, die mathematisch analysiert werden können, um Übereinstimmungen oder Abweichungen zwischen Werken oder innerhalb eines einzigen festzustellen.

Bei einem Testlauf unterschied das System acht echte Zeichnungen des flämischen Malers Pieter Bruegel dem Älteren von fünf modernen Kopien.

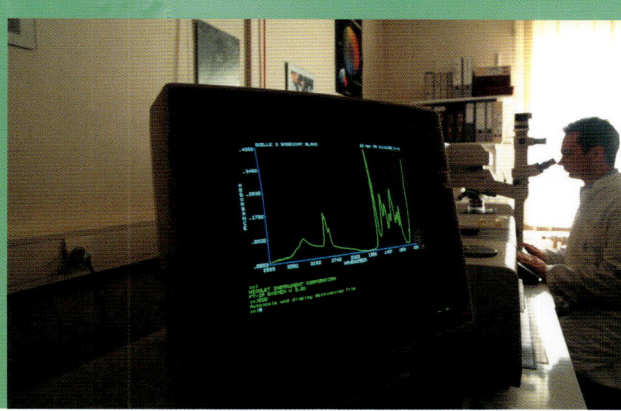

Kunstfälschungen werden auch mithilfe eines Spektrophotometers aufgedeckt, mit dem sich das Lösungsmittel in der Farbe bestimmen lässt.

Erfolgreiche Kunstfälscher

Einer der berühmtesten Kunstfälscher war der Restaurator Hans van Meegeren (1889–1947). Statt existierende Gemälde zu kopieren malte er einfach völlig neue Werke.

Van Meegeren schuf neue Bilder und gab sie als Werke berühmter Maler aus. So behauptete er, sechs Gemälde von Vermeer entdeckt zu haben, die in Wirklichkeit von ihm stammten. Die Bilder sollen Preise von bis zu 30 Millionen Dollar erzielt haben.

ALTERUNGSPROZESS

Van Meegeren wandte sich dem Fälschen zu, weil seine eigenen Werke nicht ankamen – und weil er die Kunstszene nicht mochte. Er entwickelte ein Verfahren, Farbschichten künstlich zu altern, indem er Phenolformaldehydharz in Benzin oder Terpentin auflöste und erhitzte. Dadurch sahen seine Werke aus, als stammten sie tatsächlich aus dem 17. Jahrhundert. Er fälschte zehn Jahre lang, dann stellte er sich. Bei forensischen Untersuchungen an seinen Bildern wurden Spuren von Kobaltblau gefunden, das erst im 19. Jahrhundert produziert wurde. Er wurde des Betrugs angeklagt, starb aber, bevor er seine einjährige Haftstrafe antreten konnte.

RACHE

Tom Keating (1917–1984) stammte aus ärmlichen Verhältnissen. Wie van Meegeren war er Restaurator und begann zu fälschen, weil seine eigenen Werke keine Abnehmer

ELMYR DE HORY

Einer der fähigsten Kunstfälscher war der aus Ungarn stammende Elmyr de Hory (1906–1976). Er studierte Kunst in München und Paris, bevor er von den Nazis in ein Konzentrationslager verschleppt wurde. Er konnte aber aus dem Lagerkrankenhaus fliehen und sich nach Paris durchschlagen, wo er begann, berühmte Gemälde zu kopieren. Selbst Picasso-Fälschungen konnte er mit der Behauptung, sie stammten aus Familienbesitz, an Kunstgalerien verkaufen.

De Hory ließ sich in den 1950er-Jahren in Miami nieder, wo Galerien hohe Preise für seine Bilder zahlten. Nach Depressionen und einem Suizidversuch kehrte er 1959 nach Paris zurück und siedelte 1962 auf die Mittelmeerinsel Ibiza um. Um die Zeit war er bereits eine Berühmtheit, und der amerikanische Schriftsteller Clifford Irving brachte eine Biografie unter dem Titel *Fake! The Story of Elmyr de Hory the Greatest Art Forger of Our Time* heraus. Als de Hory 1976 erfuhr, dass die spanische Regierung ihn an die französischen Behörden ausliefern wolle, nahm er sich das Leben.

Kunstfälscher Elmyr de Hory mit einem seiner „Werke", für das er nach eigenen Aussagen nicht mehr als zehn Minuten gebraucht hatte.

Er kopierte Alte Meister, weil seine eigenen Bilder nicht gekauft wurden – und weil er die Kunstszene verabscheute.

fanden. Außerdem wollte er sich an reichen Kunsthändlern rächen. Er gab an, dass etwa 2000 seiner Fälschungen in Umlauf seien, nannte aber keine Einzelheiten. Angeblich sollen Kopien berühmter Werke von Rembrandt, Renoir, Degas und Gainsborough darunter sein.

1970 wurden einem Auktionshaus 13 Aquarelle von Samuel Palmer angeboten. Die Auktionatoren schöpften Verdacht, Keating gestand und wurde 1977 verhaftet. Das

Verfahren wurde wegen seines schlechten Gesundheitszustandes eingestellt. 1984 wurden 204 seiner Werke (unter eigenem Namen) versteigert und erzielten Preise von 12 000 Pfund und mehr.

Rechts: Der Maler Hans van Meegeren bei der Arbeit. Van Meegeren gestand seine Fälschungen, als er nach Kriegsende wegen Verkaufs nationaler Kulturgüter an die Nazis festgenommen worden war. Laboruntersuchungen der belgischen Museen bestätigten seine Angaben.

Oben: Um sich vor Betrugsvorwürfen zu schützen, baute Tom Keating kleine Fehler und andere Hinweise ein, die Ermittler und Experten finden sollten.

Produktpiraterie

Die Herstellung und der Verkauf von gefälschten Produkten ist weltweit ein bedeutendes Geschäft geworden, das Schätzungen zufolge fünf bis zehn Prozent des Welthandels ausmacht.

Oben: Nestlé-Geschäftsführer Peter Brabeck-Letmathe 2007 in Genf bei einer Konferenz der BASCAP gegen Produktfälschung und -piraterie.

Rechts: Michel Danet, Generalsekretär der Internationalen Zollorganisation, präsentiert auf einem Weltkongress zur Fälschungsbekämpfung verschiedene Kopien.

Großes Bild: Ein chinesischer Polizist wirft in einer Fabrik CDs mit Software-Fälschungen und Raubkopien auf einen großen Haufen. Bei diesem Einsatz im Jahr 2005 konfiszierte und vernichtete die Polizei mehr als 100 000 Datenträger.

Das FBI schätzt, dass dieser illegale Handel die USA etwa 250 Milliarden Dollar kostet. Andere Studien zeigen, dass Fälschungen in den USA etwa 750 000 Arbeitsplätze vernichtet haben.

Michel Danet, Generalsekretär der Internationalen Zollorganisation, weist darauf hin, dass die Herstellung von Produktfälschungen ein Straftatbestand ist und als Akt der Wirtschaftssabotage gewertet wird.

KOPIEN

Manchmal ist es extrem schwierig, zwischen Original und Kopie zu unterscheiden. Außerdem werden fast alle Produkte illegal produziert – Türdrücker und Schuhcreme ebenso wie Lebensmittel, Medikamente, Uhren, Zigaretten, Kleidung, elektronische Geräte, Parfüm und sogar Flugzeugteile. 2005 stellte die BASCAP (Organisation zur Bekämpfung von Produktfälschung und -piraterie) Untersuchungen in 80 Ländern an und fand heraus, dass es sich bei 40 Prozent der Fälschungen um Produkte von Softwarefirmen, Modedesignern, Pharmaunternehmen, Druckerherstellern und Produzenten von Luxusgütern handelte.

188

UNTERSTÜTZUNG DER ORGANISIERTEN KRIMINALITÄT

„Manche Kopien sind so gut, dass nur ein Experte sie vom Original unterscheiden kann", sagt Michelle Moore, Sprecherin der Internationalen Koalition zur Bekämpfung der Produktfälschung (IACC). „Und obwohl die Geschäfte, in denen sie verkauft werden, aussehen wie Tante-Emma-Läden, stehen sie doch oft in Verbindung mit dem organisierten Verbrechen."

Die IACC betont, dass die Produktfälscher weder Steuern noch faire Löhne zahlen und ihren Profit durch Kinderarbeit oft noch steigern. Die IACC vermutet auch Verbindungen zur organisierten Kriminalität, Drogenringen und terroristischen Aktivitäten. „Wenn Sie ein gefälschtes Produkt kaufen", warnt die Organisation, „werden Sie Teil dieses Systems, denn Ihr Geld fließt direkt in Kanäle, die sie gar nicht unterstützen wollen."

MODE UND MEDIKAMENTE

Jedes Land kennt dieses Problem. 2007 waren in Indien 44 verschiedene Fälschungen von Wick VapoRub zu haben. Auf Malta stellte der Zoll allein im Januar und Februar 2007 mehr als eine halbe Million gefälschter Produkte sicher. In Virginia durchsuchte die Polizei elf Filialen eines Modehauses und stellte fest, dass es sich bei 90 Prozent der Produkte um Fälschungen handelte.

Manche Kopien sind so gut, dass nur ein Fachmann sie vom Original unterscheiden kann.

FÄLSCHUNGSZEICHEN

Jedes Produkt (Diamanten, Perlen, Designertaschen usw.) wird auf andere Weise gefälscht. Darum lassen sich keine allgemeingültigen Erkennungsmerkmale für Fälschungen benennen. Ed Kelly, Urheberrechtsanwalt, rät Käufern, die „drei Ps" im Kopf zu behalten:

- **Packung:** Achten Sie auf die Qualität von Produkt und Verpackung, außerdem auf Details wie unsaubere Steppungen oder Schreibfehler auf Logos oder Etiketten.
- **Preis:** Ist der Preis zu schön, um wahr zu sein? Dann Vorsicht!
- **Präsentation:** Markenprodukte werden im seriösen Einzelhandel oder über die Website des Unternehmens verkauft – aber nicht auf der Straße oder an Marktständen.

Industrielle Fälschung

Schätzungen der Organisation für wirtschaftliche Zusammenarbeit und Entwicklung (OECD) zufolge beläuft sich der Verlust internationaler Unternehmen durch Fälschungen auf mehr als 200 Milliarden Dollar. Ein Großteil der Plagiate stammt aus China.

Selbst chinesische Unternehmen schätzen den Verlust auf etwa ein Fünftel ihres Umsatzes.

Wie in allen Wirtschaftsbereichen bestimmt die Nachfrage das Angebot an Fälschungen. Eine Markenuhr im Wert von 13 000 US-Dollar gibt es als Fälschung in New York für zehn Dollar. Louis-Vuitton-Taschen, die 2000 US-Dollar kosten, sind auf der Straße für 50 Dollar und im Internet für 800 Dollar zu haben.

BESCHLAGNAHMUNGEN

Innerhalb von zehn Tagen beschlagnahmten EU-Behörden zwei Millionen Produktimitationen aus China. Mehr als 70 Prozent der in der EU und 80 Prozent der in den USA beschlagnahmten Produkte stammen aus diesem Land.

Statistiken der US-Zollbehörde zeigen, dass die Zahl chinesischer Fälschungen von 2005 bis 2006 um 62 Prozent angewachsen ist, wobei die Zunahme bei technischen Geräten bei 709 Prozent, bei Schuhen bei 669 Prozent liegt. Das ist mehr als das zusammengefasste Fälschungsaufkommen aller anderen Länder.

Auch in Indien, Malaysia und Indonesien werden Produkte gefälscht. Viele gelangen über Afghanistan, Guinea oder die Vereinigten Arabischen Emirate nach Europa. Die chinesische Regierung hat zugesichert, strenger gegen Produkt-

LASERTECHNIK UND GEFÄLSCHTE MEDIKAMENTE

2007 stellte ein britisches Labor ein neues Verfahren vor, gefälschte Medikamente ohne Öffnen der Verpackung zu erkennen. Durch Spektroskopie lässt sich die chemische Zusammensetzung eines Moleküls bestimmen. Das vom Molekül gestreute Licht wird mit einem Laser angestrahlt, mit einer Linse gebündelt und zur Analyse durch einen Monochromator zu einem Detektor geleitet. Von der Verpackung, Tablettenbeschichtung und den inaktiven Inhaltsstoffen können aber viele Störimpulse ausgehen, sodass eine genaue Analyse unmöglich ist. Mit der Raman-Spektroskopie lässt sich dieses Problem umgehen. Tiefere Materialschichten können analysiert und Störimpulse ausgefiltert werden, um die Inhaltsstoffe zu ermitteln. Erfolgreiche Untersuchungen wurden an Blisterpackungen und Plastikflaschen vorgenommen.

Links: Der zur Raman-Spektroskopie verwendete Laser erzeugt einen sehr schmalen, monochromen Strahl, der sich exakt auf eine kleine Probe richten lässt.

piraterie vorzugehen und das Recht auf geistiges Eigentum besser zu schützen. Im Zuge dieser Maßnahmen wurde der bekannte Xiangyang-Markt in Bejing, einer der größten Umschlagplätze für Plagiate, geschlossen.

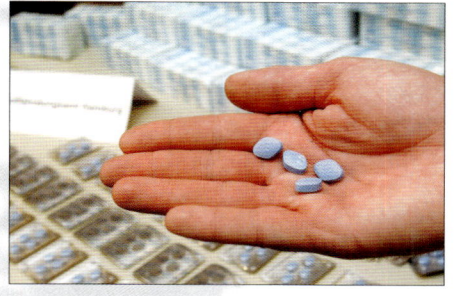

Links: Ein deutscher Zollbeamter zeigt auf einer Pressekonferenz im Jahr 2003 gefälschte Viagra-Tabletten. 40 000 davon wurden bei einer Luftfracht-Kontrolle beschlagnahmt.

Unten: Kunden an Ständen mit gefälschten Handtaschen in dem berühmten New Silk Alley Einkaufszentrum in Bejing im Juni 2006. Eine Woche zuvor hatten die Betreiber ein Abkommen mit großen Markenherstellern unterzeichnet, keine Plagiate mehr anzubieten. Dennoch werden weiterhin Fälschungen verkauft.

MEDIKAMENTE

Die Gesundheitsgefährdung der Verbraucher durch gefälschte Medikamente nimmt zu. 2003 legte die Weltgesundheitsorganisation WHO einen Bericht vor, demzufolge etwa 25 Prozent der in den Entwicklungsländern verabreichten Medikamente gefälscht sind. Viele besitzen keinerlei Wirkung, einige bestehen aus nicht mehr als Weizenmehl. Unwirksame Medikamente gefährden vor allem in Ländern wie Kambodscha, China, Laos, Myanmar, Thailand und Vietnam die Programme der WHO auf gefährliche Weise.

Musikpiraterie

Durch das rechtswidrige Kopieren kommerzieller Aufnahmen erleidet die Musikindustrie weltweit Verluste in Höhe von etwa 4,2 Milliarden US-Dollar.

Musikpiraterie treibt die Kosten für legale Produkte in die Höhe, reduziert die Tantiemen der Künstler und schadet dem Handel und den Aufnahmestudios.

Der Verband der amerikanischen Schallplattenindustrie RIAA benennt vier Arten der Piraterie:

Private Raubkopien: Kopie der Musik, jedoch ohne die Verpackung mit Titel, Illustration, Label usw.

Kommerzielle Raubkopien: Kopie der Musik und der Verpackung mit Warenzeichen, Label usw.

Bootleg: Unerlaubte Mitschnitte von Livekonzerten oder Musiksendungen im Rundfunk

Online-Piraterie: Unerlaubter Upload von urheberrechtlich geschützter Musik, die so über Internetseiten der Öffentlichkeit zugänglich gemacht wird

Durch kostenlose Tauschbörsen wie Napster hat sich die Musikpiraterie im Internet zu einer besonderen Gefahr entwickelt. 2005 verabschiedete der Oberste Gerichtshof der USA ein Verbot solcher Tauschbörsen. Ein Sprecher der Industrie teilte mit, das Problem sei dadurch reduziert, aber nicht eliminiert worden. Unterstützt wurde die Maßnahme dadurch, dass die RIAA mehr als 18 000 Personen wegen illegalen Musiktauschs verklagte, von denen 4500 zu Zahlungen von etwa 3000 Euro verurteilt wurden.

NAPSTER

Der Student Sean Parker und sein Onkel Shawn Fanning gründeten 1999 die Internet-Musiktauschbörse. Sie eröffneten ein Büro in San Mateo (Kalifornien) und boten eine große Bandbreite von Musikstücken zum Tausch und kostenlosen Download an, ohne dass den Urheberrechtsinhabern Tantiemen zuflossen. Manche Stücke waren bei Napster erhältlich, noch ehe sie in den Handel kamen. 2001 nutzten 26 Millionen Personen Napster, aber es waren bereits Gerichtsverfahren anhängig. Napster führte ein Gebührensystem ein, ging aber im Folgejahr bankrott. Seitdem wurden ähnliche Tauschbörsen eingerichtet, jedoch ohne zentrales Netzwerk, was die strafrechtliche Verfolgung von Urheberrechtsverletzungen erschwert.

Oben: Ein Internetnutzer lädt 2001 Musik von Napster herunter. Inzwischen hat der Oberste Gerichtshof der USA Online-Musiktauschbörsen verboten.

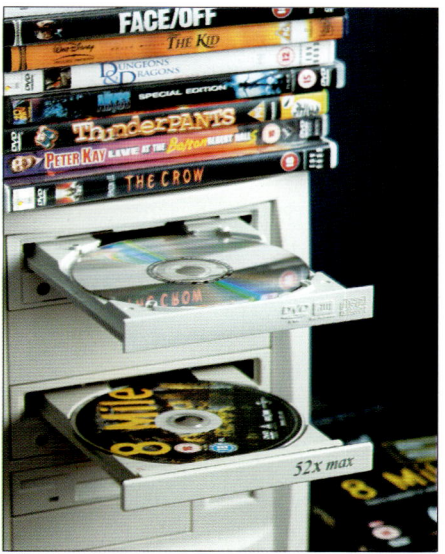

Rechts: Illegale Musik- und Videoaufnahmen, die ihren Produzenten gute Profite bringen, überschwemmen den Markt. Allerdings ist die Qualität oft schlecht, und Urheberrechtsverletzungen sind strafbar.

RAUBKOPIEN ERKENNEN

Typische Kennzeichen illegaler Kopien sind beispielsweise:

- Fehlender Barcode auf der Verpackung
- Preis wesentlich niedriger als der der Originalaufnahme
- Name und Adresse des Herstellers fehlen auf dem Label oder sind falsch.
- Beim Datenträger handelt es sich um eine Recordable Compact Disk (CD-R) mit bläulich oder grünlich schimmernder Unterseite.
- Schreibfehler auf Datenträger oder Einleger
- Der Einleger ist auf minderwertigem Papier gedruckt oder unsauber beschnitten.
- Verkauf an unüblichen Orten, etwa auf einem Straßenmarkt oder Flohmarkt

Links: An improvisierten Verkaufsstellen wie diesem Garagenflohmarkt in England werden nach wie vor große Mengen von Raubkopien in Umlauf gebracht.

Fälle von Musik- und Filmpiraterie

Die British Phonographic Industry (BPI), die für den Urheberrechtsschutz zuständig ist, veranlasste 2005 die Durchsuchung einer Videothek, bei der Raubkopien im Wert von 1,4 Millionen Pfund sichergestellt wurden.

H underte von Personen waren am Verkauf gefälschter CDs und DVDs in Nordostengland beteiligt. Gegen das weitverzweigte Netzwerk erstattete die BPI Anzeige. Der Videothekbesitzer James Cowan und seine wichtigsten Helfer,

Die riesige Bandbreite der Produktfälschungen reicht von Luxusuhren bis zu Schuhcreme. Wirtschaftverbände gehen zunehmend gegen die Produktpiraterie vor.

darunter seine Ehefrau, wurden zu Gefängnisstrafen zwischen neun Monaten und zwei Jahren verurteilt.

INTERNET-AUKTIONEN

Ein Amerikaner, der mit drei Helfern von China aus DVDs über das Internet vertrieb und damit fast 100 000 Euro einstrich, wurde 2005 an die USA ausgeliefert, um dort seine Haftstrafe abzusitzen. Der 38-jährige Randolph Guthrie III zog 1995 nach Shanghai und baute ein lukratives Geschäft auf. Er verkaufte über eBay und eine russische Internetseite James-Bond-DVDs für rund 2,25 Euro pro Stück. Nachdem ein MGM-Anwalt eines von Guthries Angeboten bei eBay entdeckt hatte, informierte das Unternehmen die Motion Picture Association of American (MPAA) und löste so die erste gemeinsame chinesisch-amerikanische Ermittlung im Bereich der DVD-Piraterie aus. Die chinesische Polizei entdeckte in drei Lagerhäusern Guthries etwa 210 000 illegale DVDs. Vor Gericht

Mitglieder der Motion Picture Association of America vor einem Ermittlungsausschuss des US-Senats, der sich mit Musik- und Videopiraterie beschäftigt.

stellte sich heraus, dass die Bande 133 000 DVDs im Gesamtwert von rund 300 000 Euro in mehr als 20 Länder verkauft hatte, darunter die USA, Großbritannien, Australien und Kanada.

Guthrie wurde 2004 in Shanghai verhaftet, zu zweieinhalb Jahren Haft und einer Geldstrafe von 45 000 Euro verurteilt. Seine drei Komplizen erhielten Haftstrafen von bis zu 15 Monaten und Geldstrafen zwischen 1000 und 3000 Euro. Im Jahr 2005 wurde Guthrie an die USA ausgeliefert.

CHINAS BILLIGE INTERNET-SONGS

Studien zufolge sind 85 Prozent der in China in Umlauf befindlichen Musik-CDs Raubkopien. 2007 verklagten elf Firmen den chinesischen Zweig von Yahoo auf Zahlung von 5,5 Millionen Yuan (ca. 520 000 Euro) wegen Verletzung von Urheberrechten. Yahoo China gab an, die Bemühungen gegen die Piraterie zu unterstützen, teilte aber mit, dass die Betreiber der Internetseite für das Handeln der User nicht verantwortlich sind. Damit bezog sich Yahoo auf das Urteil im Verfahren gegen Chinas größte Suchmaschine Baidu. Baidu hatte sich 2005 bereiterklärt, Links zu Websites zu entfernen, die Raubkopien anbieten. Mehr als 50 000 Links waren betroffen. Baidu zufolge macht die Suche nach Musik etwa 22 Prozent des Nutzeraufkommens der Website aus.

Links: Chinesische Polizisten durchsuchen 2004 auf der jährlich stattfindenden internationalen Mode- und Accessoires-Messe in Bejing einen Stand. Hier wurden gefälschte Lederjacken entdeckt.

Die Ausschläge eines Lügendetektors können auf Falschaussagen hindeuten. Die Verlässlichkeit ist jedoch umstritten.

Kapitel elf

Die Psyche des Verbrechers

FORENSIKER KÖNNEN MIT VERSCHIEDENEN METHODEN UND TECHNISCHEN HILFSMITTELN HERAUSFINDEN, WIE EIN VERBRECHEN VERÜBT WURDE UND WER DER TÄTER IST. Weitaus komplizierter – wenn nicht unmöglich – ist es, Einblicke in den Geisteszustand eines Verbrechers zu gewinnen. Das Gehirn eines heimtückischen Mörders ist in vieler Hinsicht ein Buch mit sieben Siegeln.

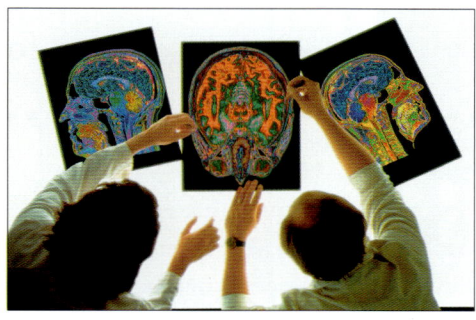

Ärzte prüfen die Ergebnisse von Kernspin-Tomogrammen. Diese Technologie soll zur Erforschung der Gehirnstruktur weiterentwickelt werden.

Dennoch sind Verbrecher, wie gewöhnliche Menschen auch, Gewohnheitstiere. Ermittler machen sich diese Erkenntnis zunutze, um den Kreis der Verdächtigen einzugrenzen. Psychologische Profiler entwickeln Beschreibungen des wahrscheinlichen Täters, bis der tatsächliche Schuldige gefunden wird. Wenn er oder sie ergriffen wurde, können Tests zum besseren Verständnis des Geisteszustandes vorgenommen werden. Für die rechtlichen Aspekte eines Falls sind sie von großer Bedeutung.

Die erforderlichen Geräte gehören nicht zur Standardausstattung kriminaltechnischer Labors. Der Polygraf oder Lügendetektor zur Feststellung des Wahrheitsgehalts von Aussagen ist umstritten. Inzwischen wurden dafür effektivere und verlässlichere Methoden entwickelt, etwa das Elektronenenzephalogramm (ECG), die Kernspintomografie (MRT) und die Computertomografie (CT).

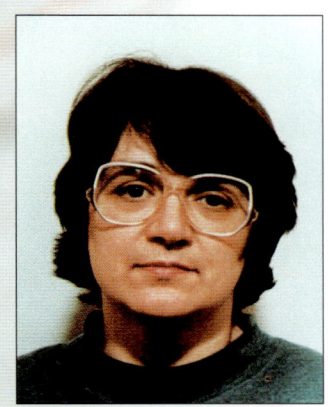

Die Serienmörderin Rosemary West auf einem Polizeifoto. Sie wurde zu lebenslanger Haft verurteilt. Ihr ebenfalls beschuldigter Ehemann Fred West erhängte sich vor Prozessbeginn.

Forensische Psychiatrie

Forensische Psychiater untersuchen Angeklagte, um das Maß ihrer Schuld- und Verhandlungsfähigkeit beurteilen zu können.

Legt jemand ein falsches Geständnis ab, so können dafür psychische Probleme die Ursache sein. Eventuell will die Person auch einfach im Mittelpunkt stehen. Als 2006 John Karr behauptete, er habe 1996 in Colorado die sechsjährige kleine Schönheitskönigin JonBenet Ramsey ermordet, ließen sich allerdings keine Gründe für diese Falschaussage finden.

Die forensischen Psychiater Dr. Henry Kennedy und Dr. Sarah Henley bei der Verhandlung 1999 in London gegen Louise Sullivan, die wegen fahrlässiger Tötung eines Kindes verurteilt wurde.

Die Prüfung der Prozessfähigkeit ist wichtig, weil ein Verdächtiger mit gravierenden psychischen Problemen wie Wahnvorstellungen oder Paranoia nicht in der Lage ist, den Abläufen bei einer Gerichtsverhandlung zu folgen oder auch nur zu verstehen, wie die Anklage lautet. Im Allgemeinen kommen solche Täter eher in Kliniken als ins Gefängnis.

GEISTESSTÖRUNG

Verdächtige können auch dann als nicht verhandlungsfähig eingestuft werden, wenn sie ein gravierendes Alkohol- oder Drogenproblem haben. Die Psychiater haben ein wachsames Auge darauf, ob jemand eine geistige Störung nur vortäuscht, um einen Antrag auf Unzurechnungsfähigkeit durchzusetzen.

Wird dem stattgegeben, heißt es vor kanadischen Gerichten häufig: „Nicht verantwortlich für kriminelle Handlungen wegen geistiger Verwirrtheit", während in den USA auf „Verminderte Zurechnungsfähigkeit" plädiert wird. Beides sagt aus, dass ein Straftäter ganz oder teilweise, dauerhaft oder vorübergehend, die Fähigkeit verloren hat, zwischen falsch und richtig zu unterscheiden.

RORSCHACH–TESTS

Neben der Befragung können Psychiater auch mit verschiedenen Tests arbeiten. Beim Rorschach-Test geht es darum, abstrakte Muster zu deuten. Bei einem anderen Deutungstest (Thematic Apperception Test, TAT) sollen Geschichten anhand von Bildern erzählt werden.

RUDOLF HESS

Einer der bekanntesten Fälle von anscheinend verminderter Verhandlungsfähigkeit war die Verhandlung gegen Rudolf Heß bei den Nürnberger Prozessen. Heß flog während des Krieges heimlich nach Schottland. Angeblich wollte er einen Friedensvertrag aushandeln. Er sprang mit dem Fallschirm aus seiner Messerschmitt ab, wurde dann aber verhaftet.

Bei der Verhandlung sprach er mit sich selbst, lachte ohne ersichtlichen Grund und spielte mit seinen Fingern. Die Psychiater, die Heß untersuchten, waren sich nicht sicher, ob er geistesgestört war. Trotzdem wurde Heß zu lebenslanger Haft verurteilt und nach Berlin Spandau ins Gefängnis gebracht, wo er 1987 im Alter von 93 Jahren Selbstmord beging.

Rudolf Heß (vordere Reihe, zweiter von links) während der Nürnberger Prozesse, flankiert von zwei weiteren berüchtigten Nazis: Hermann Göring zu seiner Rechten, Joachim von Ribbentrop, links von ihm.

SCHWEIGEPFLICHT

Die Schweigepflicht eines Psychiaters wird manchmal durch die rechtlichen Erfordernisse gefährdet. Wenn sie seitens des Gerichts eingeschränkt wird, muss der Verdächtige darüber informiert werden. Während einer Untersuchung des Geisteszustandes des Verdächtigen, sollten Informationen aus den Gesprächen vertraulich bleiben.

Links: Ein Psychiater (rechts) kümmert sich um eine Angehörige eines der 18 Opfer, die 2006 bei einem Feuer in einem Bus in Panama City ums Leben kamen. Das Feuer wurde durch einen technischen Defekt ausgelöst.

Lügendetektor-Fälle

Der amerikanische Mittelgewichtsboxer Rubin „Hurrikan" Carter wurde 1966 in New Jersey des dreifachen Mordes beschuldigt. Er unterzog sich wenige Stunden nach dem Mord einem Lügendetektor-Test und fiel durch.

Der Polizei-Polygrafist John McGuire hatte einige Fragen zweimal gestellt, und Carter war zweimal durchgefallen. Carter und John Artis waren 1967 wegen einer Schießerei, bei der drei Menschen getötet worden waren, zu lebenslanger Haft verurteilt worden. Der Fall wurde 1976 wieder aufgenommen, weil der Verteidigung Absprachen zwischen Staatsanwaltschaft und Zeugen niemals mitgeteilt worden waren.

Die Staatsanwaltschaft bot den Angeklagten an, sich erneut einem Lügendetektortest zu unterziehen. Sollten sie bestehen, würde man die Anklage fallen lassen, und sie wären frei. Fielen sie durch, würde der Test vor Gericht nicht gegen sie verwendet werden. Beide Männer

Rubin „Hurrikan" Carter (rechts) und sein Mitangeklagter John Artis stellen sich 1967 vor dem Gerichtsgebäude der Presse. Inzwischen beraten sich die Geschworenen – und kommen zu einem Schuldspruch.

Der Fall wurde wieder aufgenommen, weil der Verteidigung Absprachen niemals mitgeteilt worden waren.

Ahmad Chalabi unterzog sich einem Lügendetektortest, um seine Angaben zu Massenvernichtungswaffen im Irak glaubhaft zu machen.

EDWARD GELB

Edward Gelb hat sich seit 1956 in den USA einen guten Ruf als Polygrafist erworben. Er hat über 30 000 Tests durchgeführt. Zu seinen berühmtesten Probanden gehörte O. J. Simpson, der 1994 angeklagt war, seine Frau und ihren Freund ermordet zu haben. Simpson fiel bei dem Test durch, wurde aber dennoch nicht verurteilt. Gelb testete auch John und Patsy Ramsey, die unter dem Verdacht standen, 1996 ihre Tochter JonBenet ermordet zu haben. Sie bestanden den Test und wurden niemals angeklagt.

Dies sind einige der entscheidenden Fragen, die Gelb den Ramseys stellte und die von beiden eindeutig mit Nein beantwortet wurden:

„Sind Sie für irgendeine der Verletzungen, die den Tod von JonBenet verursachten, verantwortlich?"

„Verheimlichen Sie die Identität der Person, die JonBenet tötete?"

„Haben Sie die Lösegeldforderung, die in Ihrem Haus gefunden wurde, selbst geschrieben?"

lehnten ab. Carter und Artis wurden 1985 aus dem Gefängnis entlassen.

FEHLER

Eine enorme Tragweite hatte der Lügendetektor-Test, bei dem der Iraker Ahmed Chalabi den US-Geheimdiensten berichtete, Saddam Hussein verfüge über Massenvernichtungswaffen.

Chalabi, Führer des Irakischen Nationalkongresses (INC), lebte in London im Exil. Er gab an, Hussein besäße mobile Laboratorien für biologische Waffen. Er bestand den Lügendetektor-Test, der seine Informationen zu bestätigen schien. Bei einem zweiten Test im Jahr 2002 fiel er jedoch durch, aber die US-Agenten ignorierten die Warnung, dass seine Aussagen nun unglaubwürdig wären.

Seitdem hat sich herausgestellt, dass der INC Chalabi beim Bestehen des ersten Tests unterstützt hatte. Obwohl er durch die Geschehnisse

John und Patsy Ramsey umringt von Reportern 2001. John war von einem Dieb, der in das Haus einbrechen wollte, verletzt worden.

die politische Unterstützung von amerikanischer Seite verloren hat, ist Chalabi heute Mitglied der irakischen Regierung. Kürzlich teilte er mit, seine falschen Aussagen hätten

zu Husseins Sturz beigetragen. „Wir sind durch unsere Irrtümer zu Helden geworden", sagte er. „Was genau wir damals sagten, spielt keine Rolle mehr."

Elektroenzephalografie

Im Gegensatz zum Polygrafen werden die Ergebnisse des Elektroenzephalografen (EEG) selten angezweifelt. Er wird seit 1930 verwendet und erfasst den Verlauf elektrischer Wellen im Gehirn.

Die computergestützte Erinnerungsforschung wurde in den USA von Dr. Farwell entwickelt und arbeitet mit der sogenannten Memory and Encoding Related Multifaceted Electroencephalographic Response (MERMER). Dabei handelt es sich um eine Reaktion des Gehirns, die unwillkürlich beim Wiedererkennen eintritt. Spezifische Gehirnwellen sind etwa 300 Millisekunden nach Wiedererkennen eines Bildes messbar. Es handelt sich um eine nicht beeinflussbare Reaktion. Es zeigt nicht an, ob ein Verdächtiger lügt oder nicht, sondern nur, ob bestimmte Informationen in seinem Gehirn gespeichert sind.

SUCHE NACH ERINNERUNG

Bei einer Erinnerungsforschung trägt der Verdächtige eine Art Netz

Dieses Elektroenzephalogramm (EEG) zeigt einen Gehirntod an. Alle acht Gehirnwellen verzeichnen keinerlei Amplitude, also liegt keine Gehirntätigkeit vor.

auf dem Kopf, an dem sich Sensoren befinden, die von verschiedenen Bereichen des Kopfes ein EEG erstellen. Der Testperson werden auf einem Monitor Bilder, Wörter oder Sätze gezeigt, von denen manche unverfänglich sind, andere aber mit einem Verbrechen im Zusammenhang stehen. Die Untersuchung vergleicht also Tatbestände vom Tatort mit solchen, die schon im Gehirn gespeichert sind.

Die unverfänglichen Bilder werden dazu verwendet, eine Basislinie der Antworten zu finden. Die Gehirnwellen verändern sich, wenn das Gehirn etwas Bekanntes registriert. Der Proband kann diese Reaktion nicht beeinflussen.

Unschuldige weisen beispielsweise keinerlei MERMER auf, wenn ihnen ein unbekannter Tatort gezeigt wird. Tests mit FBI- und CIA-Agenten ergaben eine hundertprozentige Trefferquote. Bei den Tests der FBI-Agenten ließen sich 17 Agenten aus einer Gruppe von 21 Personen herausfinden, indem man allen Testpersonen Bilder zeigte, die nur FBI-Agenten bekannt sein konnten.

MERMER-GESTÄNDNIS

Eine Erinnerungsforschung gab 1999 den Ausschlag für das Geständnis des Mörders James Grinder in Missouri. Dr. Farwell führte den Test an Grinder durch und zeigte ihm Bilder zu einem ungeklärten Mordfall. Die Gehirnreaktionen zeigten Übereinstimmungen. Grinder gestand dann, Julie Helton vergewaltigt und ermordet zu haben. Er wurde zu lebenslanger Haft ohne Bewährung verurteilt. Später gestand er den Mord an drei weiteren Frauen.

DR. LAWRENCE FARWELL

Der Erfinder der Erinnerungsforschungs-Technologie Lawrence Farwell ist leitender Vorsitzender der Brain Fingerprinting Laboratories in Seattle. Farwell hat den Farwell-Gehirn-Kommunikator erfunden. Dieses Gerät ermöglicht es Gelähmten, mit einem Computer direkt zu kommunizieren. Über einen Sprach-synthesizer werden die Gehirnwellen elektrisch umgesetzt. Farwell betreibt auch Forschungen, um den Zusammenhang zwischen menschlichem Bewusstsein und Materie auf quantenmechanischer Ebene zu analysieren. Die Ergebnisse dieser Arbeit hat er in dem Buch *How Consciousness Commands Matter. The New Scientific Revolution and the Evidence that Anything Is Possible* (2001) zusammengefasst.

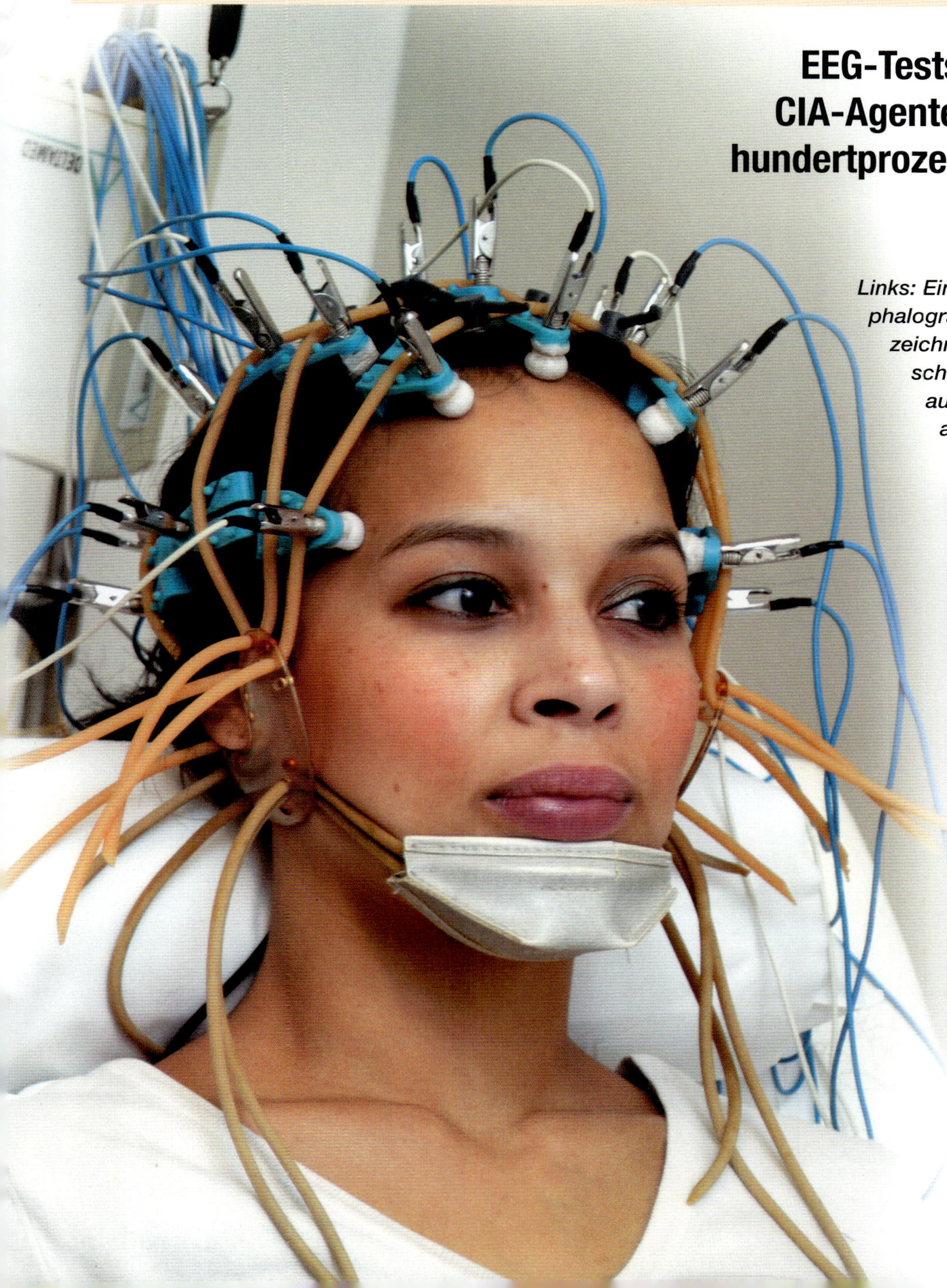

EEG-Tests mit FBI- und CIA-Agenten ergaben eine hundertprozentige Trefferquote.

Links: Eine Frau bei einem Test am Elektroenze-phalografen. Die Elektroden auf dem Kopf zeichnen die elektrische Aktivität in unter-schiedlichen Bereichen des Gehirns auf. Es wird erfasst, wie das Gehirn auf Stimulation reagiert.

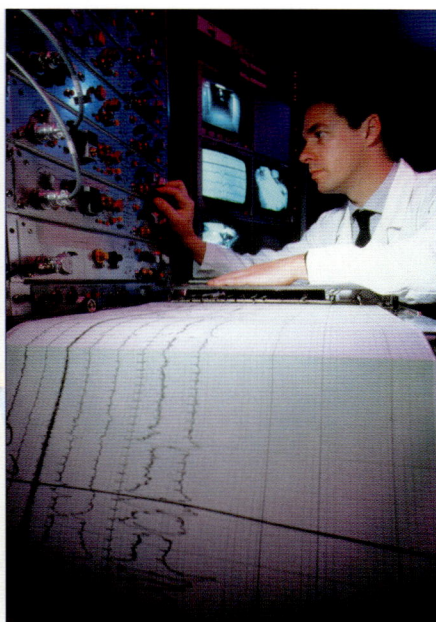

Oben: Routinemäßige Überprüfung eines EEG. Das Gerät zeichnet die Gehirnaktivitäten des Probanden auf und erstellt einen Ausdruck mit den charakteristischen Wellenbewegungen.

Messung von Stress in der Stimme

Auch durch die Stimme kann sich emotionaler Stress ausdrücken. Die Suche der Ermittler nach Möglichkeiten, einen „Stimmabdruck" als Lügendetektor zu verwenden, führte zur Entwicklung des Psychological Stress Evaluator (PSE), eines Erfassungsgeräts für psychologischen Stress.

● ●

P SE geht von der Annahme aus, dass sich die Stimmlage eines Befragten beim Lügen hebt. Die menschliche Stimme umfasst unhörbare Schwingungen, sogenannte Mikrotremoren. Emotionaler Stress, der beim Lügen entsteht,

strafft die Stimmbänder, und die Mikrotremore werden abgeschwächt, wodurch die Linien am Monitor flacher werden.

In den 1970er-Jahren entwickelten drei pensionierte Nachrichtenoffiziere das erste System, um die

menschliche Stimme zur Stressanalyse zu nutzen. Es bestand aus

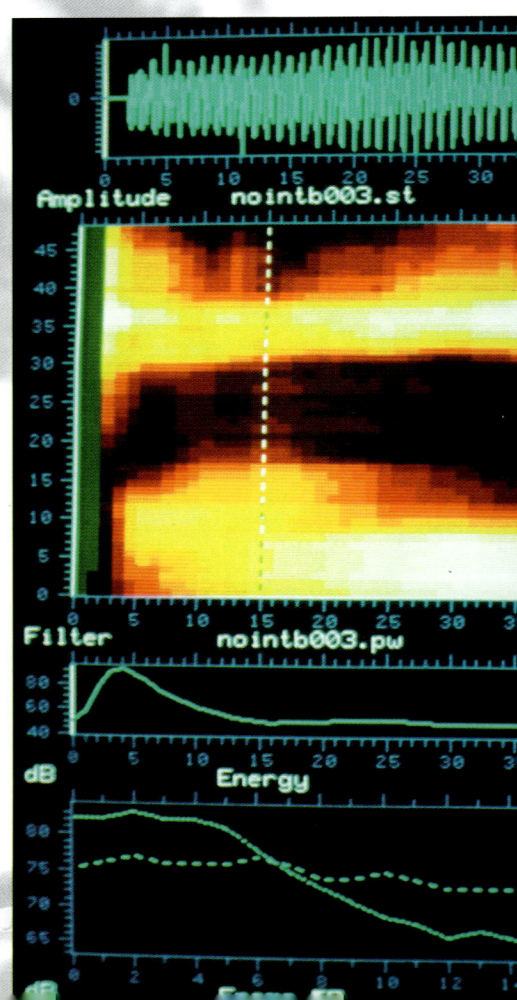

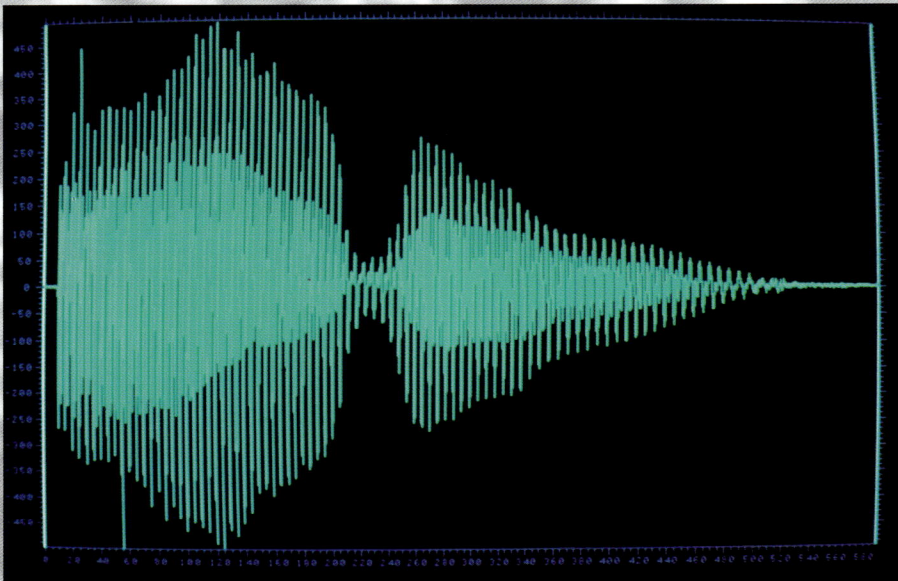

Computerdarstellung der wellenförmigen Amplitude für das Wort „Baby", erzeugt mit einem Sprachsynthesizer. Die Amplitude verdeutlicht die Lautstärke, die einen Stressfaktor darstellt.

einem Mikrofon, einem Kassetten-rekorder und einem Gerät, das die Vibrationsschwankungen erfasst. Das Resultat – Voiceprint genannt – wird ausgedruckt.

MODERNE GEISTERBEFRAGUNG?

Die meisten Wissenschaftler sind skeptisch, ob ein derartiges System funktionieren kann. Sie bezeichnen es als genauso wirksam wie Geister-befragung. Frank Horvath, Professor für Kriminologie, beschäftigt sich seit über 30 Jahren mit Lügendetek-toren. Er hält PSE für nutzlos und meint, die Trefferquote sei nicht größer als beim Raten. Ian Christo-pherson, Rechtsanwalt in Las Vegas,

ergänzt: „Vielleicht gibt es da etwas, was man messen kann, aber das ist nichts, was mit Wahrheitsfindung zu tun hat."

Dennoch haben Hunderte von US-Polizeidienststellen einen Com-puter Voice Stress Analyzer (CVSA) angeschafft, ein computergesteuertes PSE-Gerät, das jeweils eine Minute lang Schwankungen von Stimmen aufzeichnet. Das Gerät wird hergestellt vom National Institute for Truth Verification in Florida. Das 1986 gegründete Unternehmen verkaufte bereits 1200 Geräte an Polizeieinrichtungen und bildete etwa 5000 Personen in der Hand-habung aus.

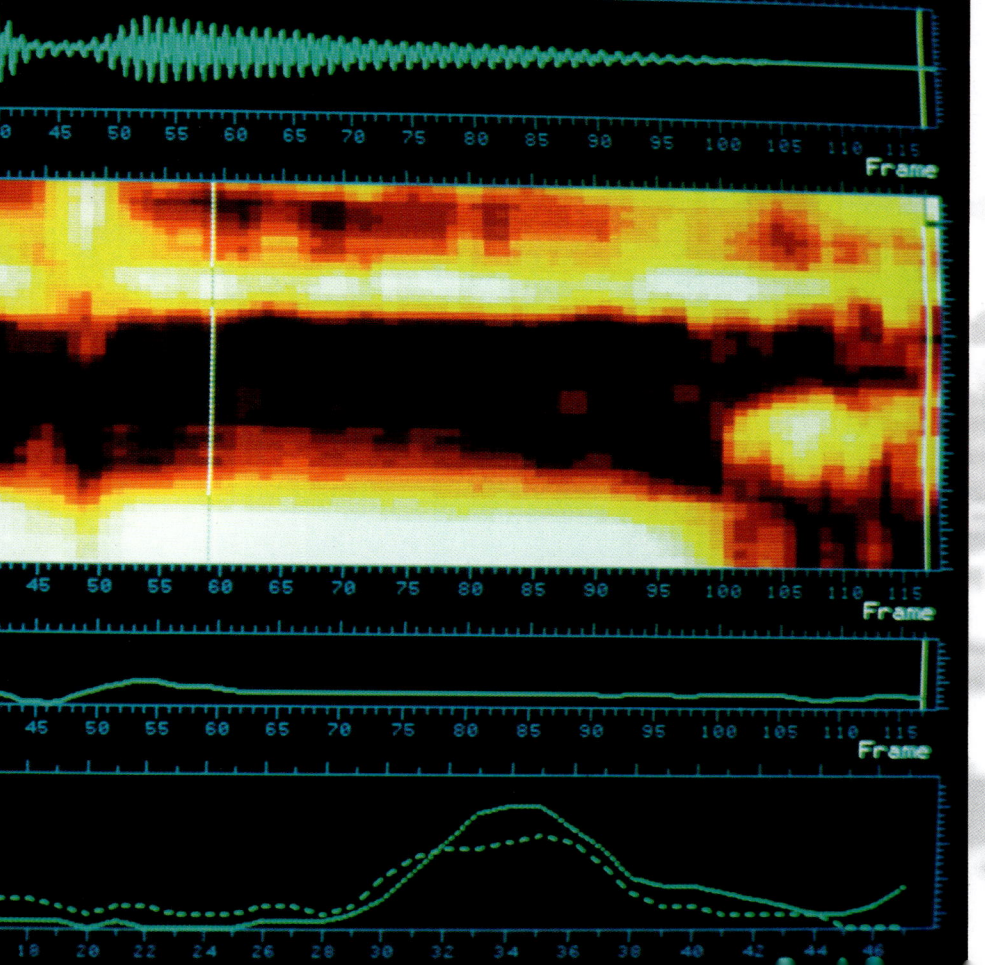

Die Darstellung der Voiceprint-Amplitude des Wortes „Baby". Von oben nach unten ist dargestellt: Originalamplitude, spektralanalytische Darstellung der Amplitude, gefilterte Amplitude und das Energieniveau.

Unzurechnungsfähigkeit

Unzurechnungsfähigkeit kann ganz verschiedene Geisteszustände umfassen. Laut Gesetz kann ein Täter für sein Handeln nicht zur Verantwortung gezogen werden, wenn er keinen Realitätsbezug hat.

Unzurechnungsfähigkeit definiert sich darüber, ob eine Person Richtig und Falsch unterscheiden kann, ob sie ihre Handlungen kontrollieren kann und ob sie ihre Taten geplant hatte oder nicht.

Psychiater sind sich einig, dass es schwierig ist, Denkstrukturen und Absichten Krimineller anhand dieser Definitionen zu erfassen. Viele Straftäter mit mentalen Problemen wissen genau zwischen Richtig und Falsch zu unterscheiden, haben Realitätsbewusstsein, sind keinen inneren Zwängen ausgesetzt und überblicken die Folgen ihrer Handlungen.

Wenn eine verwirrte oder geistig kranke Person ein Verbrechen begeht, aber sonst in der Realität zurechtkommt, wird sie von den Gerichten oft als schuldfähig eingestuft. Es wurden in den USA schon einige Gefangene, die als geistig zurückgeblieben eingestuft worden waren, hingerichtet. 2002 entschied jedoch der Oberste Gerichtshof, dass die Hinrichtung geistig behinderter Straftäter eine Verletzung der verfassungsmäßigen Rechte gegen „grausame und ungebührlich harte Bestrafung" darstelle.

Psychiater machen auf weitere Merkmale in der Psyche brutaler Straftäter aufmerksam. Einige weisen einen bemerkenswerten Mangel an Mitgefühl für ihre Opfer auf. Manche sind unfähig, ihr Verhalten zu steuern. Wieder andere zeigen konditionierende Faktoren wie zum Beispiel eine brutale Kindheits- und Jugendgeschichte.

Rechts: Rechtsanwalt Wendell Odom bei der Berufungsverhandlung gegen seine Klientin Andrea Yates, die ihre fünf Kinder getötet hatte. Sie wurde für „nicht schuldig wegen geistiger Unzurechnungsfähigkeit" erklärt.

SON OF SAM

David Berkowitz, genannt „der Sohn von Sam", war ein Serienmörder, der in den 1970er-Jahren New York in Atem hielt. Er schrieb der Polizei einen sonderbaren Brief, in dem er erklärte, er sei „der Sohn von Sam". Er wurde 1977 gefasst.
Berkowitz sagte, streunende Hunde in der Nachbarschaft seien von alten Dämonen besessen, die ihm befahlen zu töten. Diese Äußerung ließ einen Antrag auf geistige Unzurechnungsfähigkeit zu, aber er gestand freimütig, sechs Menschen getötet zu haben. Daraufhin wurde er 1978 zu sechsmal lebenslänglicher Freiheitsstrafe verurteilt.

David Berkowitz bei seiner Ankunft vor dem Gerichtsgebäude in Brooklyn. Er war am 10. August 1977 verhaftet worden.

VOM SATAN BESESSEN

2001 ertränkte Andrea Yates ihre fünf Kinder in der Badewanne in ihrem Haus bei Houston (Texas). In ihrer Berufungsverhandlung 2006 wurde sie für „nicht schuldig wegen geistiger Unzurechnungsfähigkeit" erklärt. Man hatte die Geschworenen darüber informiert, dass sie unter einer schweren Depression litt und unter der Wahnvorstellung, der Satan sei in ihr. Sie sagte, sie wollte ihre Kinder vor der Hölle bewahren. Ein früherer Schuldspruch wurde aufgehoben, Yates in eine psychiatrische Anstalt eingeliefert.

Yates und ihre Anwälte George Parnham (links) und Wendell Odom nach dem neuen Urteil 2006

Wenn geistig kranke Personen Verbrechen begehen, aber sonst in der realen Welt zurechtkommen, werden sie von den Gerichten häufig als schuldfähig eingestuft.

Texas Penal Code § 8.01. Insanity

a) It is an affirmative defense to p that, at the time of the conduc actor, **as a result of severe** disease or defect, did not kn conduct was wrong

Geschichte des Profiling

Profiling bei Straftaten wurde im Wesentlichen in England von dem Polizeiarzt Dr. Thomas Bond entwickelt. Er war mit der Obduktion von Mary Kelly beauftragt, die – wie sich dann herausstellte – das siebte und letzte Opfer von Jack the Ripper war.

Bond schätzte den Mörder als einen risikobereiten, kräftigen, mental instabilen, stillen Einzelgänger ein. Jack wurde niemals gefasst, aber die Engländer waren beeindruckt von dieser neuen Art des Täterprofilings.

KLEIDUNG EINES MÖRDERS

Um das moderne Profiling Mitte des 20. Jahrhunderts voranzutreiben, bedienten sich Psychiater auch medizinischer Erkenntnisse. Als in den 1940er- und 1950er-Jahren 40 Bombenanschläge New York erschütterten, erstellte der Psychiater Dr. James Brussel für die Polizei ein detailliertes Täterprofil. Interessanterweise gab er an, dass der Täter einen Zweireiher tragen würde und mit einer unverheirateten Schwester oder Tante auf dem Land leben müsste.

Als die Polizei den Täter, George Metesky, 1957 fasste, entsprach er weitestgehend dem Profil. Alter und Religion stimmten überein. Außerdem trug er einen Zweireiher und lebte mit zwei unverheirateten Schwestern in Connecticut.

VERHALTENSANALYSE

Als das FBI anfing, sich für das Profiling zu interessieren, wurde es schnell systematisiert. 1972 wurde die Abteilung für Verhaltensforschung eingerichtet, die sich bald auf

PROFILING IN RUSSLAND

Der russische Serienmörder Andrej Chikatilo ermordete von 1978 bis 1990 mindestens 53 Menschen. Beeindruckt von der Arbeit des FBI, beauftragte der leitende Ermittler den Psychiater Alexander Bukhanovsky mit der Erstellung eines Täterprofils. Das Profil zeigte einen gewöhnlichen, eigenbrötlerischen Mann, der

vermutlich unter sexueller Unzulänglichkeit litt. Polizeiarbeit in anderen Bereichen führte zu Chikatilos Ergreifung. Allerdings legte er kein Geständnis ab. Dr. Bukhanovsky erkannte, dass der Kriminelle dem von ihm erstellten Profil entsprach, und las Chikatilo seinen ursprünglichen Bericht vor, verwies dabei auf dessen Geistesstörung und die möglichen Gründe für die Verbrechen. Der Mörder war so schockiert von dem Spiegelbild, dass er zusammenbrach und gestand.

Der Psychiater Alexander Bukhanovsky bei der Durchsicht der Akten zum Fall Chikatilo

Gebiete wie Serienmorde und Kindesmissbrauch spezialisierte. Nach den Terroranschlägen vom 11. September 2001 wurde die Abteilung in drei verhaltensanalytische Bereiche aufgeteilt: Terrorismusbekämpfung und Bedrohungsbeurteilung, Verbrechen an Erwachsenen und Verbrechen an Kindern.

Links: Ein Täterprofil des Psychiaters Dr. Brussel führte zur Festnahme von George Metesky (mit Brille), der in der Zeit von 1940 bis 1956 New York mit Bombenanschlägen terrorisierte.

Links: Andrej Chikatilo, genannt der Ripper von Rostov, war ein schüchterner Mann mit Frau und zwei Kindern. Das präzise Profil des Psychiaters beschrieb ihn als paranoiden Sadisten im Alter zwischen 45 und 50 Jahren.

FORENSISCHE PSYCHOLINGUISTIK

Der Sprach- und Ausdrucksweise eines Verdächtigen können Profiler viele Hinweise entnehmen. Bedeutende Sprachmerkmale sind:

- **Geografische Herkunft:** Regionale Dialekte lassen sich nur schwer verbergen.
- **Alter:** Teenager und auch andere Altersstufen neigen zu unterschiedlicher Wortwahl und Terminologie.
- **Geschlecht:** Untersuchungen haben gezeigt, dass Frauen eine eher zögerliche Sprache wählen, wie etwa „Ich würde sagen ..." oder „Es scheint mir so, als ..."
- **Bildungsniveau:** Der Gebrauch korrekter Grammatik und schwieriger Wörter weist auf ein höheres Bildungsniveau hin.

Psyche von Terroristen

Woran kann man einen Terroristen erkennen, bevor er ein Attentat ausführt? Diese Frage hat nach den Anschlägen vom 11. September für Polizeibehörden extrem an Bedeutung gewonnen.

Vier Jahre nach den Anschlägen vom 11. September 2001 sagte New Yorks Bürgermeister Michael Bloomberg, es gebe „Terroristen aller Gestalten und Hautfarben" und Profiler müssten vermeiden, Menschen aus dem Nahen Osten automatisch eine Verbindung zum Terrorismus zu unterstellen. „Wenn wir eins gelernt haben", sagte er, „dann ist es die Tatsache, dass wir nicht voraussagen können, wie ein Terrorist aussieht".

ETHNISCHES PROFILING

Es gibt aber auch Befürworter des ethnisch orientierten Profilings, da-

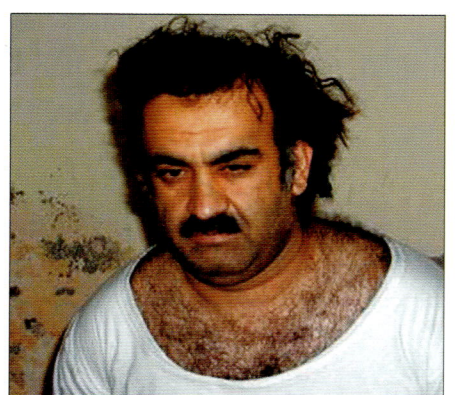

El-Kaida-Terrorist Khalid Scheich Mohammed, der an den Anschlägen vom 11. September 2001 und an 29 weiteren beteiligt gewesen sein soll

runter Roger Clegg, Mitherausgeber der konservativen US-Zeitschrift *National Review*. Er betrachtet zunächst die hypothetische Situation, um Mitglieder einer terroristischen Vereinigung zu identifizieren. Die Profile der bekannten Mitglieder passten genau: Herkunft Naher Osten, Muslime, ausgebildete Piloten, jung, männlich, eingecheckt auf Transkontinentalflügen. Clegg meint: „Was ist falsch an der Annahme, dass dieses Profil mit großer Wahrscheinlichkeit auf die restlichen Mitglieder dieser Terrorgruppe ebenfalls zutrifft?"

PERSÖNLICHKEIT

Daneben befassen sich Kriminalpsychologen intensiv mit der Psyche von Straftätern und Terroristen. Der australische Psychologe Robert Heath stellt fest, dass es sowohl geborene als auch gemachte Terroristen gibt, dass sie meist eine Prädisposition zu Gewalt besitzen und dazu neigen, wie psychotische Soziopathen sehr risikobereit zu sein.

Professor Susan Greenfield, eine anerkannte Gehirnforscherin, betrachtet Terrorismus aus neurowis-

senschaftlicher Sicht. Sie merkt an, dass Terrorismus auf Verhaltensmuster beruht, die in der Jugend entwickelt werden und sich bis zum 18. Lebensjahr verfestigen.

Baroness Susan Greenfield ist Direktorin des Institute for the Future of the Mind, Direktorin der Royal Institution of Great Britain und Professorin für Physiologie an der Universität von Oxford.

PSYCHOLOGIE DER ANGST

Strategien von Terroristen sollen auf der Wirkung von Angst basieren. Das war wohl auch die Taktik von Khalid Scheich Mohammed, der im März 2007 gestand, er habe 31 Terroranschläge geplant, darunter auch die vom 11. September 2001. Er hat möglicherweise stark übertrieben, nur um „die Botschaft der Angst" zu verbreiten, meint Jerrold Post, Direktor des Programms für politische Psychologie der George-Washington-Universität.

Die gleiche Taktik war 2007 zu erkennen, als die Polizei einen Terroranschlag in Birmingham vereitelte, bei dem ein britischer Soldat muslimischen Glaubens entführt, gefoltert und ermordet werden sollte. Professor David Wilson, forensischer Psychologe, sagte dazu: „Sie wollten zu verstehen geben, dass man nirgendwo sicher ist, nicht einmal zu Hause". Und er fügte hinzu: „Terroristen versuchen das Sicherheitsgefühl, das man normalerweise damit verbindet, nach Hause zu kommen, zu zerstören."

Oben: Zwei Männer, die später als die Terroristen Mohammed Atta (rechts) und Abdulaziz Alomari identifiziert wurden, werden am Morgen des 11. September 2001 beim Passieren der Sicherheitsschleuse des Flughafens von Portland gefilmt. Kurze Zeit später entführten die beiden den Flug 11 der American Airlines – das Flugzeug, das Atta in das World Trade Center in New York steuerte.

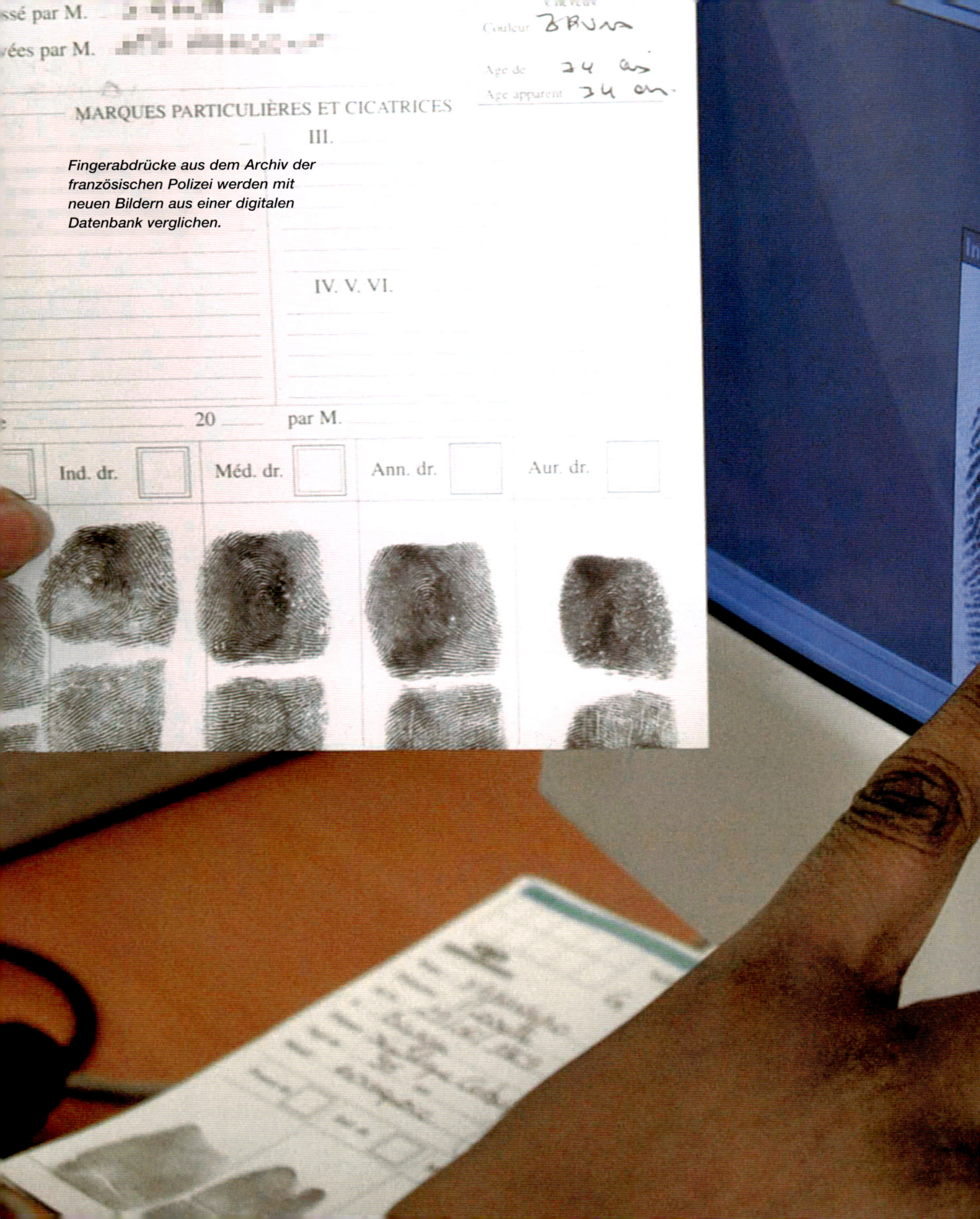

ssé par M.

vées par M.

Couleur 2 Brun

Age de 24 as

Age apparent 24 on.

MARQUES PARTICULIÈRES ET CICATRICES

III.

*Fingerabdrücke aus dem Archiv der
französischen Polizei werden mit
neuen Bildern aus einer digitalen
Datenbank verglichen.*

IV. V. VI.

20 ____ par M.

| | Ind. dr. | | Méd. dr. | | Ann. dr. | | Aur. dr. | |

Kapitel zwölf

Geschichte der forensischen Ermittlung

FORENSISCHE UNTERSUCHUNGEN IM WEITESTEN SINNE GAB ES BEREITS IN DER ANTIKE: DER RÖMISCHE PATHOLOGE ANTISTIUS NAHM AM ERMORDETEN JULIUS CÄSAR EINE OBDUKTION VOR.

Das erste Buch über Forensik erschien 1247 in China. Unsystematische forensische Ermittlungen sind vom 18. Jahrhundert an zu beobachten. Paul Revere identifizierte in Amerika General Warren anhand seiner falschen Zähne. Arthur Conan Doyles Romandetektiv Sherlock Holmes verlieh der Ermittlung durch Auswertung kleinster Spuren größere Bekanntheit. Zur gleichen Zeit trieb der Franzose Alexandre Lacassagne in seinem Labor an der Universität von Lyon die forensische Wissenschaft voran. 1902 wurden in England erstmals Fingerabdrücke als Beweismittel anerkannt. 1932 nahm in den USA das FBI sein kriminaltechnisches Labor in Betrieb, und 1967 wurde das National Crime Information Center des FBI gegründet.

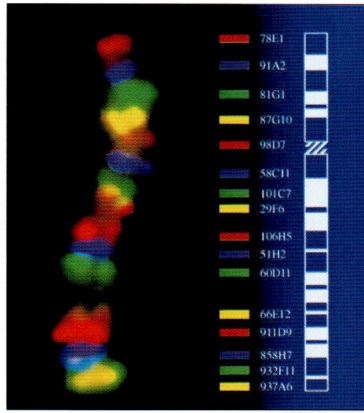

In Regenbogenfarben schillert das Chromosom 10 im Licht des Elektronenmikroskops und in der grafischen Darstellung.

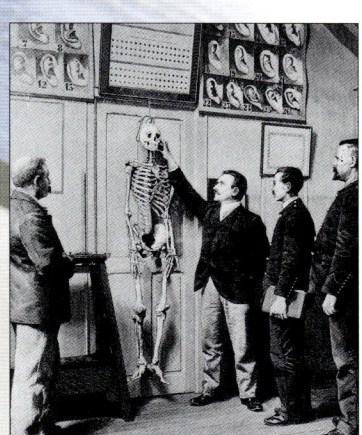

Der französische Kriminologe Alphonse Bertillon erläutert im Präsidium der Pariser Polizei sein Verfahren, Verbrecher anhand von Körpermaßen zu identifizieren.

Forensik in der Antike

Schon in alten Kulturen wusste man um die Einzigartigkeit von Fingerabdrücken. Die Babylonier besiegelten Geschäfte durch Fingerabdrücke in Tafeln aus weichem Lehm.

Um 200 v. Chr. kennzeichneten chinesische Herrscher wichtige Dokumente, die an hohe Regierungsbeamte gesandt wurden, mit einem Daumenabdruck. Im 7. Jahrhundert beschrieb der arabische Kaufmann Suleiman, wie die Rechnung mit den Fingerabdrücken des Schuldners versehen und dem Gläubiger als offizieller Schuldschein übergeben wurde.

Die erste kriminaltechnische Beweisführung ist vielleicht dem griechischen Mathematiker Archimedes (um 287–212 v. Chr.) zuzuschreiben. Er legte eine angeblich aus Gold hergestellte Krone in Wasser und ermittelte ihre Verdrängung. So konnte er beweisen, dass es sich um eine Fälschung handelte.

BEWEISFÜHRUNG IN ÄGYPTEN

Die Ägypter der Antike legten bei Gerichtsverhandlungen großen Wert auf Beweismaterial und ließen Dokumente durch Experten untersuchen. In einem überlieferten Fall beschlossen die Ermittler, Unterlagen über einen Eigentumsstreit zu fälschen. Der Kläger Moses konnte aber Zeugen beibringen, die bestätigten, dass sein Vater das Land bestellt und Steuern gezahlt hatte. Letztlich maß das Gericht der Zeugenaussage mehr Gewicht bei als den Dokumenten.
Ägyptische Richter suchten Tatorte auf, um Beweismaterial zu sammeln, und führten Angeklagte an den Tatort, um sie dort zum Verbrechen zu befragen.

Den ersten Lügendetektor der Geschichte entwickelte der Arzt Erasistratus (um 250 v. Chr.), der in Alexandria eine Schule für Anatomie gründete. Er entdeckte, dass sich der Puls seiner Patienten beschleunigte, wenn sie die Unwahrheit sagten.

DER MORD AN JULIUS CÄSAR

In der römischen Antike wurden die griechischen Anatomiekenntnisse vertieft und auf Verbrechen angewandt. Der römische Pathologe Antistius führte nach der Ermor-dung Julius Cäsars im Jahr 44 v. Chr. eine gründliche Untersuchung des Leichnams durch. Er stellte 23 Einstichwunden fest, von denen aber nur eine – in der Brust – tödlich gewesen war.

Um das Jahr 100 wurden in Rom Tatortspuren auch vor Gericht anerkannt. Der berühmte Redner Quintilian konnte die Unschuld eines Blinden am Tod seiner Mutter nachweisen, weil sich am Tatort blutige Handabdrücke einer anderen Person fanden.

Zwei Schriftdokumente aus dem Museum von Hotan in China. Eins ist vertraulich und mit einem versiegelten Umschlag aus Ton versehen. Das andere ist auf einem Stück Holz geschrieben.

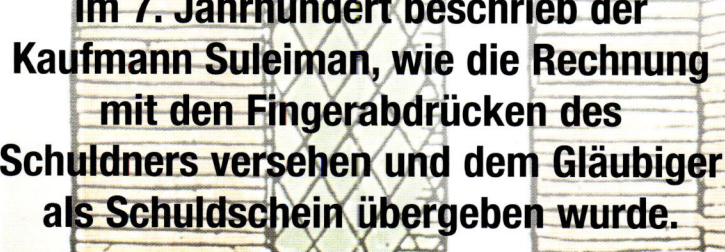

Im 7. Jahrhundert beschrieb der Kaufmann Suleiman, wie die Rechnung mit den Fingerabdrücken des Schuldners versehen und dem Gläubiger als Schuldschein übergeben wurde.

ERSTE OBDUKTIONEN

Der griechische Arzt Erasistratus von Chios, der in Alexandria lehrte, nahm einige der ersten dokumentierten Autopsien vor – allerdings nicht zur Verbrechensaufklärung, sondern zu Lehrzwecken. Er sezierte und untersuchte das menschliche Gehirn und entdeckte Wesentliches über den Blutkreislauf. Er glaubte jedoch, dass nur die Venen das Blut transportierten, die Arterien den „lebenswichtigen" Geist und die Nerven den „sinnlichen" Geist.

Links: Darstellung des griechischen Gelehrten Archimedes in der Badewanne, in der er angeblich das Prinzip der Verdrängung entdeckt haben soll.

221

Forensik im Mittelalter

Die Nutzung von Insekten zur Beweisführung ist erstmals im 13. Jahrhundert in China dokumentiert. Das Opfer war in einem Dorf ermordet worden, aber niemand hatte sich schuldig bekannt.

Der Ermittler Sun T'zu forderte alle Dorfbewohner auf, ihre Sicheln auf den Boden zu legen. Er wusste, dass Fliegen besser als Menschen Gerüche wahrnehmen. Bald setzten sich die Fliegen auf diejenige Sichel, an der sich winzige Blutspuren befanden. Sun T'zu beschuldigte den Besitzer der Sichel, und dieser gestand.

Dieser Bericht findet sich im ersten schriftlichen Dokument über den Einsatz medizinischer Kenntnisse zur Aufklärung von Verbrechen. Es wurde 1247 von dem Gerichtspräsidenten Song Ci (1186–1249) verfasst und entwickelte sich bald zum Standardwerk für Ermittlungen. Es erklärt auch unterschiedliche Merkmale ertrunkener und erwürgter Todesopfer.

OPIUM UND WEIN

Auch in Italien begannen Ärzte, ihre Kenntnisse in den Dienst gerichtlicher Ermittlungen zu stellen. Ugo von Lucca (Hugo Borgognoni) war Arzt der Kreuzritter und begründete die Schule der Medizin von Salerno. Er setzte Wein zur Wundreinigung ein und wurde 1249 von der Stadt als Gerichtsgutachter bestellt. Sein Sohn und Schüler Theodorico von Lucca war als Chirurg tätig. Er setzte erstmals Schwämme, die mit Opium, Alraune und geflecktem Schierling getränkt waren, als Anästhetikum ein.

Im Jahr 1302 nahm Bartolomeo de Varignon eine Obduktion vor, mit deren Hilfe der Mörder des Adligen Azzolino überführt werden konnte.

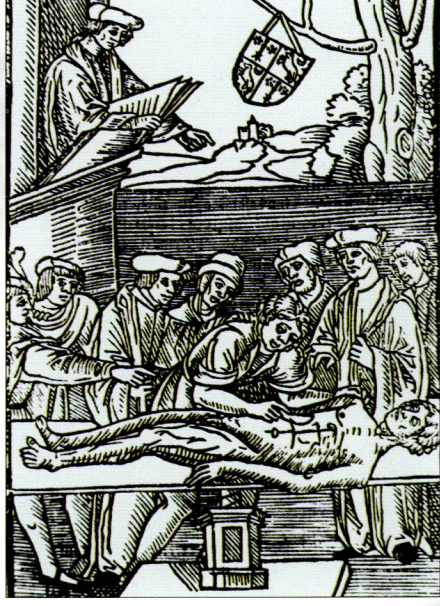

Dieser historische Stich zeigt einen Lehrer, der im 15. Jahrhundert an einer medizinischen Schule eine Obduktion zu Unterrichtszwecken vornimmt.

DIE ERSTEN GUTACHTER

Medizinische Beweise waren schon in der Antike gelegentlich vor Gericht verwendet worden. Erst im 13. Jahrhundert setzten sie sich jedoch in Norditalien wirklich durch. Neue Gesetze ließen medizinische Gutachter als Berater der Gerichte zu. Es wurden Kriterien festgelegt, die für die Zulassung als Gutachter zu erfüllen waren. In dieser Zeit entstand das offizielle Berufsbild des „Polizeiarztes", der zu Ermittlungen und Gerichtsverhandlungen als Sachverständiger hinzugezogen wurde.

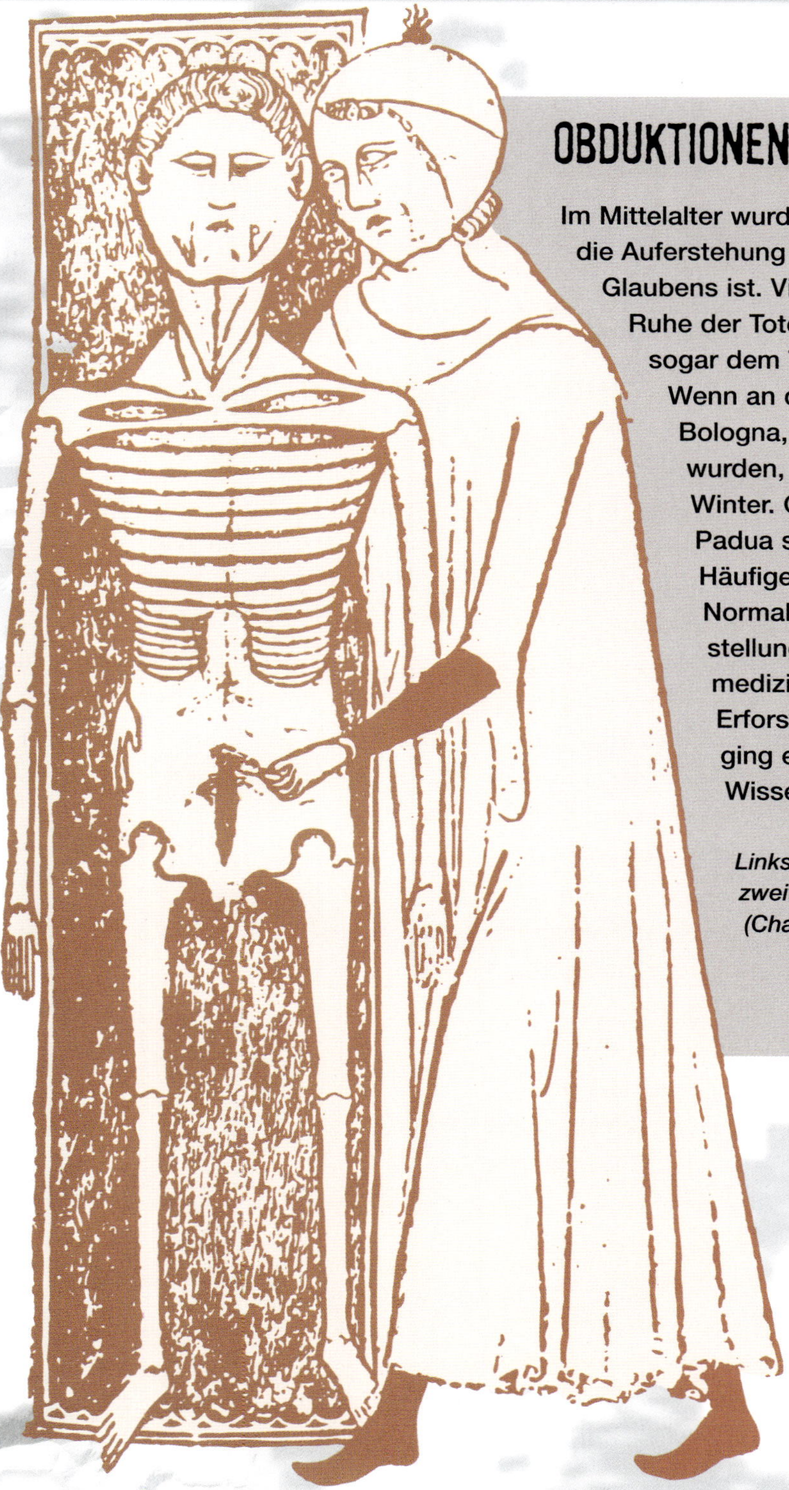

OBDUKTIONEN IN MITTELALTER

Im Mittelalter wurden Obduktionen nur selten vorgenommen, weil die Auferstehung des gesamten Körpers Teil des katholischen Glaubens ist. Viele Päpste verurteilten die Sektion Toter. Wer „die Ruhe der Toten störte", musste mit Exkommunizierung oder sogar dem Tod auf dem Scheiterhaufen rechnen.

Wenn an den berühmten medizinischen Schulen von Bologna, Padua oder Montpellier Sektionen vorgenommen wurden, dann kurz nach Eintreten des Todes und nur im Winter. Obduktionen an Menschen kamen selten vor – in Padua sind pro Jahr ein Mann und eine Frau verzeichnet. Häufiger sezierten die Ärzte Schweine.

Normalerweise dienten Autopsien damals nicht der Feststellung der Todesursache oder der Weiterentwicklung medizinischer Behandlungsweisen, sondern der Erforschung des Körpers und seiner Organe. Oft ging es darum, Lehren früherer Philosophen und Wissenschaftler zu bestätigen oder zu widerlegen.

Links: Sektion eines Leichnams. Guido da Vigevano, zweite Figur aus „Liber notabilium anathomia", 1345 (Chantilly, Musée Condé)

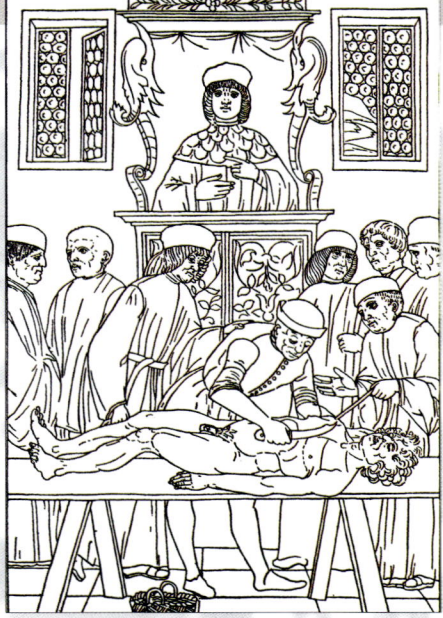

Rechts: Der Holzschnitt aus dem 15. Jahrhundert zeigt den Anatomieunterricht an der berühmten Universität von Padua (Italien). Der Professor hält von seinem erhöhten Sitz herab den Studenten einen Vortrag.

Frühe forensische Errungenschaften

1575 veröffentlichte der berühmte französische Chirurg Ambroise Paré einen Bericht über die Rechtsmedizin. Im 16. Jahrhundert nahm Italien in der Forensik die führende Rolle ein.

PAOLO ZACCHIA

Der italienische Arzt Paolo Zacchia (1584–1659) gab mit seinem neunbändigen Werk *Quaestiones medico-legales* (Rechtsmedizinische Fragen) der Rechtsmedizin ihren Namen. Darin behandelte er auch Themen wie Kunstfehler, rechtliche und medizinische Ethik. Er forderte mehr Einflussmöglichkeiten für Ärzte. Bei Ermittlungen strebte er an, den Ablauf eines Verbrechens und die medizinische Chronologie zu rekonstruieren. Als Leibarzt der Päpste Innocent X. und Alexander VII. und Berater der Rota Romana, des zweithöchsten Kirchengerichts der Römisch-Katholischen Kirche, war Zacchia eine Persönlichkeit von großem Einfluss. Sein umfassendes rechtsmedizinisches Handbuch wurde bis ins späte 18. Jahrhundert gedruckt.

Im Jahr 1598 setzte der Arzt Fortunatus Fidelis erstmals offiziell „medizinische Kenntnisse für Rechtsfragen" ein. Paolo Zacchia, ebenfalls ein italienischer Arzt, veröffentlichte zwischen 1621 und 1651 sein Werk *Quaestiones medico-legales* (Rechtsmedizinische Fragen) und gab damit der Rechtsmedizin ihren Namen.

Der englische Arzt Sir Thomas Browne entdeckte 1658 die Bildung von Adipocere, dem sogenannten Leichenwachs, das noch heute untersucht wird, um den Todeszeitpunkt zu ermitteln. Im selben Jahr beschrieb an der Universität von Bologna der italienische Anatomieprofessor Marcello Malpighi akribisch die Rillen, Bögen und Spiralen von Fingerabdrücken,

Christiaan Huygens (1629–1696), holländischer Physiker und Astronom, entwickelte um 1684 ein Okular mit zwei Linsen. Die Abbildung zeigt ihn mit Kugeln, anhand derer er die Stoßgesetze demonstriert.

war sich ihrer Unverwechselbarkeit und der möglichen Nutzung zur Identifikation aber nicht bewusst.

MIKROSKOPE

Auch Mikroskope, die für die moderne Forensik unverzichtbar sind, wurden um diese Zeit entwickelt. Das erste praktisch nutzbare Mikroskop erfand vermutlich 1590 der holländische Brillenmacher Zacharias Janssen zusammen mit seinem Vater Hans. Christoph Scheiner, ein deutscher Professor für Mathematik und Hebräisch, verfeinerte die Technik und schuf damit den Vorläufer des modernen Mikroskops. 1670 erfand der holländische Amateurforscher Anton van Leeuwenhoek das erste Präzisionsmikroskop, das mit einer Linse eine bis zu 270-fache Vergrößerung ermöglichte. Um 1684 entwickelte der Physiker Christiaan Huygens ein Okular mit zwei Linsen.

Der französische Arzt Ambroise Paré (1504–1590) schrieb bedeutende Berichte über die Rechtsmedizin. Er war Militärarzt und gilt als Vater der modernen Chirurgie, weil er die Behandlung von Schwert- und Schusswunden wesentlich verbesserte.

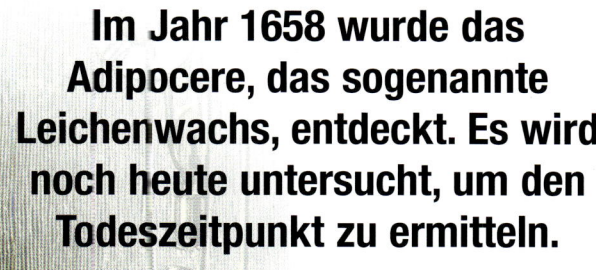

Im Jahr 1658 wurde das Adipocere, das sogenannte Leichenwachs, entdeckt. Es wird noch heute untersucht, um den Todeszeitpunkt zu ermitteln.

ANTON VAN LEEUWENHOEK

Anton van Leeuwenhoek (1632–1723) war ursprünglich Tuchhändler, ist aber heute besser als Erfinder des Mikroskops bekannt. Er wurde 1632 in der holländischen Stadt Delft geboren und ärgerte sich schon als Lehrling über das schwache Vergrößerungsglas, das er benutzte, um die Gewebefäden in Stoffen zu zählen.

Er wünschte sich ein besseres Hilfsmittel und lernte im Selbststudium, Linsen zu schleifen und zu polieren. Dabei entwickelte er eine neue Methode, die Wölbung von Glas zu verstärken und so eine bis dahin unbekannte Vergrößerung zu erreichen. Er wandte sich vom Tuchhandel ab und konstruierte Vergrößerungsinstrumente aus Silber und Gold mit einer einzelnen Linse. Mit ihrer geringen Brennweite waren sie den damaligen Mikroskopen weit überlegen.

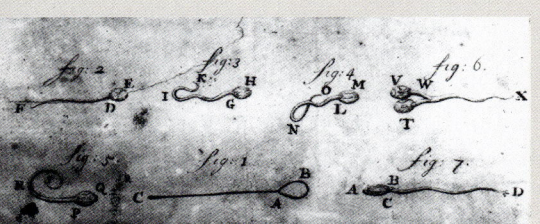
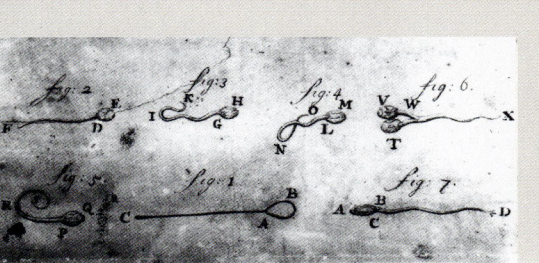

Diese Zeichnung menschlichen Spermas war in einem Brief enthalten, den Anton van Leeuwenhoek an die Royal Society in London schickte.

Forensik weltweit

Im 20. Jahrhundert wurden in zahlreichen Ländern forensische Labors gegründet. Heute arbeiten sie zusammen und bilden ein internationales Wissenschafts- und Informationsnetzwerk.

FBI-Agenten unterrichten im Jahr 2000 an der International Law Enforcement Academy in Ungarn eine Gruppe osteuropäischer Polizisten.

In den Datenbanken des FBI, des BKA und Interpols sind die verschiedensten Arten von Informationen archiviert, auf die die Ermittlungsbehörden zugreifen können.

Auch bei der Identifizierung der Opfer von Naturkatastrophen und bei der Fahndung nach Verbrechern über Staatsgrenzen hinweg arbeiten die Landesbehörden heute häufiger zusammen. Seit der Gründung der International Law Enforcement Academy (LEA) in Budapest 1995 haben dort mehr als 2000 Fachleute aus 27 Ländern – von Albanien bis Usbekistan – forensische Techniken

INTERNATIONALE GERICHTE

Forensiker arbeiten eng mit den beiden wichtigsten internationalen Gerichten zusammen, dem Internationalen Gerichtshof der Vereinten Nationen und dem Internationalen Strafgerichtshof – beide mit Sitz in Den Haag. Der Strafgerichtshof arbeitet mit zahlreichen Sachverständigen zusammen, beispielsweise für Rechtsmedizin und Ballistik. Die forensische Identifizierung von Kriegsopfern hat beiden Gerichtshöfen wertvolles Beweismaterial geliefert. So wurde beispielsweise im Prozess gegen den serbischen Präsidenten Slobodan Milosevic umfangreiches Beweismaterial vorgelegt. Wegen des Todes des Angeklagten in seiner Zelle am 11. März 2006 kam es jedoch nicht zu einem Urteil.

erlernt. Der Terrorismus hat die weltweite Zusammenarbeit der Ermittlungsbehörden gefördert.

INFORMATIONSAUSTAUSCH

Es gibt eine Reihe internationaler Organisationen für den Austausch technischer Fortschritte. Das 1995 gegründete European Network of Forensic Science Institutes (Netzwerk gerichtsmedizinischer Institute) veranstaltet regelmäßig Konferenzen für Rechtsmediziner. Die American Society of Crime Laboratory Directors (Gesellschaft der Leiter kriminaltechnischer Labors) verfügt über eine internationale Abteilung, die die weltweite Zusammenarbeit fördert.

Daneben existieren spezialisierte Vereinigungen, etwa die International Association of Bloodstain Pattern Analysts (Internationale Vereinigung der Experten zur Auswertung von Blutspuren) und die International Association for Identification (Internationale Gesellschaft für Identifizierung) mit etwa 6700 Mitgliedern und 60 Abteilungen weltweit.

Auch Bildungseinrichtungen spielen eine Rolle. 2006 schloss das Global Forensic Science Program der Universität von Florida ein Abkommen zum Austausch von Informationen mit dem Zentrum für Forensische Forschung am Institut für Technologie in Canberra.

Unten: Das eindrucksvolle Gebäude des Internationalen Gerichtshofs in Den Haag in den Niederlanden. Der Gerichtshof wurde 1945 gegründet und nahm ein Jahr später seine Arbeit auf. Seine 15 Richter werden auf jeweils neun Jahre berufen.

ORGANISIERTE UMWELTVERBRECHEN

Interpol untersucht in einem internationalen Projekt Verbindungen zwischen Umweltkriminalität und organisiertem Verbrechen. In der ersten Phase wurden in fünf Ländern (England, USA, Kanada, Schweden und Niederlande) Studien durchgeführt. Aufgrund von Daten aus den Jahren 1995 bis 2005 wurden 2006 die Ergebnisse vorgelegt, die eine Verbindung bestätigen.
In 36 Fällen waren kriminelle Organisationen in illegale Ein- oder Ausfuhr von Abfall, in illegale Ablagerung von Giftmüll oder Verschiebung von ozonschädlichen Substanzen verwickelt. In Nordirland haben auch terroristische Gruppen illegal Müll abgeladen.

Oben: Ein Kind vor einem Berg aus Elektronikschrott, der aus Industrieländern illegal in Dritte-Welt-Länder verschoben wird.

Das 20. Jahrhundert

Zu Beginn des 20. Jahrhunderts war die Fingerabdruck-Auswertung allgemein anerkannt. Ab 1901 setzte Scotland Yard sie ein, ein Jahr später sprach sich die New York Civil Service Commission erstmals für die systematische Anwendung der Methode aus.

In den Gefängnissen von New York wurden ab 1903 Häftlingen die Fingerabdrücke abgenommen. 1904 vertrat der französische Forensiker Edmond Locard seine These, dass „jeder Kontakt eine Spur hinterlässt". An der Pariser Sorbonne veröffentlichten 1910 Victor Balthazard, Professor für Rechtsmedizin, und Marcelle Lambert die erste umfassende Studie über die Identifizierung von Haaren mit dem Titel *Le poil de l'homme et des animaux* (Menschliche und tierische Haare). Drei Jahre später publizierte Victor Balthazard den ersten Artikel über die Identifizierung von Spuren an Geschosshülsen.

Auch die Mikroskope wurden stetig verbessert. 1925 erfanden die beiden Amerikaner Philip Gravelle und Calvin Goddard ein Gerät, das den Vergleich zweier nebeneinanderliegender Objekte erlaubte. 1931 war Ernst Ruska an der Entwicklung des Elektronenmikroskops beteiligt.

SIR EDWARD RICHARD HENRY

Edward Richard Henry, 1891 als Generalinspekteur der Polizei im indischen Bengalen beschäftigt, nahm an, dass Fingerabdrücke zur Identifizierung genutzt werden könnten, wenn man sie in Gruppen einteilte. Er entwickelte ein Klassifizierungssystem mit 1024 Grundtypen, das er ab 1897 in Indien einsetzte. Im selben Jahr übernahm die indische Regierung sein System.

Es erwies sich als so erfolgreich, dass 1900 ein britisches Komitee es als Ersatz für das bis dahin verwendete Maßsystem nach Bertillon

einsetzte. Im selben Jahr wurde Henry nach England versetzt, wo er das zentrale Fingerabdruck-Büro von Scotland Yard einrichtete und sein Buch *Classification and Uses of Fingerprints* (Klassifizierung und Verwendung von Fingerabdrücken) veröffentlichte.

Sir Edward Richard Henry (1850–1931) wurde in London geboren. Sein Klassifizierungssystem wird noch heute weltweit benutzt.

DAS VERGLEICHSMIKROSKOP

Das Vergleichsmikroskop gehört heute zur Grundausstattung kriminaltechnischer Labors. Es besteht aus zwei Lichtmikroskopen mit 40- bis 400-facher Vergrößerung. Ein System aus Linsen und Spiegeln projiziert Bilder zweier verschiedener Objekte auf ein Okular. So kann ein bekanntes Objekt, etwa ein Haar eines Verdächtigen, mit einem unbekannten, beispielsweise einem am Tatort gefundenen Haar verglichen werden. Auch Fasern, Werkzeugspuren oder Spuren an Geschosshülsen werden so verglichen.

1925 erfanden Philip Gravelle und Calvin Goddard das Vergleichsmikroskop in den USA. Zwei Jahre später wurde es zum Vergleich von Geschosshülsen eingesetzt.

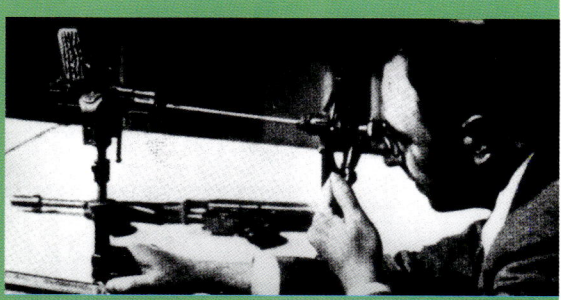

Calvin Goddard bei der Untersuchung einer Schusswaffe. Er war einer der Vorreiter der forensischen Ballistik.

KRIMINALTECHNISCHE LABORS

Der vielleicht wichtigste Fortschritt war die Einrichtung von kriminaltechnischen Labors. Das erste, recht kleine, gründete Edmund Locard 1910 in Paris, ein Jahr später enstand in Dresden das erste deutsche „chemische Polizeilabor". In den USA wurde 1923 in Los Angeles das erste Labor eingerichtet, zwei Jahre später entstand das hochtechnisierte Labor des FBI. 1935 eröffnete auch die Metropolitan Police in London ihr forensisches Labor.

Unten: Die Entdecker der DNA-Doppelhelix James Watson (links) und Francis Crick (daneben), Miterfinder des Elektronenmikroskops Ernst Ruska (4. von links) und andere Wissenschaftler bei der Verleihung des Albert-Lasket-Awards für medizinische Forschung 1960 in San Francisco.

DNA-Datenbanken

Mithilfe von Datenbanken können Forensiker heute zur Aufklärung von Fällen beitragen, die noch vor wenigen Jahren unlösbar waren.

• •

Die beiden größten Datenbanken sind das Combined DNA Index System (CODIS) des FBI und die National DNA Database (NDNAD) des britischen Forensic Science Service.

CODIS umfasst auch das National DNA Index System (NDIS) des FBI und beinhaltete im Februar 2007 fast 4 400 000 DNA-Profile. Zu diesem Zeitpunkt hatte CODIS mehr als 45 400 Übereinstimmungen erzielt und war bei 46 300 Ermittlungen

zum Einsatz gekommen. Das System verfügt über einen Index aus Tatortfunden sowie einen Täterindex mit DNA-Profilen von Gewalt- und Sexualtätern. Alle Profile werden am Ermittlungsort erstellt und dann an die Behörden der Bundesstaaten und ans FBI übermittelt.

ABGLEICH VON BEWEISMATERIAL

Durch Übereinstimmungen in den Profilen des forensischen Indexes ist es möglich, Tatorte miteinander in

Verbindung zu bringen und eventuelle Serientäter zu überführen. Liegen Übereinstimmungen vor, koordinieren Polizeikräfte an verschiedenen Orten ihre Ermittlungen und tauschen sich über Verdachtsmomente aus. Stellt CODIS eine Übereinstimmung fest, setzen sich Forensiker in den Labors in Verbindung, um sie zu bestätigen oder zu verwerfen.

CODIS wurde 1990 als Pilotprojekt gegründet. Vier Jahre später genehmigte der US-Kongress mit dem DNA Identification Act dem FBI, zu Ermittlungszwecken einen

CODIS befindet sich im FBI-Gebäude, das offiziell J. Edgar Hoover Building heißt. Die ersten 67 Jahre war das FBI im Justizministerium untergebracht, 1975 zog es hierher um.

amerikanischen DNA-Index aufzustellen. Dieser wurde 1998 in Betrieb genommen.

AUF DEM LAUFENDEN

In England führt der Forensic Science Service, der dem Innenministerium unterstellt ist, die britische DNA-Datenbank NDNAD. Sie wurde 1995 eingerichtet und umfasst 3,6 Millionen Profile, mehr als fünf Prozent der Einwohner.

Mit dem Criminal Justice and Police Act wurde 2001 der britischen Polizei erlaubt, DNA-Proben von jedem Tatverdächtigen zu nehmen. Diese mussten aber vernichtet werden, wenn sich die Person als unschuldig erwies. Mit dem Criminal Justice Act von 2003 ist die Pflicht zur Vernichtung jedoch erloschen.

Die DNA-Profile der meisten Verbrecher Englands sind inzwischen erfasst. In einem Monat erzielt die Polizei mehr als 3500 DNA-Übereinstimmungen – doppelt so viele wie in den Jahren 1998 bis 1999.

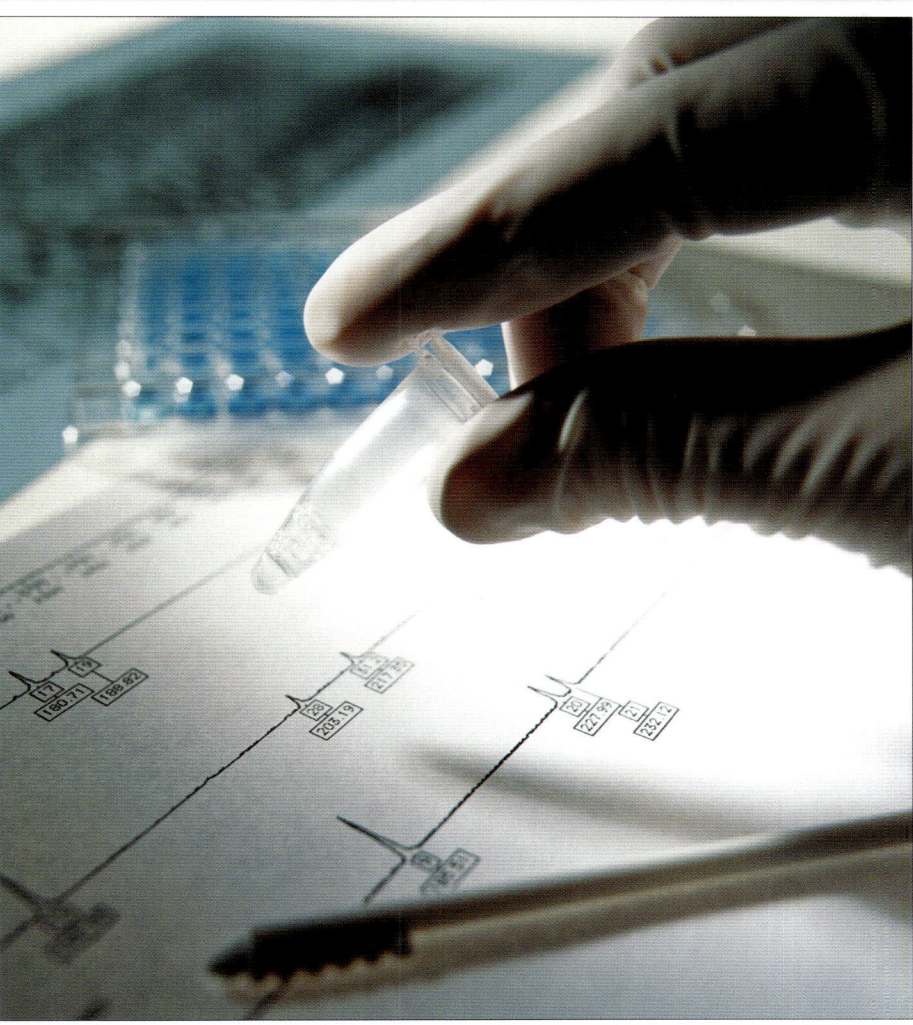

Eine Hand im Schutzhandschuh hält das Röhrchen mit der DNA-Probe über die Grafik, aus der die Analyseergebnisse dieser Probe abzulesen sind.

AUTOMATISCHER FINGERABDRUCK-VERGLEICH

1999 stellte das FBI sein Integrated Automated Fingerprint Identification System (IAFIS) in Dienst. Bis 2007 war es zu einer Datenbank mit 43 Millionen Sätzen von Fingerabdrücken angewachsen. Heute gehen täglich rund 60 000 digitale Anfragen ein, 80 Prozent davon werden in weniger als 40 Minuten beantwortet. Neue Technologie soll die Reaktionszeit noch weiter verkürzen.

Interpol hat eine Expertengruppe abgestellt, die das Automated Fingerprint Identification System (AFIS) studiert, um Mitgliedsstaaten bei Aufbau und Pflege eigener Systeme zu unterstützen.

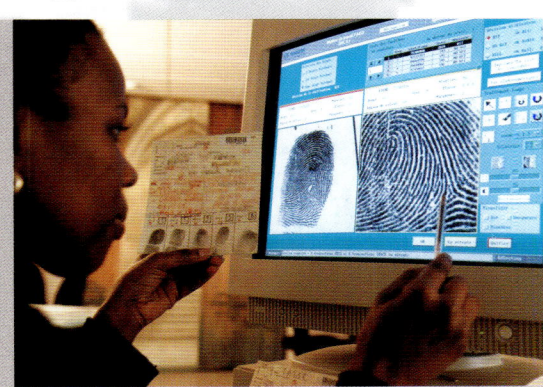

Die Computertechnologie hat durch DNA-Profile und Fingerabdruck-Abgleich die Personenidentifizierung erheblich beschleunigt.

Fehlerhafte DNA-Ergebnisse

Obwohl DNA-Datenbanken als akkurat gelten, können sie auch falsche Ergebnisse bringen.

Der britische Forensic Science Service gesteht die irrtümliche Festnahme Raymond Eastons ein. Dieser hatte nach einer häuslichen Auseinandersetzung 1995 eine Blutprobe abgegeben. Vier Jahre später verlangte die Polizei im Rahmen der Ermittlungen zu einem Einbruch eine zweite Blutprobe.

Easton war nicht beunruhigt, da er in der Tatnacht bei seiner Familie gewesen war. Zudem litt er an Parkinson im fortgeschrittenen Stadium. Dennoch wurde er verhaftet, weil die DNA-Datenbank eine Übereinstimmung seiner Blutprobe mit Spuren vom Tatort gefunden hatte. Der Abgleich basiert auf sechs genetischen Loci und hat angeblich ein Fehlerrisiko von 1:37 Millionen.

Wegen seines Gesundheitszustandes konnte sein Anwalt einen aufwendigeren DNA-Test auf Grundlage von zehn genetischen Loci durchsetzen. Dieser zeigte Abweichungen zwischen Eastons DNA und der vom Tatort, sodass die Anklage fallen gelassen wurde. Seitdem setzt der FSS ein Abgleichverfahren anhand von zehn Loci ein.

In einem anderen Zusammenhang konnten Recherchen der Zeitung USA Today nachweisen, dass Ermittler in rund drei Dutzend Fällen zwischen 2001 und 2006 Verdächtige nicht verfolgt hatten, obwohl das CODIS-System Übereinstimmungen ihrer DNA mit Tatortspuren gefunden hatte. Ursache waren grobe Fehler in der Polizeiarbeit oder zu hohe Arbeitsbelastung. „Ist ein Fehler einmal geschehen", warnt Malcolm Crompton, der australische Beauftragte für Datenschutz, „ist er nur schwer zu beheben und der Schaden kaum zu reparieren."

Rechts: Ein Wissenschaftler beim Prüfen einer DNA-Probe

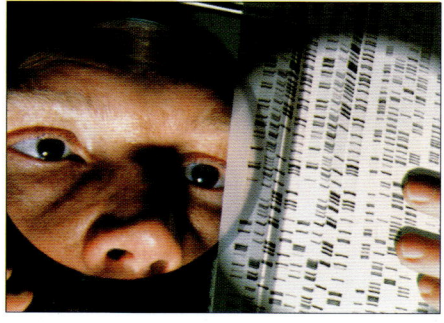

Ein Wissenschaftler betrachtet durch eine Lupe eine Reihe von DNA-Autoradiogrammen, auch genetischer Fingerabdruck genannt. Er untersucht die Abfolge der Basenpaare, die den Code für den jeweiligen DNA-Abschnitt bilden.

„STILLES PROBLEM"

Das FBI hat begonnen, eine DNA-Datenbank unidentifizierter Toter zusammenzustellen. Schätzungen zufolge gibt es in den USA mindestens 40 000 Fälle – Mord- und Unfallopfer, Obdachlose und Ausreißer. Manche sind anonym in Armengräbern beerdigt. Polizei und Ärzte sind in den USA nicht verpflichtet, über unidentifizierte Tote Akten anzulegen. In Nevada, Pennsylvania und einigen anderen Staaten dürfen solche Toten aber nicht beigesetzt werden, ehe ihnen DNA-Proben entnommen wurden.
„Es ist ein stilles Problem", sagt Michael Murphy, Coroner in Nevada. „Aber wir konnten durch die Proben auch Mordfälle lösen und Unfälle klären – und dafür sorgen, dass Familien endlich Antwort auf ihre Fragen bekommen."

AUFBAU EINER EUROPÄISCHEN DNA-DATENBANK

Wie dringend eine europäische Datenbank gebraucht wird, zeigte sich, als eine englische Schülerin in Frankreich ermordet wurde. Der Täter konnte mithilfe amerikanischer DNA-Tests in den USA festgenommen werden. Danach wurde die französische Datenbank aktualisiert. England schlug 2004 den Aufbau einer europäischen Datenbank vor. Im Folgejahr kündigten sieben europäische Länder an, ein Abkommen über die gegenseitige Nutzung von DNA- und Fingerabdruck-Datenbanken zu schließen. 2007 teilten Minister aus allen Mitgliedsstaaten der EU inoffiziell mit, dass sie die Möglichkeiten zum Austausch von DNA- und Fingerabdruck-Daten prüfen wollten.

Eine Mitarbeiterin des Human Genome Project lädt im Sanger Centre in Cambrige Proben in einen automatischen DNA-Sequencer.

2005 kündigten sieben europäische Länder an, ein Abkommen über die gegenseitige Nutzung von DNA- und Fingerabdruck-Datenbanken zu schließen.

239

Forensiker vergleichen eine unbekannte Probe Autolack auf dem Objektträger mit einem bekannten Produkt auf dem Schreibtisch.

Kapitel dreizehn

Berufe in der Forensik

Forensiker vom französischen Institut de Recherche Criminelle untersuchen einen Tatort im Wald.

IM GLEICHEN MASS, WIE SICH NEUE FACHGEBIETE DER FORENSIK ENTWICKELT HABEN, SIND AUCH NEUE BERUFE ENTSTANDEN, DIE IM DIENST DER GESELLSCHAFT, DES RECHTS UND DER ÖFFENTLICHEN SICHERHEIT STEHEN. Das weite Feld der forensischen Wissenschaften umfasst zahlreiche interessante Berufe, vom Arzt über den Brandherdexperten bis hin zu Aufgaben in der Verwaltung. Bei allen geht es um Wissenschaft und Technik, die im Sinne des Rechts angewandt werden. Deshalb sind sowohl naturwissenschaftliche Kenntnisse als auch Verständnis der Polizeiarbeit nötig.

Auch Neugier und Geduld sollte man mitbringen. „Außerdem muss man lernen, deduktive und induktive Logik einzusetzen", sagt der Amerikaner Dr. Henry C. Lee, der als einer der weltbesten Forensiker gilt. „Man braucht Neugier und Hartnäckigkeit und darf nicht erwarten, dass täglich um 17 Uhr Feierabend ist."

Forensiker führen ihre Untersuchungen eigenverantwortlich durch, arbeiten aber eng mit Polizei, Juristen und anderen Ermittlern zusammen. Die Ergebnisse ihrer Analysen können Gerichte beeinflussen und

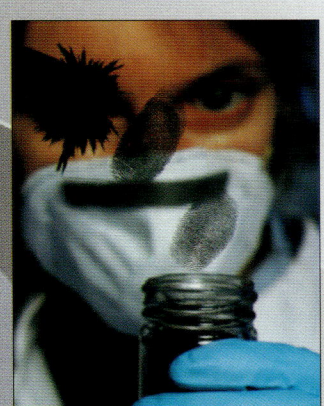

ausschlaggebend für die Urteilsfindung sein. Andererseits kann die Forensik die Belastung der Gerichte verringern, wenn sie beispielsweise nachweist, dass keine Straftat vorliegt.

Ein Kriminaltechniker macht mithilfe eines Pulvers Fingerabdrücke auf einer Glasscheibe sichtbar. So lässt sich feststellen, ob ein Verdächtiger am Tatort war.

Film und Wirklichkeit

Spannende Fernsehserien wie „CSI" verherrlichen die Arbeit der Forensiker, vermitteln aber auch den völlig falschen Eindruck, dass binnen einer Stunde Sendezeit bahnbrechende Analyseergebnisse zu erzielen sind.

M ax Houck, ein ehemaliger Mitarbeiter des FBI-Labors, spricht sogar von einem „CSI-Effekt", der selbst bei Richtern unrealistische Erwartungen hinsichtlich der Möglichkeiten der Forensik erweckt. „Auch Verteidigern macht der CSI-Effekt zu schaffen", erklärt er. „Weil sie fürchten, dass die Richter diese wissenschaftliche Herangehensweise für unfehlbar halten – was für andere Argumente zugunsten des Angeklagten wenig Raum lässt."

Die Realität sieht in den Labors, die zu wenig Personal und zu viele

Oben: In dieser Episode aus „CSI: Miami" ermittelt Adam Rodriguez als Rechtsmediziner. Ein Stuntmann kam bei einem verdächtigen „Arbeitsunfall" ums Leben.

Links: Krimis müssen immer originell sein. In dieser Folge von „CSI: NY" fahnden die Schauspieler (von links nach rechts) Hill Harper, Carmine Giovinazzo und Melina Kanakaredes nach einem Serientäter, dessen Opfer immer T-Shirts mit Slogans tragen.

Fälle zu bearbeiten haben, anders aus. Vielen privaten Labors geht es schlecht, weil sich das Interesse – und die Geldmittel – von ihnen weg zu den DNA-Labors verlagern.

EIN SCHEUSSLICHER JOB

Natürlich zeigt das Fernsehen auch nicht das Blut und die anderen Grässlichkeiten, die typisch für einen Tatort und ein Labor sind. Die Mitarbeiter sieben ausdauernd Schmutz und Schlamm, um Blut, Geschosssplitter oder andere winzige Spuren zu finden. „Tatorte sind meistens unangenehm", erklärt der amerikanische Forensiker Dr. John DeHaan, Brand- und Sprengstoffexperte. Er selbst musste einmal durch einen engen Gang kriechen, vorbei an einem halb verwesten Opfer. „Man friert und wird nass, oder es ist heiß, und man sitzt da draußen und untersucht Blutspritzer oder wühlt in Asche. Dann denkt

man: „,Ich hätte auf Mama hören und Buchhalter werden sollen.'"

Diese humorvolle Einstellung mag dazu beigetragen haben, dass DeHaan es über 30 Jahre in seinem Beruf aushielt. Die meisten Forensiker sind begeisterte Wissenschaftler, die es fasziniert, bei ihrer Arbeit sowohl Intuition als auch hochentwickelte Technik zum Überführen von Kriminellen einzusetzen.

Durch „CSI: Den Tätern auf der Spur" wurden verschiedene Berufe im Bereich der Forensik dem Publikum bekannt.

FEHLER IM FERNSEHEN

In Grundzügen werden Gerichtsmedizin und Kriminaltechnik in Fernsehserien korrekt dargestellt, doch nehmen sich die Regisseure einige künstlerische Freiheiten, die Insidern nicht entgehen.

- Techniker in echten Labors erledigen definierte Aufgaben und legen die Ergebnisse vor. Sie arbeiten nicht außerhalb des Labors, sprechen nicht mit polizeilichen Ermittlern über den Fall und ziehen ganz sicher keine Schlussfolgerungen hinsichtlich des Täters.

- In echten Labors werden etwa die Hälfte der bearbeiteten Fälle gelöst. Im Fernsehen gibt es keine ungelösten Fälle.

- Im Fernsehen klappen Experimente immer im ersten Anlauf. Tatsächlich sind oft Wiederholungen nötig.

- In echten Labors finden die Mitarbeiter oft DNA und Fingerabdrücke, die niemandem zugeordnet werden können. Im Fernsehen gibt es immer einen Verdächtigen.

- Fernseh-Kriminaltechniker stellen keine langwierigen Auswertungen von Analyseergebnissen an, sondern warten nur auf einen Computerausdruck.

Aufgaben eines Forensikers

Die wichtigste Aufgabe eines Forensikers besteht darin, wissenschaftliches und unzweifelhaftes Beweismaterial zur Vorlage bei Gericht zu liefern.

F orensische Wissenschaftler arbeiten am Tatort und im Labor. Ihre Arbeit besteht meist darin, Spuren zu analysieren und eine Verbindung zu einem Verdächtigen herzustellen. Zudem treten sie vor Gericht als Sachverständige auf.

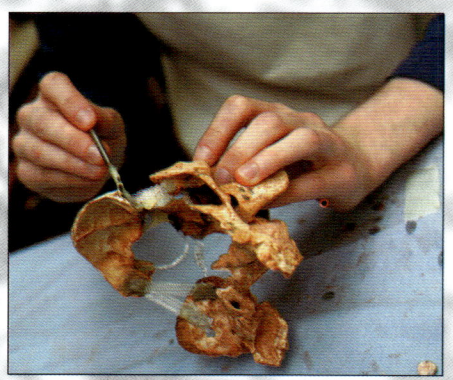

WEITERE BERUFSBILDER

Wissenschaftliche Assistenten führen vorwiegend im Labor biologische und chemische Analysen durch.

Forensische Pathologen führen Obduktionen an Toten durch, die durch zweifelhafte Umstände ums Leben gekommen sind. Meist leiten sie auch das pathologische Labor oder das gesamte kriminaltechnische oder rechtsmedizische Labor.

Links: Ein Forensiker setzt mit Wachs Teile eines menschlichen Schädels zusammen. Auch das Gesicht kann rekonstruiert werden.

Forensische Dokumentenexperten untersuchen Dokumente, um eine Person anhand der Schrift, des Papiers, der Tinte oder von Abdrücken zu identifizieren.

Verwaltungsmitarbeiter verfolgen Entwicklung und Anwendung neuer Technologien sowie Veränderungen in der Gesetzgebung, die die Forensik betreffen. Mitarbeiter für Ablaufsorganisation streben vor allem an, die Fehlerquote zu reduzieren.

FORENSIK AUF INTERNATIONALER EBENE

Die 1948 gegründete American Academy of Forensic Sciences (AAFS) hat ihren Hauptsitz in Colorado Springs (Colorado). Ihre Mitglieder kommen aus allen 50 US-Staaten und 55 anderen Ländern. Sie veröffentlicht das *Journal of Forensic Sciences* und hat sich der „Förderung der Ausbildung und Steigerung der Akkuratesse, Präzision und Spezifität in den forensischen Wissenschaften" verschrieben.
Die Forensic Science Society mit Sitz im englischen Harrogate ist eine 1959 gegründete Expertenvereinigung mit mehr als 2500 Mitgliedern aus über 60 Ländern. Sie veröffentlicht die Fachzeitschrift *Science & Justice* und veranstaltet regelmäßig Konferenzen.

Ihre Arbeit besteht hauptsächlich darin, Tatortspuren zu analysieren und eine Verbindung zu einem Verdächtigen herzustellen.

Ermittler haben mit den verschiedensten Objekten zu tun. Dieser Serologe nimmt an einem Hammer, der am Tatort eines Mordes gefunden wurde, eine Blutprobe ab, um eine DNA-Analyse durchzuführen. Sein Kollege untersucht die Schuhsohle eines Verdächtigen.

TYPISCHE LABORARBEITEN

Der englische Forensic Science Service benennt die folgenden acht typischen Aufgaben eines forensischen Labors:

- Identifikation von Blut, Ejakulat oder anderen Körperflüssigkeiten. Blutgruppenbestimmung an trockenen Flecken, Erstellung von DNA-Profilen und Vergleich von Proben

- Identifikation und Vergleich von Textilfasern

- Identifikation und Vergleich pflanzlicher und tierischer Materialien einschließlich Fell

- Analyse von Blut- und Urinproben auf Drogen oder Alkohol (bei Verkehrsdelikten)

- Analyse von Körperflüssigkeiten und Organen bei Verdacht auf Vergiftung

- Identifikation illegaler Drogen, beispielsweise Amphetamine, Heroin oder Cannabis; Bestimmung der Reinheit der Drogen, Vergleich von Proben

- Vergleich von Material, in dem Drogen verpackt waren

- Mikroskopische, physikalische und chemische Untersuchung von Farben und Glassplittern

Forensiker bei Gericht

Im Gegensatz zum Tatzeugen ist ein Forensiker ein Sachverständiger. Vor Gericht muss er die Auswertung seiner Analysen so vortragen, dass jeder sie verstehen kann.

Darum gehört zur Ausbildung amerikanischer Forensiker auch das Erklären wissenschaftlicher Fakten mit einfachen Worten.

Gerade Geschworenengerichte lassen sich durch Gutachter beeindrucken. Darum wird oft seine wissenschaftliche Qualifikation

genau spezifiziert – einschließlich der Berufsjahre, akademischer Grade, Zugehörigkeit zu Berufsverbänden und Veröffentlichungen.

Gegnerische Anwälte suchen oft Fehler in den wissenschaftlichen Analysen.

Dr. Randall Alexander, von der Verteidigung hinzugezogener Sachverständiger in einem Fall von Kindesmisshandlung, zeigt 2001 in Fort Lauderdale (Florida) an einer Puppe von der Größe eines Kindes die Verletzungen der sechsjährigen Tiffany Eunick.

DISKREDITIERUNG

Die Aussagen eines Wissenschaftlers können vor Gericht infrage gestellt werden. Gegnerische Anwälte suchen gern nach Fehlern in den Analysen oder ihrer Auswertung. Es ist schwierig, wissenschaftliche Fakten zu widerlegen, aber manchen Anwälten ist dies gelungen. Aus diesem Grund muss ein Forensiker sich der gerichtlichen Regeln hinsichtlich der Beweisführung und des Rechts, Meinungen und Schlussfolgerungen vorzutragen, bewusst sein. Sagt er als Sachverständiger aus, muss er unparteiisch bleiben – unabhängig davon,

welcher Partei seine Aussage nützt oder schadet.

Die Darlegungen eines Sachverständigen haben bei jeder Gerichtsverhandlung großes Gewicht, doch werden forensische Wissenschaftler in der Realität nur recht selten geladen. Meist legen sie lediglich ausführliche Untersuchungsberichte oder Gutachten vor, die von der Seite präsentiert werden, die den Sachverständigen hinzugezogen hat. Wie mündliche Aussagen müssen auch die Berichte in einer verständlichen Sprache abgefasst sein.

Links: Verteidiger Roger Diamond zeigt 2003 in Ventura (Kalifornien) beim Vergewaltigungsprozess gegen Andrew Luste der von der Staatsanwaltschaft bestellten Sachverständigen eine Flasche mit pflanzlichem Ecstacy.

FALSCHAUSSAGE

Wenn ein Forensiker sich zu sehr bemüht, den Verdacht der Polizei zu erhärten, kann es zu schlimmen Justizirrtümern kommen. Das geschah 1986 in Chicago im Prozess gegen die beiden Afroamerikaner Donald Reynolds und Billy Wardell, angeklagt der Vergewaltigung einer Studentin und der versuchten Vergewaltigung einer weiteren.
Als Sachverständige wurde 1988 die forensische Serologin Pamela Fish gehört. Sie gab an, dass das bei einem Opfer gefundene Sperma nur von 38 Prozent der männlichen Bevölkerung stammen könne. Zu dieser Gruppe gehörte Reynolds – allerdings auch 80 Prozent der schwarzen männlichen Amerikaner. Sie verschwieg dem Gericht, dass ein anderes Labor bei Reynolds gefundene Haare untersucht und keine Übereinstimmung mit den beiden Opfern festgestellt hatte. Reynolds, der von den Opfern identifiziert worden war, wurde schuldig gesprochen und zu 69 Jahren Haft verurteilt. Das Gericht lehnte einen DNA-Test ab. 1996 konnten andere Anwälte einen DNA-Test durchsetzen, der nach elf Jahren Haft die Unschuld der beiden Männer bewies.

Karriere als Forensiker

In den USA gibt es forensische Wissenschaften als Hochschulstudium. Absolventen können in verschiedenen Fachgebieten interessante und gut bezahlte Berufe ergreifen.

So stellt es zumindest die Loyola University in Chicago dar, bei der man einen Abschluss in forensischer Wissenschaft erwerben kann. Schätzungen zufolge werden die forensischen Labors der USA in den nächsten Jahren 10 000 zusätzliche Mitarbeiter benötigen.

Forensiker in New York stellen am Tatort eines Mordes Beweismaterial sicher.

Der britische Forensic Science Service (FSS) empfiehlt Interessenten für diesen Berufszweig ein naturwissenschaftliches Studium.

Auch Bewerber mit einem Universitätsabschluss sollten Berufspraxis als Laboranten vorweisen können.

BERUFLICHE QUALIFIKATION

Bewerber für spezielle Positionen und Berufsfelder wie die Spurensicherung müssen zuerst eine Polizeiausbildung abschließen. Ein forensischer Fotograf sollte ein Diplom und mindestens ein Jahr Berufspraxis vorweisen können.

FORENSIK AN DER UNIVERSITÄT

Sowohl in den USA wie auch in Großbritannien und Kanada können forensische Wissenschaften an normalen Universitäten studiert werden. So boten im Jahr 2006 mehr als 60 Universitäten und Fachhochschulen über 460 Seminare an. Da es in diesen Ländern auch private forensische Labors gibt, finden Absolventen auch Berufsmöglichkeiten in der Privatwirtschaft. In Deutschland kann Rechtsmedizin an mehreren Universitäten im Rahmen des Medizinstudiums studiert werden. Dagegen gibt es aber keine speziellen Ausbildungsstudiengänge für forensische Wissenschaften. Kriminaltechniker durchlaufen in der Regel die normale Ausbildung eines Polizeibeamten, bevor sie sich auf den Bereich der Kriminaltechnik spezialisieren. Als Weiterbildung für Teilnehmer aus dem Polizeidienst oder mit abgeschlossenem Studium gibt es Qualifizierungskurse. So wird an der Universität Bochum der Studiengang „Kriminologie und Polizeiwissenschaft" angeboten. Er richtet sich an Juristen, Polizeibeamte und Sozialarbeiter.

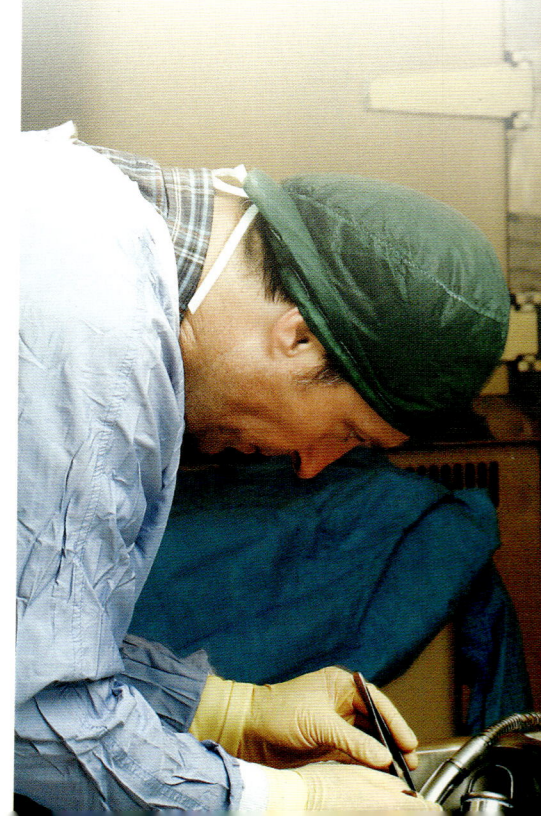

ARBEITSZUFRIEDENHEIT

Auf die Frage nach dem Einkommen als Forensiker antwortet die American Academy of Forensic Sciences:

„Die Gehälter im Bereich der Forensik hängen von Ausbildung und Abschluss, der aktuellen Tätigkeit, dem Arbeitsort und der wöchentlichen Arbeitszeit ab. Das Einkommen ist gut, aber man wird nicht reich. Dafür vermittelt es die Zufriedenheit, der Gerechtigkeit zu dienen. Jeder Bereich der Forensik bietet Möglichkeiten, sich zu entwickeln, beruflich voranzukommen und so auch ein höheres Gehalt zu erzielen."

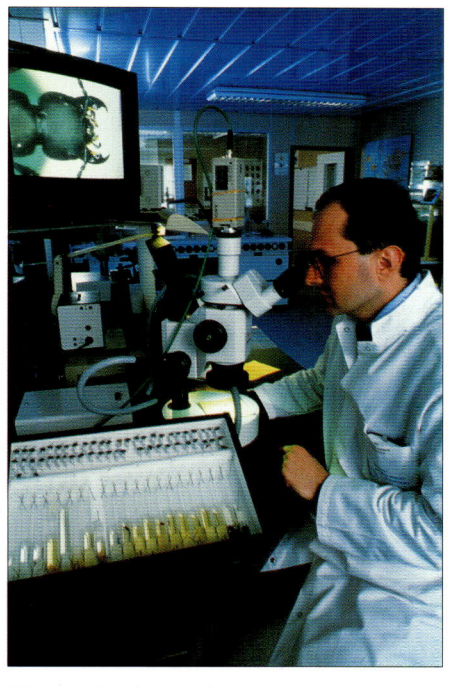

INTERNE WEITERBILDUNG

Alle forensischen Labors sorgen auch intern für die Weiterbildung ihrer Mitarbeiter. Als führend gilt in dieser Hinsicht das FBI. Neue wissenschaftliche und technische Mitarbeiter müssen Seminare des New Agent Program über Beweismaterial am Tatort besuchen. Das FBI betreibt außerdem ein Förderprogramm, das finanzielle Mittel bereitstellt, um es Labormitarbeitern zu erleichtern, wissenschaftliche Abschlüsse zu erlangen.

Oben: Ein Forensiker untersucht unter dem Mikroskop einen Käfer, der auf einem Toten gefunden wurde. Der Kopf des Käfers ist auf dem Monitor oben links zu sehen.

Unten: Ein Pathologe bereitet sich für eine Obduktion vor. Obduktionen werden vorgenommen, wenn Todesumstände unklar oder verdächtig sind oder ein Toter identifiziert werden muss.

Selbst Bewerber mit einem Universitätsabschluss sollten Berufspraxis als Laboranten vorweisen können.

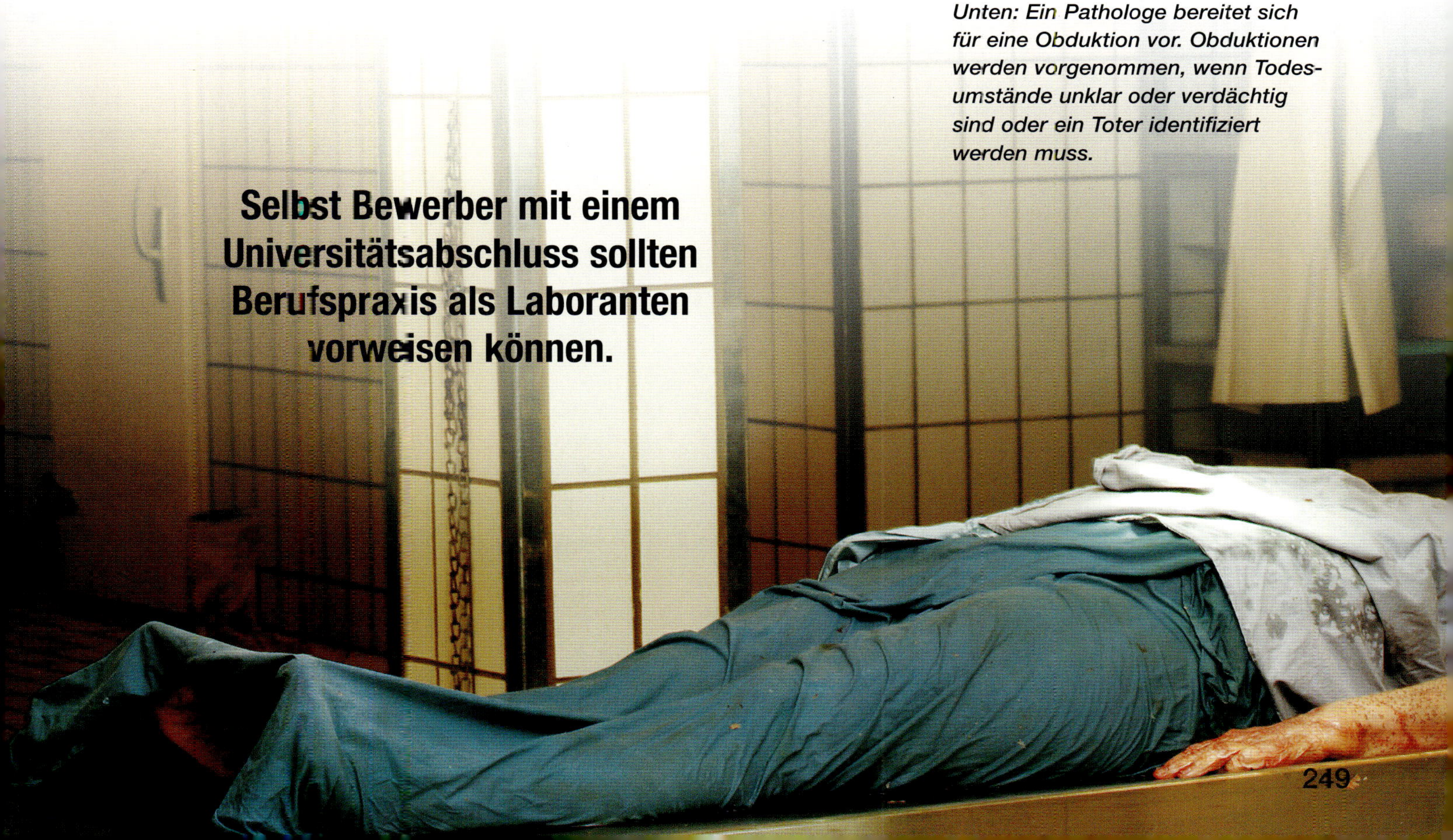

Glossar

● ●

AFIS: Abkürzung für „Automated Fingerprint Identification System". Automatisches System zur Erkennung von Fingerabdrücken. Die Abdrücke werden auf elektronischem Weg eingescannt, die exakte Position charakteristischer Merkmale erfasst und mit Abdrücken aus einer Datenbank auf Deckungsgleichheit geprüft. Dieses System wird auch vom Bundeskriminalamt eingesetzt.

Autolyse: Selbstauflösung abgestorbener Körperzellen ohne Zutun von Bakterien oder anderen Organismen, sondern durch Enzyme, die im Gewebe vorhanden sind

Bögen: Die Leisten und Furchen im Fingerabdruck bilden sich im vierten Embryonalmonat und bleiben bis zur Zersetzung des Körpers (nach dem Tod) unverändert. Das Muster ist zum größten Teil genetisch festgelegt, wird aber auch durch Umgebungseinflüsse vor der Geburt, beispielsweise durch Druck, Ernährung und Temperatur beeinflusst.

Bundeskriminalamt: In Deutschland und Österreich oberste Polizeibehörde. Aufgabe ist die Koordination der Verbrechensbekämpfung mit den Landeskriminalämtern und ausländischen Polizeibehörden. Bei besonders schweren Straftaten, z. B. Terrorismus, führt das Bundeskrimalamt auch selbstständig Ermittlungen durch. Die oberste Polizeibehörde der Schweiz mit vergleichbaren Aufgaben ist das Bundesamt für Polizei.

CART: Abkürzung für „Computer Analysis and Response Team". Abteilung des FBI, die sich mit der Untersuchung beschlagnahmter Computer zur Beweissicherung befasst

CCTV: Abkürzung für „Closed-Circuit Television Surveillance Camera". Überwachungskamera, die bei der Aufzeichnung von Verbrechen, der Suche nach Vermissten oder der Verbrechensprävention zum Einsatz kommt.

CODIS: Abkürzung für „Combined DNA Index System". DNA-Profile, die im Nationalen DNA Index System (NDIS) des FBI gespeichert werden, können über dieses System mit anderen Institutionen des Rechtssystems ausgetauscht werden.

Cold case: Ausdruck für einen ungeklärten, zu den Akten gelegten Kriminalfall. Viele werden heute aufgerollt und können mithilfe moderner DNA-Tests gelöst werden.

CPR: Abkürzung für Cardiopulmonary Resuscitation. Herz-Lungen-Wiederbelebung. Spezielle Erste-Hilfe-Maßnahme, bei der Mund-zu-Mund-Beatmung und Herzmassage eingesetzt werden

CT-Scanner: Kurzform für Computertomografie-Scanner zur rechnerbasierten Auswertung einer Vielzahl aus verschiedenen Richtungen aufgenommener Röntgenaufnahmen eines Objektes, um ein dreidimensionales Bild zu erzeugen. CT-Scans werden zur Rekonstruktion von Gesichtern eingesetzt.

DNA: Desoxyribonukleinsäure in Form einer Doppelhelix aus zwei einzelnen Chromosomensträngen ist die Trägerin der Erbinformation. Sie enthält unter anderem das individuelle genetische Material. In der Forensik wird mit DNA aus Haaren, Blut, Ejakulat, Speichel und Haut gearbeitet.

E-FIT: Elektronisches Gesichtserkennungsprogramm, speichert Hunderte von Gesichtsmerkmalen in Softwareprogrammen wie beispielsweise Photofit. Wird für Programme zur Erstellung von Phantombildern verwendet.

Elektrophorese: Analyseverfahren, u. a. zur Trennung unterschiedlicher DNA-Stränge. Dabei wandern elektrisch geladene Teilchen durch ein Trägermaterial in einem elektrischen Feld. Die Elektrophorese dient dazu, DNA-Fragmente unterschiedlicher Länge voneinander zu trennen, über einen Detektor zu lesen und grafisch darzustellen.

Erster Angriff: Bezeichnung für die ersten Maßnahmen, die beim Eintreffen der Polizei an einem Tatort durchgeführt werden. Dies umfasst u. a. Versorgung verletzter Personen, Absperrung des Tatorts oder die Sicherung von Beweismitteln.

Fingierte Spuren: Vom Täter zur Ablenkung der Polizei absichtlich gelegte irreführende Spuren

FISH: Abkürzung für „Forensisches Informationssystem Handschriften". Eine Datenbank für Handschriftenproben

Forensik: Bezeichnet die wissenschaftliche Aufarbeitung und Rekonstruktion krimineller Handlungen. Zur Forensik gehören die Gerichtsmedizin und die Kriminaltechnik mit ihren unterschiedlichen Fachgebieten, u. a. Toxikologie, Ballistik oder Werkstoffkunde.

Gaschromatografie: Chromatografische Analysemethode, bei der die chemische Zusammensetzung gasförmiger Proben durch Molekülgeschwindigkeit in einer engen Röhre ermittelt wird.

Genom: Erbgut eines Lebewesens. Die Gesamtheit der vererbbaren Informationen einer Zelle, die als Desoxyribonukleinsäure (DNA) vorliegt. Dieser genetische Datensatz dient zur Identifizierung von Personen.

Gutachten: Schriftlicher Bericht eines Spezialisten (z. B. eines Technikers oder Gerichtsmediziners) zu einer klar umrissenen Fragestellung

Henry-Klassifikationssystem: System zur Klassifikation von Fingerabdruck-Proben. 1899 von Sir Edward R. Henry entwickelt

Human Genome Project (HGP): Das amerikanische Projekt wurde im Jahr 1990 mit dem Ziel gegründet, das Genom des Menschen (also alle 20 000 bis 25 000 Gene der menschlichen DNA) vollständig zu entschlüsseln.

IAFIS: Automatisiertes System zur Identifizierung von Fingerabdrücken. Ein kriminaltechnischer Vorgang, der es ermöglicht, Fingerabdrücke digital effektiver zu speichern und zu vergleichen

KISTE: Abkürzung für „Kriminaltechnisches Informationssystem Texte". Softwareprogramm zur sprachwissenschaftlichen Analyse von Texten, untersucht z. B. die Häufigkeit von Fremwörtern oder Rechtschreibfehler

Kontamination: Beweismaterial wird unbrauchbar durch versehentliches Verunreinigen oder Vermischen mit Fremdmaterial, auch DNA, das nichts mit dem Kriminalfall zu tun hat.

Lab-on-a-chip-System: Medizinisches Labor im Scheckkartenformat. Beschleunigt DNA-Tests, denn es erlaubt die gleichzeitige Durchführung unterschiedlicher Analyseprozesse. Blut oder andere Körperflüssigkeiten können auf einem einzigen Mikrochip untersucht werden.

Latenter Fingerabdruck: Abdruck, der nicht mit bloßem Auge zu erkennen ist, der aber mit ultraviolettem Licht oder einem Laserstrahl erfasst werden kann.

Locard'sches Prinzip: Dr. Edmund Locard, französischer Polizeibeamter und Forensiker, entdeckte die Tatsache, dass zwei Körper oder Objekte sich bei jeder noch so kleinen Berührung gegenseitig mit winzigen Partikeln kontaminieren, welche als Kontaktbeweis dienen können.

Massenspektrometrie: Verfahren, das von Toxikologen zur Identifizierung chemischer Substanzen verwendet wird. Die Substanz wird ionisiert, und die beschleunigten Ionen werden in ein Magnetfeld eingebracht, das ein charakteristisches, einzigartiges Spektrum erzeugt.

Mikrospuren: Kleinste Details, die an einem Tatort oder einem Verdächtigen auf einen Tathergang oder eine Tatbeteiligung hinweisen, z. B. Haare, Textilfasern, Hautpartikel oder Schmauchspuren

Mitochondriale DNA (mtDNA): Ein zirkuläres, doppelsträngiges DNA-Molekül im Inneren der Mitochondrien. Da mtDNA stabiler ist als Zellkern-DNA und Mitochondrien beim Menschen nur maternal, also nur von der Mutter, an die Nachkommen weitergegeben werden, untersucht man die mtDNA zur Klärung von Abstammungsfragen.

Modus operandi: lateinisch: „Art des Handelns". Die typische Vorgehensweise eines bestimmten Täters

NDNAD: Die „UK National DNA Database" ist eine 1995 angelegte Datenbank mit etwa drei Millionen gespeicherten DNA-Profilen von Straftätern in Großbritannien.

Obduktion: Medizinische Untersuchung, die normalerweise u. a. das Öffnen des Körpers beinhaltet, um die Todesursache zu finden

PCR: Abkürzung für „Polymerase Chain Reaction" (PCR). Die Polymerase-Kettenreaktion ist eine Methode, um die Erbsubstanz DNA in vitro zu vervielfältigen, d. h. ohne einen lebenden Organismus zu benutzen. Wird zum Vervielfältigen von DNA verwendet.

Phantombild: Gesichts-Identifikationstechnik, bei der mit Skizzen oder Abbildungen gearbeitet wird

Phishing: Getarnter Versuch, durch gefälschte Webseiten oder E-Mails an vertrauliche Daten von Internet-Benutzern zu gelangen, insbesondere Passwörter oder PIN-Nummern. Der Begriff setzt sich aus den Wörtern „Password" und „fishing" (engl. fischen, angeln) zusammen.

Polygraf: Offizielle Bezeichnung für einen Lügendetektor. Misst die Stressfaktoren einer Person während einer Befragung. Blutdruck und Puls, elektrische Hautwiderstände und Veränderungen der Atmung werden erfasst. Sie weisen auf Änderungen des Adrenalinspiegels aufgrund von Nervosität während der Befragung und somit auf die Möglichkeit hin, dass der Befragte lügt. In Deutschland sind diese Untersuchungen nicht als Beweismittel vor Gericht zugelassen.

Schleifen: Merkmale der Fingerabdrücke wie Bögen und Furchen, die zur Identifikation verwendet werden können

Spurensicherung: Speziell ausgebildete Polizeibeamte, deren Aufgabe das Finden und Sichern von Beweismaterial und Spuren am Tatort ist

Tatsimulation: Besondere Form der Vernehmung, bei der der Beschuldigte in einem Rollenspiel am Tatort die Tat nachstellt

Toten- oder Leichenstarre: Durch Muskelverhärtung verusachte Versteifung des Körpers, die ca. 30 Minuten nach Eintritt des Todes beginnt und für 24 bis 48 Stunden anhält

Vergleichsmikroskop: Ein Mikroskop, mit dem man durch ein Okular zwei Objekte gleichzeitig betrachten und somit vergleichen kann. Wird z. B. zum Vergleich von Fasern und Geschossen verwendet

Register

Bildnachweis